向隆万 著

东京审判
征战记

中国检察官向哲濬团队

Journey to Justice

Inside story of the Chinese Prosecutor Hsiang Che-chun
and his team in the Tokyo Trial

上海交通大学出版社
SHANGHAI JIAO TONG UNIVERSITY PRESS

内容提要

　　本书主要阐述东京审判期间中国检察官团队的工作与贡献,包括确定审理日本战犯罪行的起始日期、提出受审战犯的名单、参与起草《起诉书》、查访收集众多证据、邀集关键证人出庭、法庭起诉陈词、汇集整理文档,等等。本书力图论出有据。在引用大量庭审记录、国际条约、外交函电、媒体报道和当事人事后回忆的基础上,进行深入浅出的诠释;不仅为研究工作者提供参考资料,更有助于普通读者了解东京审判的概貌和意义。

图书在版编目(CIP)数据

东京审判征战记:中国检察官向哲濬团队／向隆万
著. 一上海:上海交通大学出版社,2019(2023重印)
ISBN 978-7-313-20123-2

Ⅰ.①东… Ⅱ.①向… Ⅲ.①远东国际军事法庭－史
料 Ⅳ.①D995

中国版本图书馆 CIP 数据核字(2018)第 204209 号

东京审判征战记
——中国检察官向哲濬团队

著　　者:向隆万
出版发行:上海交通大学出版社　　　　　　　地　　址:上海市番禺路 951 号
邮政编码:200030　　　　　　　　　　　　　　电　　话:021-64071208
印　　制:上海万卷印刷股份有限公司　　　　　经　　销:全国新华书店
开　　本:710 mm×1000 mm　1/16　　　　　　印　　张:23.5
字　　数:290 千字
版　　次:2019 年 1 月第 1 版　　　　　　　　印　　次:2023 年 2 月第 2 次印刷
书　　号:ISBN 978-7-313-20123-2
定　　价:68.00 元

序 一

　　十二年前，我和向哲濬检察官的公子隆万世兄和梅汝璈法官的公子小璈世兄在上海参加故事片《东京审判》的首映式，可谓百感交集。一方面，此电影唤起国人对东京审判这一重大历史事件的重视，其中包含梅法官和倪征燠检察官首席顾问回忆录中的情节，非常精彩生动；但是另一方面，影片中也出现了不少杜撰的情节，令人遗憾。记得1948年8月，我随向先生从东京带回两大箱庭审记录和法庭证据，可惜不知所终。要是这些第一手资料还在，一定可以将影片拍得更真实、更精彩。

高文彬
上海海事大学教授，远东国际军事法庭中国检察官翻译兼秘书

　　令人高兴的是，此后隆万夫妇多次到美国寻访，复制了向先生在法庭的发言等第一手资料，回国后译成中文，于2010年在上海交通大学出版社出版《东京审判·中国检察官向哲濬》一书。应隆万嘱，我曾为此书作序，回顾了随向先生赴东京的情景和当年艰苦工作的历程。

　　想不到此书引起巨大反响。2011年5月3日，在东京审判开庭65周年之际，上海交通大学成立了东京审判研究中心。我很荣幸，被邀请参加了成立典礼，并表达了我的祝贺和希望。七年来，我国关

于东京审判的研究成果不断涌现,庭审记录和检察证据终于在中国全文出版,研究丛书也陆续问世。我在有生之年,能见证这一进程,真是幸事。

　　在纪念东京审判闭庭 70 周年之际,隆万又编写了关于中国检察官团队的普及读物,使我再次回想起当年的岁月,许多情景萦回脑际,不禁热泪盈眶。东京审判这一历史事件,至今仍有着重大的现实意义,应当融入国民教育的体系,让广大公众,特别是青少年有更多了解。本书考据翔实,叙事生动,相信会受到读者欢迎。今年我已 96岁,隆万嘱我为此书写几句话,斯为序。

序 二

两年前,向隆万先生在拟写本书之前就来约序言,书稿杀青后,目录中的序后也特地标明了我的名字。按理说,向先生之命我应该义不容辞。还是不免犹豫,是因为无论从哪个角度说,本书最合适的作序者,是向哲濬检察官的秘书、今天仍然健在的唯一全程参加东京审判的高文彬前辈;而高老恰有现成一序。因而觉得有高老的华章在前,我再来写未免显得多余。但这些年向先生对东京审判研究中心帮助很大,对我个人的帮

程兆奇
上海交通大学教授、东京审判研究中心主任

助也很大,因此,又感到即使不能有所贡献,还是应勉力谈几句离题不太远的话,借此也可表达对向先生的感谢之意。

前些年在某地讲座,提问环节有一位年长的听众问了个易答也难答的问题:"在东京审判中究竟是法官作用大还是检察官作用大?"一般的回答当然不难,检察官起诉、法官断案,法官和检察官各司其职,各有其用,无法比出高低。这样的回答,在熟读《封神演义》和《水浒传》,凡事都要"排座次"的文化氛围中长成的国人,一定认为等于没有回答。在动笔写这篇短序时不由想到这一幕,并不是试图分出高低,回答这个问题,而是感到东京审判法官和检察官,或者更具体地说,代表中国的检察官向哲濬和法官梅汝璈究竟起了什么作用?

即使像我这样对东京审判还算关注的人，长期以来也不甚了了。比较起来，梅汝璈法官有关东京审判的著述虽非完璧，毕竟还留下了半部概述稿及日记残卷等重要的一手文献；向哲濬检察官则除了文革中的"交代"和文革后的简短发言稿，没有留下片言只语，要想了解，更有不得其门而入之难。

这一状况，近年有了很大改变。东京审判研究中心成立后，经过多年的上穷下索，中国法官、检察官的情况大体已明。法官的努力，梅小侃、梅小璈先生所编《梅汝璈东京审判文稿》可备见大概。检察官的贡献，通过向隆万先生编辑的《向哲濬东京审判函电及法庭陈述》，特别是本书，更有了充分的展示。中国近代以来备受列强欺凌，经过艰苦卓绝的奋斗，终于在第二次世界大战中与盟国取得了第一次真正意义上的胜利，而审判日本战争罪行，正是完整体现这一胜利的必不可少的一环。翻开尘封七十年的档案可以看到，中国检察官和中国法官所起的作用，足当"伟大"而无愧（"不辱使命"四字已不够传神）。有关种种，本书中有很好的阐述，在此不再重复。我只想就裴劭恒先生有关向哲濬检察官"懦弱"和"屈从"美国的回忆做一些解读。

裴先生在东京审判的开始阶段是向哲濬检察官的秘书，后因故回国。文革结束后，裴老得展长才，先后参与审判林江集团与起草香港基本法等重要工作。上世纪八十年代末起，他接受采访，多次忆及东京审判的往事。因时隔久远，这些回忆颇多误差，尤其是涉及向哲濬检察官的部分，其错失更到了令人匪夷所思的程度。如称"向检察官怯于水平问题"不愿出庭（尤俊意《法学耆宿多彩人生——记上海法学会名誉会长裴劭恒教授》，《东方法学》2006 年 2 月总第 2 期第146 页），"向按着国民政府指令，表示反对出庭"（马龄国《远东国际军事法庭上的中国检察官——裴劭恒》，《文史精华》1999 年 05 期第12 页），理由虽然不同，不出庭的结果则并无二致，裴先生因此不得已成了"第一个在国际法庭亮相的中国检察官"(朱成山《为远东国际军事法庭寻找证人——访当年检察官裘劭恒》,《紫金岁月》1995 年 Z1 期第 35 页)。

之所以说此事令人"匪夷所思",一是因为"国民政府"并无"反对出庭"的"指令";二是向哲濬检察官不仅出了庭,而且远在裘先生出庭之前;三是无论从文献还是影像看,向哲濬检察官不仅立论正大、言辞犀利,而且从容不迫、风度翩翩,全然没有丝毫"怯"的影子。东京审判开庭不久,检、辩双方即展开了激烈攻防,向哲濬检察官在首席检察官季南和英国检察官柯明斯-卡尔之后登台,对辩方所谓日本对中国的行为不是侵略严词批驳,期间由于语调过于严厉,庭长韦伯甚至提示不要太过激烈。岛田繁太郎的辩护律师泷川政次郎,在盟军解严不久出版的《审判东京审判》中记述这一幕时感慨说:"所谓'燕赵悲歌'之士,大概就是向检察官这样的人吧"(滝川政次郎:『東京裁判を裁く』、慧文社 2006 年、第 220 页;東和社 1953 年初版)。裘先生作为向检察官的秘书,即使不在法庭的小现场,也在东京的大现场,很难想象他对向哲濬检察官的出庭会全不知情。虽说因时隔久远,记忆不清或完全遗忘,都不无可能,但记忆与事实恰好相反,则还是让人费解。

我不认为裘先生会有意作伪。我觉得裘先生的误记源自他对向哲濬检察官的误解。这一点,我想稍稍展开,谈一下纯粹只能算是"臆测"的看法。第二次世界大战的胜利,是同盟国齐心协力的结果,同样,东京审判得以顺利进行,也是中美等国齐心协力的结果。由于各国的利益不同,诉求也不同,如果各国都执于一偏,取得成功是断无可能的。重温东京审判走过的历史进程,无论是在同盟国战争罪行委员会的准备时期,还是在东京审判的进行阶段,中国的每一项主张,都是通过与各国、特别是美国协商实现的。东京审判时向哲濬检察官已年届五十五岁,从审判中他和国内的来往函电及以后高文彬先生的重要点滴回忆([口述历史]高文彬：我所经历的东京大审判《三联生活周刊》2008 年第 21 期)看，内忧外患的环境，流离颠沛的经历，使他对世道的艰难和人事的复杂有深刻的体会。裘先生多次说向哲濬检察官对美国"软弱"，从原始档案和视频文献中得不到印证已一如前述，裘先生之所以有那样牢不可破的印象，我想当是向哲濬检察官面对某些事不可为（势不可违）之局面时顾全大局、知所进止的表现，不能为刚过而立之年、血气方刚的裘先生所理解。

　　在此我还想特别指出的是，由于冷战时期中美关系的恶化，东京审判的参与者确有将中美在东京审判时的关系扭曲为斗争关系的倾向。东京审判时中美不是没有分歧，但中美同属多数派，一致大于分歧，中美之间不是矛盾重重的对手，更不是事事敌视的敌手。而且，今天我们确实也找不出中国的重要诉求因美国的阻扰而未能实现的事实。从这点上说，向哲濬检察官没有留下东京审判的回忆，是得是失，真是未易轻言。

作者的话

父亲参加东京审判时，我刚上小学。现在还依稀记得，父亲多次从东京回国，在家中短暂停留的情景。有时连夜打字，第二天匆匆离去；也曾随母亲到机场为他送行。可惜除此之外，对于东京审判一无所知。父亲比我大 49 岁，等到我成年，他已垂暮，很少和我谈及东京审判的往事。直到 2004 年随同中央电视台编导拍摄纪录片《丧钟为谁而鸣》和 2006 年参加故事片《东京审判》的首映式时，我才痛感对东京审判的无知。

向隆万
上海交通大学数学教授、东京审判研究中心名誉主任

2006 年初，随上海市欧美同学会代表团访美，在华盛顿国会图书馆，看到有远东国际军事法庭庭审记录的缩微胶卷和纸质印刷品；同年春夏和 2007 年秋，又借参加幼子毕业典礼及探亲访友之机，和妻子蒋馥一起，再次到美国国会图书馆、美国国家档案馆和哥伦比亚大学东亚图书馆访问，复印了父亲在法庭 10 次讲话的英文稿，并翻拍了若干照片。回国后，将父亲的讲话译成中文，连同母亲的回忆录《良师爱侣忆明思》和当年部分媒体报道，编成《东京审判·中国检察官向哲濬》一书，于 2010 年在上海交通大学出版社出版。

虽然仅引用庭审记录的很少部分，毕竟首次在中国问世，很快得到学界同仁和各级领导的重视。2011年5月3日东京审判开庭65周年之际,东京审判研究中心在上海交通大学成立。自此,关于东京审判文献档案的搜集整理和编辑出版,以及对于东京审判的研究成果,在中国出现了井喷的趋势。

上海交通大学和国家图书馆通力合作,先后编辑出版83卷《远东国际军事法庭庭审记录》(英文版及中英日文索引与附录)、53卷《远东国际军事法庭证据文献集成》(日文版及中英日文索引与附录)、73卷《国际检察局讯问记录》(英文版及中英日文索引与附录)、12卷《远东国际军事法庭庭审记录·中国部分》(中译本)、10卷《远东国际军事法庭庭审记录·全译本(第一辑)》。这些文档,在中国起到了填补空白的作用。中心和国内外学术界同仁的合作交流已频繁开展;中心编纂出版的20余册系列研究丛书与译作,向世界发出中国学者之声。在此过程中,中心的智库作用也初步呈现,中心成员多次建言献策受到有关部门的高度重视。

作为一名数学教师,在寻访有关东京审判的信息的同时,学习到不少历史学和法学的知识。现在,对东京审判的概貌、中国代表团的贡献、东京审判的意义,有了初步的了解。对于希望了解东京审判的读者,我很愿意分享自己的心得。近年来,我曾在上海、北京、天津、西安、南京、苏州、成都、深圳、香港、澳门、纽约、华盛顿、芝加哥、旧金山、洛杉矶、东京、墨尔本、巴黎等地,向大中院校、社会团体做过相关讲座;从2013年起,和青年教师赵玉蕙等中心同事在上海交大开设有关东京审判的通识教育课程;2015年之后,我应邀先后在中央电视台做了5集的讲座和参加上海电视台外语频道的两季多集纪录片的制作,得益匪浅。这些课程、讲座和纪录片在听众和观众中引起热烈反响,使我深受鼓舞。

教育界的朋友告诉我,关于东京审判的内容,在现有大中学教材中鲜有体现。其重要原因是教师们,特别是教材编写者对东京审判了解甚少。他们建议我在讲座基础上，写一本普及读物，既可作为通识教育的教材，也便于普通读者阅读。2018 年正值东京审判宣判 70 周年，尽管我的知识仍很浅薄，还是鼓起勇气，尝试完成这一勉为其难的任务。

本书取名为《东京审判征战记》，可以说是梅汝璈法官亲撰、梅小侃、梅小璈姐弟整理的《东京审判亲历记》的姊妹篇，主要阐述中国检察官团队的贡献。我给自己定下几条编写原则：一是要有充分的信息量，不能大而化之，不能使用愤青式语言；二是论出有据，不能想当然，不能以讹传讹，更不能戏说；三是兼顾史料的严肃性和行文的可读性。

第一手庭审记录和国际条约最令人信服；当事人的回忆以及当年媒体的报道，也是有力的佐证，本书有不少篇幅引用上述文献。此外，中外学者的研究成果也提供很大帮助。如读者感觉有的引文过长，不妨跳过。引文的出处由章末注释标明，以便查阅。

我的初衷是希望读者通过大量历史材料的引用和理性分析，自行判断日本战犯的罪行何在。但是，当我读到当年日本军国主义者一再采用卑劣手段，阴谋制造事端的证据，以及日本侵略军在南京、汉口、广州、香港、菲律宾等地令人发指的暴行，很难保持平静的心情。书中或许仍有过激之词，敬请读者谅解。

参加东京审判全过程、至今健在的高文彬教授，不仅是父亲当年的同事，也是父亲的忘年之交。高先生始终关怀和激励我们的工作，他以九十六岁高龄，再度为本书作序，真是不胜荣幸之至！

程兆奇教授是东京审判研究的领军学者，东京审判研究中心在他的率领下，七年来成绩斐然，为国内外学者瞩目。我们在共事过程中，受教良多。他也为本书欣然作序，盛情可感。

编写过程中，得到上海交通大学教务处、出版社和东京审判研究中心许多同志的关心和帮助，从内容、风格以至书名，都经过多次反复和调整。赵玉蕙博士为史料把关;刘佩英社长、资深编辑郁金豹先生和崔霞女士的中肯意见,为确定全书框架起了重要作用;关于日本使用生物武器与东京审判的关系,王选女士提供了翔实的资料。撰稿过程中得到几位挚友也是资深编辑和媒体人宗立文教授、陈卓君女士和金筠安、刘峰伉俪的反复校阅和润色;画家李斌先生正在创作巨幅历史油画《东京审判》,他慷慨地将尚未杀青的画作的局部作为本书封面,大为生色。本书穿插的照片文档,许多来自贾浩教授、李斌画家,以及梅汝璈、倪征燠、鄂森等前辈的后人梅小侃女士、梅小璈先生、倪乃先女士和鄂幼华女士;国家图书馆、侵华日军南京大屠杀遇难同胞纪念馆、淞沪抗战纪念馆、上海电视台外语频道和美国档案馆也提供了许多素材;李彦、周琦、蒋雄一、王晓东和向宇澄、向宇明等亲友也从世界各地发来很有价值的照片;高文彬先生当年亲手拍摄的中国代表团集体照尤为珍贵。本书的目录英译及"外国人名中译对照表"得到陶庆教授、龚志伟博士和李美琪女士的大力协助和润色;责任编辑宝锁博士、冯媛女士和美术编辑孙敏女士为本书的最后付梓倾注辛劳。在此一并表示感谢。

　　"学然后知不足"。书成之日,并不轻松,反而有惴惴不安之感。对于东京审判丰富内容尚不能充分领会,历史知识和法律修养更是远远不足。本书一定还有许多缺憾,敬请读者不吝赐教。

　　　　　　　　　　　　　　　　　　向隆万

C 目 录
ontents

第一章

临阵受命

日本终于投降

1945 年 8 月 15 日上午 7 时，中、美、英、苏四国同时发表声明，日本正式无条件投降。

同日中午 12 时，一个刻板而略带颤抖的声音通过东京广播电台在空中传播：

朕深鉴于世界大势及帝国之现状，欲采取非常之措施，以收拾时局，兹告尔等臣民，朕已饬令帝国政府通告美、英、中、苏四国，愿接受其联合公告。

盖谋求帝国臣民之康宁，同享万邦共荣之乐，斯乃皇祖皇宗之遗范，亦为朕所拳拳服膺者。前者，帝国之所以向美英两国宣战，实亦为希求帝国之自存与东亚之安定而出此，至如排斥他国主权，侵犯其领土，固非朕之本志。然自交战以来，已阅四载，虽陆海将兵勇敢善战，百官有司励精图治，一亿众庶之奉公，各尽所能，而战局并未好转，世界大势亦不利于我。加之，敌方最近使用残酷之炸弹，频杀无辜，惨害所及，实难逆料。如仍继续交战，则不仅导致我民族之灭亡，并将破坏人类之文明。……[1]

这是日本天皇裕仁的投降诏书！（见图 1-1）

日本投降了！这一爆炸性新闻迅即传遍世界。全球各地记者欢庆胜利的报道如雪片般飞来，世界沸腾了！

当广播在中国大地反复播送时，人们奔走相告，欢欣鼓舞。无论

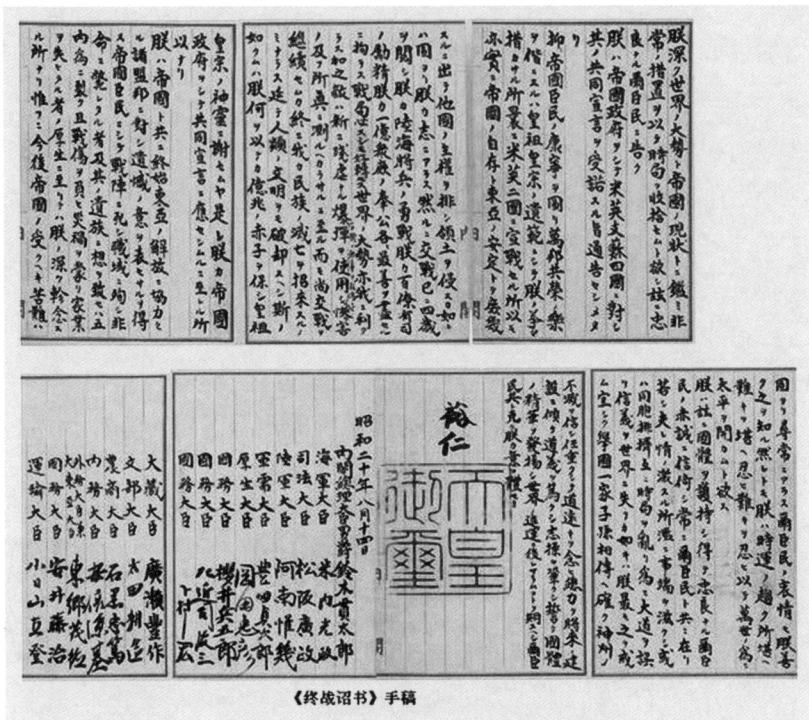

《终战诏书》手稿

图 1-1　日本天皇《终战诏书》

是重庆还是延安，内地还是沿海，到处击鼓鸣钟，张灯结彩；大街上人山人海，从早到晚，鞭炮声震耳欲聋。蒋介石在 8 月 15 日第一时间发表广播演说："我们的抗战，在今天获得了胜利。正义战胜强权，终于得到了它最后的证明。"

诗人艾青在延安即兴创作的诗歌《人民的狂欢节》中纵情欢呼："这是伟大的狂欢节！胜利的狂欢节！解放的狂欢节！"重庆大小饭店推出的新菜名"轰炸东京""金瓯一统""普天同庆"，都是中国老百姓真实心情的反映。的确，从 1931 年"九一八事变"之后，在日本法西斯铁蹄下，中国大地到处是人间地狱：城市遭到轰炸，村庄遭到焚烧，父老兄弟遭到屠杀，母亲姐妹遭到蹂躏，大好河山惨遭践踏。但是中国军民从未屈服，誓"把我们的血肉，筑成我们新的长城"，中国人民以巨大的民族牺牲支撑起了世界反法西斯战争的东方主战场，为世界反法西斯战争的胜利做出了重大贡献。在胜利的日子，怎能不欢呼歌唱！

然而，在日本首都，天皇所在的东京，却呈现出奇特的反应。由于事先公布将"玉音放送"，即广播天皇讲话，人们蜂拥而来，早早聚集在皇宫外的广场上。

"真是天皇的'玉音'吗？"天皇早已神化，老百姓还是第一次听到他的声音。怎么没有一点"神"的威风呢？由于诏书采用文言古体，不少人听不懂其含义。

"天皇承认战败了？日本投降了？"甚至引发争论。

"大日本帝国战无不胜！""天皇诏书中只有'终战'，没有一句'投降'！"反对投降的人不肯服输。但是更多人却在沉默中思索。天皇的投降诏书中不是承认"接受联合公告"吗？"联合公告"就是指中、美、英首脑于 7 月 26 日签署的《波茨坦公告》啊！而《波茨坦公告》第 13 条就明确敦促日本无条件投降："吾人通告日本政府立即宣布所有日本武装部队无条件投降，并对此种行动诚意实行予以适当及各项之保证。除此一途，日本即将迅速彻底毁灭。"[2]

但是，日本决策者置若罔闻。7 月 28 日，日本政府明确拒绝接受《波茨坦公告》，发誓军方要在本土进行"陆上特攻作战"，扬言"一亿玉碎"，战斗到最后一个人。当天，美国总统杜鲁门从电台获知了这一消息，终于决定向日本投掷原子弹，以期迅速结束这场战争。

"如果日本早些投降，也不会有原子弹爆炸了！天皇早干什么去了？"听众中出现了指责之声。

可是，被军国主义洗脑的死硬分子，还在负隅顽抗。日本政府中的战争狂人仍在叫嚣"继续战争"。事实上，天皇是在 8 月 14 日事先录音的。当天深夜，一部分激进的日本青年军官闯进皇宫，妄图搜寻录音片后将其销毁。他们还杀死了不愿与其为伍的近卫师团长森纠中将,并借后者之名假传命令,调动军队发起叛乱。15日拂晓前,广播电台被叛军占领,日本首相铃木贯太郎、内大臣木户幸一和前首相平沼骐一郎的住处也遭到袭击。虽然叛军遭到镇压,不少死硬分子仍然采用剖腹自杀这样的极端手段表达狂热、失望和愤懑。

死硬分子不仅有狂热的"少壮派",也有高级将领。代表人物就是1945年4月在铃木贯太郎内阁中任陆军大臣的阿南惟几。他在长沙会战时被薛岳将军的"天炉战法"杀得丢盔卸甲。就在他上任陆军大臣的当月,在太平洋战斗中,日本"神风特攻队"自杀飞机共出击2 500多架次,击沉美军包括航空母舰在内的舰只40多艘。当盟军大军压境时,他又力主"本土决战",反对接受《波茨坦公告》,企图垂死挣扎。当他得知大势已去,因不愿听到天皇宣读停战诏书,15日凌晨在自己家中剖腹自杀。据不完全统计,从阿南惟几,到下级军士,听到投降诏书前后剖腹自杀者有二百多人。不过,这个数字和战争狂人期待的"一亿玉碎"还是有很大差距。

9月2日上午9时,在停泊在东京湾的美国军舰"密苏里号"上举行了日本投降仪式。《投降书》(见图1-2)明确宣布:"我们兹此宣布日本皇军众将,所有日本陆军部队以及所有日本辖下地区的武装部队向同盟国无条件投降。"

《投降书》对日本军民发布命令:

无论日本帝国大本营,及任何地方所有之日本国军队,与夫日本国所支配下一切军队,悉对同盟国无条件投降。

任何地方之一切日本国军队,及日本国臣民,即刻停止敌对行动,保存所有船舶及军用财产,且防止损毁,并服从同盟国最高司令官及其指示,对日本国政府之各机关所课之一切要求,应于以应诺。余等兹命令日本帝国大本营,对于任何地方之一切日本国军队,及由日本国支配下一切军队指挥官,速即发布其本

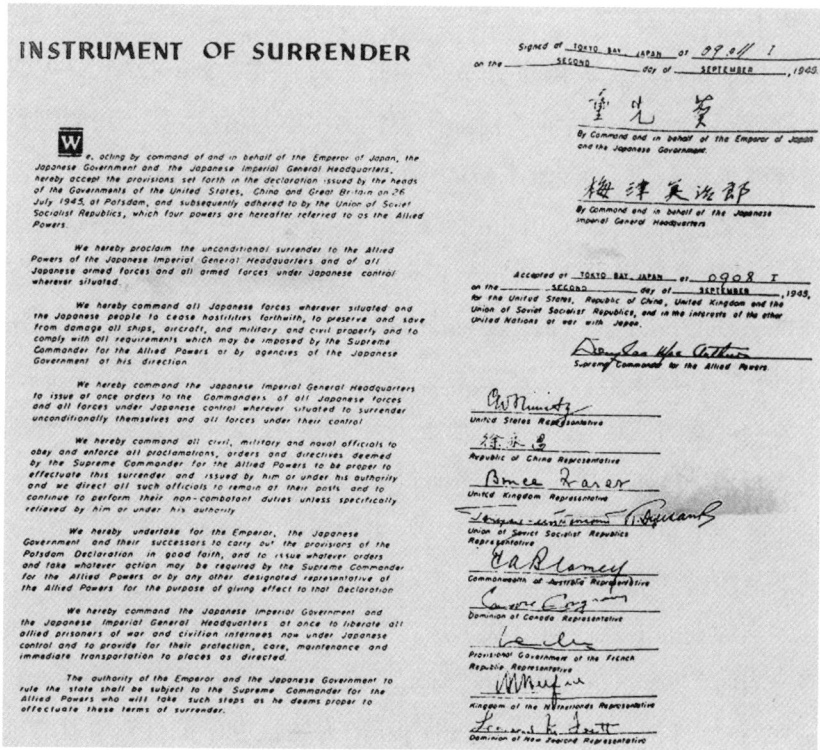

图 1-2　日本无条件投降书

身或其支配下之一切军队无条件投降之命令。

《投降书》明确表示接受《波茨坦公告》：

余等为天皇、日本国政府及其后继者承允忠实履行波茨坦宣言之条款，发布为实施该宣言之联合国最高司令官或其他同盟国指令代表所要求之一切命令及一切措置。

《投降书》以如下字句结尾：天皇及日本国政府统治国家之权力，应置于为实施投降条款而采取其所适当步骤之同盟国最高司令官之下。"[3]

日本新任外交大臣重光葵代表日本政府在《投降书》上首先签字,接着由参谋总长梅津美治郎代表日本大本营签字。之后,盟国最高统帅麦克阿瑟(Douglas MacArthur)上将、美国代表切斯特·威廉·尼米兹(Chester William Nimitz)海军上将、中国代表徐永昌上将、英国代表福拉塞(Sir Bruce Fraser)海军上将、苏联代表狄里夫扬柯(Куцма Николаевич Деревянко)中将,以及澳大利亚、加拿大、法国、荷兰、新西兰各国代表顺序签字。当重光葵拖着那条13年前在上海被炸断的残腿,步履沉重地走下"密苏里号"时,上千架庆祝胜利的美军飞机从东京湾上空呼啸而过。这一天,意味着第二次世界大战正式结束。9月3日也就被中国、美国等许多国家定为"世界反法西斯战争胜利纪念日"。

当胜利的消息传到山城重庆,声势浩大的游行从中午持续到夜晚。当时,毛泽东正应蒋介石之邀,进行举世瞩目的谈判。9月3日延安《解放日报》头版以"日寇签字投降"为题报道了抗日战争胜利的喜讯,同时刊载了新华社的新闻:

【新华社重庆二日电】本月二日为日本正式投降日,国民政府主席蒋介石先生,特于二日晚八时半,在其官邸宴请毛主席及周恩来、王若飞两同志。并有孙科、冯玉祥、吴铁城、熊式辉、张伯苓、莫德惠、江庸、王云五、张群、左舜生、傅斯年、冷遹、黄炎培、邵力子、吴鼎昌、王世杰、张治中、陈立夫、甘乃光、吴国桢、周至柔、雷震、白崇禧、翁文灏、许孝炎等作陪。席间蒋介石先生称:"今日为日本投降日,欢迎毛泽东先生,倍加高兴。"毛主席对蒋氏盛意,亦表示感谢,并庆祝胜利。

毛泽东还欣然为当天出版的《新华日报》题词:"庆祝抗日胜利,

中华民族解放万岁!"

　　此后,在亚洲太平洋地区各地还举行了多次日军投降仪式。8月21日,日本中国派遣军副参谋长今井武夫等8人到湖南芷江,确认投降细则;9月9日上午,中国战区受降仪式在南京原中央军校大礼堂举行(见图1-3)。日本中国派遣军总司令官冈村宁次在投降书上签字,并交出了他的随身佩刀,表示侵华日军正式向中国缴械投降。中国陆军总司令何应钦上将在南京陆军司令部礼堂,接受日本侵略军参谋长小林浅三递交的投降书。

图1-3　南京受降仪式

　　日本投降了! 这一事件永垂史册。70年后的2015年9月3日,中华人民共和国主席习近平在阅兵式上指出:

　　　　70年前的今天,中国人民经过长达14年艰苦卓绝的斗争,取得了中国人民抗日战争的伟大胜利,宣告了世界反法西斯战争的完全胜利,和平的阳光再次普照大地。

让我们共同铭记历史所启示的伟大真理：正义必胜！和平必胜！人民必胜！[4]

吸取历史教训

第二次世界大战中，法西斯轴心国给人类带来了空前的灾难。应该怎样处置这些发动侵略战争的元凶？怎样惩罚这些涂炭生灵的刽子手？

回看历史，一个战败国的领导人物，即使他们是发动侵略战争的元凶巨魁，一般都是逍遥法外，从来没有受到法庭审判和法律制裁。也没有一国元首战败后被杀害或囚禁的事例，例如拿破仑·波拿巴（Napoléon Bonaparte）被流放到圣赫勒拿岛终身囚禁，但是都没有经过任何国际或国内法庭的审判。

至于弱小国家，即使是面对侵略进行正义抗争，失败了也要割地赔款，侵略者根本不屑也不敢进行审判，因为他们理亏，被告应当是他们。

以近代中国为例，1895 年清政府和日本签订的《马关条约》，写有清政府赔偿白银 2 亿两，割让辽东半岛（之后清政府以 3 000 万两白银"赎回"）、台湾和澎湖列岛等条款。1901 年清政府和八国联军签订的《辛丑条约》则规定，清政府赔款白银 4.5 亿两，日本从中分得 3 479.31 万两；拆毁大沽以及北京到海口沿线所有炮台，允许列强兵驻扎北京到山海关铁路沿线 12 个战略要地；天津周围 20 里内不得驻扎中国军队；惩办"首祸诸臣"等。这些不平等条约都是列强对中国"胜者的审判"，哪里有正义、文明可言！

第一次世界大战结束后，人们曾设想，把发动战争的德国元首和政府高官交付国际审判，"绞死德皇威廉二世（Kaiser Wilhelm II）"的呼声一度在欧洲弥漫。但是，由于英法等国之间的摩擦和猜忌，特别是俄国"十月革命"的胜利，使英法等国把大部分注意力转向怎样对付俄国苏维埃政权的问题上；加之德国政府对于引渡战犯交付国际法庭的蓄意抵抗，使得《凡尔赛条约》关于惩处威廉二世和其他主要战犯的条款形同虚设。最终国际法庭并未组织成功，作为战胜方的协约国，竟把审判工作交德国政府自己进行。

阳奉阴违的德国政府，拖到战争结束两年半后，才在莱比锡假惺惺地开始审判。首先把协约国提出的重要战犯名单从 896 名缩减到 45 名，不到其零头。而这 45 名中实际受审判的只有 12 名，最后经法庭判罪的仅 6 人，刑期从六个月到四年徒刑不等，实在非常之轻，其中两名居然还越狱逃跑。所以，莱比锡审判的最后结果，只是对 4 名小战犯作了轻微的惩罚。杀害大批伤病俘虏的卡尔·斯腾格（Karl Stenger）将军竟被宣判无罪。1921 年 7 月 8 日美国《纽约时报》曾作如下报道："当斯腾格将军被宣判无罪释放时，他受到欢呼喝彩，而代表法国政府参加审判的 4 名法国人却受到'可耻'的辱骂"。至于威廉二世，早就逃到荷兰，荷兰以本国法律和传统为理由拒绝引渡。这样，战争最高责任者终身逍遥法外。莱比锡审判成为历史上的一出丑剧！

正因为吸取了第一次世界大战的教训，早在日本投降前两年，即1943 年 11 月下旬，中、美、英三国首脑蒋介石、罗斯福（Franklin D. Roosevelt）和温斯顿·邱吉尔（Winston Churchill）在埃及开罗开会，商讨对日作战方略及战后处置措施。同年 12 月 1 日，重庆、华盛顿和伦敦各自发布《开罗宣言》，主要内容包括：中、美、英三国坚持对日作战，直到日本无条件投降为止；日本归还自第一次世界大战以来在太平洋区域所占据的一切岛屿；日本自中国所得到的所有领土，包括东北、台湾及澎湖列岛,应该归还给中国;让朝鲜自由独立等。《开罗宣言》特别指出:"我三大盟国此次进行战争的目的,在于制止及惩罚日本之侵略。三国决不为自己图利,亦无拓展领土之意"[5]

《开罗宣言》向全世界宣告了反法西斯同盟国彻底打败日本的决心,鼓舞了世界人民进行反法西斯战争的士气,打击了日本的侵略气焰。宣言决定的对日作战的方针和战后处置日本的原则,成为战后各有关国家应遵循的国际法文件之一。

1945 年 7 月 26 日,美国总统哈里・S.杜鲁门(Harry S. Truman)、英国首相邱吉尔〔后改为克莱门特・理查德・艾德礼(Clement Richard Attlee)〕、苏联首脑斯大林(Иосиф Виссарионович Сталин)在德国城市波茨坦举行会议,会后发表《波茨坦公告》。蒋介石尽管没有参加会议,但是和美国、英国首脑共同签署;而苏联由于当时还未对日宣战,并没有签署,直到 8 月 8 日苏联对日宣战后,《波茨坦公告》中才添补了斯大林的名字。

《波茨坦公告》是《开罗宣言》的延续。其主要内容是声明中、美、英三国在战胜纳粹德国后,一起致力于战胜日本,以及履行《开罗宣言》等在战后对日本的处理方式的决定。公告共 13 条。除前面引用过的第 13 条外,第 10 条特别声明:"吾人无意奴役日本民族或消灭其国家,但对于战罪人犯,包括虐待吾人俘虏者在内,将处以法律之严厉制裁"[6]。

逮捕战争嫌犯

从 1945 年 9 月到 12 月,盟军对战争嫌犯分四次实施逮捕[7]。

第一次逮捕令于 9 月 11 日发布，共 39 名，其中 27 名是日本人。名列榜首的就是日本前首相东条英机——与墨索里尼（Benito Amilcare Andrea Mussolini）和阿道夫·希特勒（Adolf Hitler）齐名的三大法西斯头子之一。被逮捕的还有不少前任高官，包括外交大臣东乡茂德、海军大臣岛田繁太郎、财政大臣贺屋兴宣、国务大臣兼军需次官岸信介。岸信介是中国人的"老相识"，在伪满洲国傀儡政权中，他是掌实权的 5 名日本官员之一，有"昭和之妖"之称。逮捕名单中也有在亚太各地恶行累累的军官、特务，如长期在中国从事特务活动的土肥原贤二、法西斯理论鼓吹者和特务组织"樱会"的发起人桥本欣五郎、驻菲律宾日本派遣军司令本间雅晴等。另外还有 12 名战时为日本法西斯政府服务的非日本人也名列其中。这 27 名日本嫌犯中，除 2 名自杀身亡外，其余 25 名都被盟军逮捕或自动归案。

在逮捕首批日本战犯的过程中，东条英机的逮捕无疑是最富于戏剧性的。东条英机自知在日本投降以后，必定会受到严厉的法律制裁。因此，自盟军登陆之日起，他便闭门谢客，独居斗室，整天徘徊于生与死的问题之间。东条任陆军大臣期间，曾制定"生当不受囚虏之辱"的《作战条例》，受"武士道精神"洗脑的许多日本军人确实宁愿自杀也不投降。在 1942 年中途岛战役、1944 年塞班岛战役和 1945 年硫磺岛战役中，日军在绝对劣势之下负隅顽抗，很少被俘。现在轮到东条自己了。贪生吗？岂不受人耻笑？自杀吗？又无足够的决心和勇气。就这样，彷徨犹豫了约有 10 天，直到盟军总部的宪兵包围其住宅的时候，"左撇子"东条才用右手拿起手枪向自己左胸射击，虽未击中要害，却也鲜血淋漓。美国宪兵立即将他送到医院，1 名美国士兵还为他输血抢救。作为恶果仅存的世界三大元凶之一，他必须活着接受公开审判。如果用自杀来逃避正义的审判，未免太便宜他了。

盟军总部第二次战犯逮捕令是在 1945 年 11 月 19 日发布的,距第一次约二月有余。这次命令中,指名逮捕的都是比较重要的日本战犯,共 11 名,包括历任陆军大臣、文部大臣的极端军国主义分子荒木贞夫、关东军司令和"九一八事变"的最高负责人本庄繁、"九一八事变"期间的陆军大臣南次郎、南京大屠杀期间的日军司令松井石根,以及日本扩张政策的提倡者小矶国昭、签订德日意三国同盟的外交大臣松冈洋右等。这 11 名中,除本庄繁已经自杀、松冈洋右身染重病之外,都自动归案。

盟军总部第三次战犯逮捕令是在 1945 年 12 月 2 日发布的,指名逮捕的共 59 名。除政界军界高官,如两名前国务总理大臣广田弘毅和平沼骐一郎、内阁书记官长星野直树(也是伪满洲国 5 名实权者之一)、战争最高指导会议干事长佐藤贤了、华北派遣军总司令官多田骏、中国派遣军司令官畑俊六和西尾寿造、关东军参谋长秦彦三郎外,也包含支撑侵略战争的日本财阀和工业界巨头,如满洲重工业日产社社长鲇川义介、三菱重工业社社长乡古洁、钟实钟纺社社长津田信吾等。还有狂热鼓吹军国主义言论的个人或媒体代表,如"理论家"大川周明、《报知新闻社》社长太田正孝、《朝日新闻社》副社长下村宏等。逮捕名单中还有几名皇亲国戚。

第四批逮捕令于 1945 年 12 月 6 日发布,这是对日本主要战犯的最后一次逮捕。命令中指名逮捕的只有 9 名,其中有两个日本政界"重量级"人物,一名是三度担任首相的贵族近卫文麿公爵,他是"卢沟桥事变"后全面发动侵华战争的最高责任者之一;另一名也是贵族,天皇的亲信木户幸一侯爵。他历任文部大臣、内务大臣、厚生大臣、日本皇室机要顾问、重臣会议主持人,是内阁与皇室联系的中心枢纽。

筹建国际法庭

在逮捕战犯的同时，审理战犯的法庭也在筹备之中。1945 年 12 月 26 日，苏、美、英三国外长在莫斯科举行会议，并通过一项决议，规定："盟国驻日最高统帅应采取一切措施，以使日本投降及占领和管制日本各条款一一实现"。这项决议事后也得到中国政府的同意。

莫斯科会议闭幕后，立即宣布成立远东委员会，设在华盛顿。其主要职责是制定政策，促使日军履行投降条款，便于盟国共同管制战后日本。1946 年 1 月 19 日，根据莫斯科会议决议，一项更重要的举措被采用：盟军最高统帅麦克阿瑟颁布了《设置远东国际军事法庭的特别通告》，规定"设立远东国际军事法庭，负责审判被控以个人身份或团体成员身份，或同时以个人身份兼团体成员身份，犯有任何足以构成破坏和平之罪行者。"

同日，麦克阿瑟批准了《远东国际军事法庭宪章》，它是东京审判依据的主要法律条文，共 5 章 17 条。对法庭机制、司法管辖权等作出了明确规定，确立了以英、美法为主的诉讼程序。

这样，世人瞩目的东京审判呼之欲出了！对于中国军民来说，抗日战争期间承受了巨大牺牲，也做出了重大贡献，中国人民特别希望东京审判能够伸张正义，将日本法西斯元凶绳之以法，为数千万受难同胞申冤。

实际上，对日本战犯进行审判的筹备工作早已开始。

远东国际军事法庭的庭长是澳大利亚昆士兰法院院长韦伯（Sir

William Flood Webb)爵士(见图1-4),1943年曾任澳大利亚日军罪行调查委员会主席;检察长则是美国助理总检察长法官季南(Joseph H. Keenan)(见图1-5),法庭成立之前就被任命为搜查日本战争罪犯的法律顾问团团长,以及国际检察局局长。

各同盟国代表则由各国政府推荐,经盟军总司令麦克阿瑟批准。

图1-4 韦伯庭长

图1-5 季南检察长

1945 年 10 月 22 日,国民政府驻美大使魏道明致电重庆外交部:

> 接到美国外交部函,关于审判远东战犯组织国际法庭,联军总司令请求各国推荐适当人员以便由其选派;美政府特请中、英、苏各推五人,澳大利亚、加拿大、法国、荷兰和新西兰各三人。并希望其中有文人为代表,特别希望选文武官员以通晓英文者较为便利。[8]

得此信息后,外交部立即发文至有关部门,要求推荐赴日人选。11 月 9 日,军令部部长何成濬致函外交部长王世杰,推荐滇缅铁路军法监部督察官吕节和二阶秘书石毓嵩;11 月 15 日,司法行政部致函外交部,拟派向哲濬(见图 1-6)、倪征燠二人;以后军令部又推荐了刘方矩。外交部对上述 5 位候选人进行初审,感到总体水平还不理想。他们又推荐了 3 位知名法学家吴经熊、燕树棠和梅汝璈(见图 1-7)。

图 1-6 中国检察官向哲濬

图 1-7 中国法官梅汝璈

根据派 5 人的要求,外交部在这 8 名推荐者中选定梅汝璈、向哲濬、倪征燠、刘方矩、吕节等 5 人,于 11 月 29 日由王世杰部长呈报国民政府主席蒋介石。

由于二战刚刚结束，各国都面临百废待兴的局面，选派人员进程缓慢。为了尽早组建法庭，对日本甲级战犯进行审判，盟军总部要求各国先派一二人。12 月初，外交部再次呈文蒋介石："就司法行政部、军令部、军法总监部及职部等机关所推荐之人选中，核选向哲濬、梅汝璈等两名为我国代表。"[9]

蒋介石最终选定向哲濬和梅汝璈二人，12 月 8 日由行政院代为回复外交部："外交部王部长勋鉴：12 月 7 日签呈及附件均悉，所拟以向哲濬、梅汝璈等二人为远东国际法庭我国代表一节已交行政院照派矣。中正亥庚[当年电报中常以天干地支代表月日，'亥庚'即 12 月 7 日。——笔者注]府交"（见图 1－8）。[10]

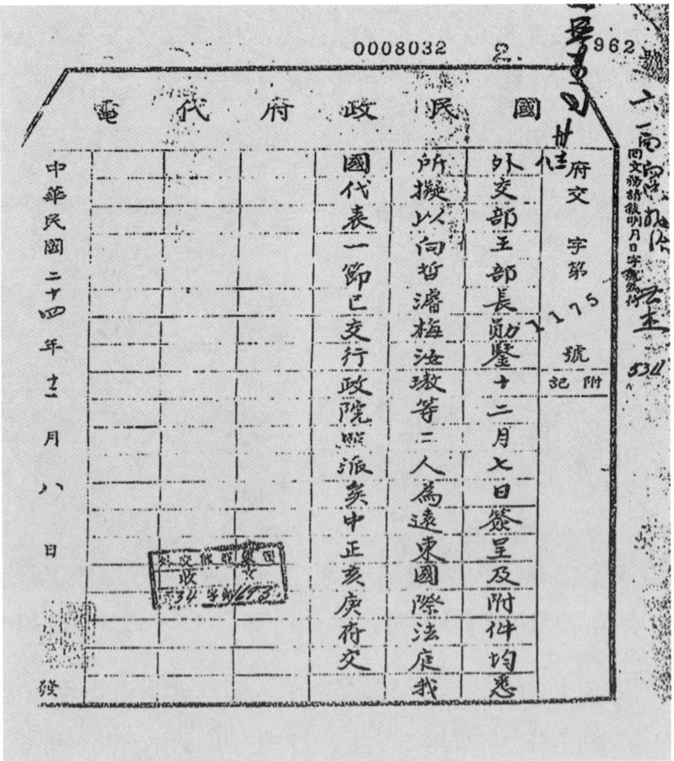
0008032
國民政府代電
府交 字第 號 附記
外交部王部長勛鑒十二月七日簽呈及附件均悉所擬以向哲濬梅汝璈等二人為遠東國際法庭我國代表一節已交行政院照派矣中正亥庚府交
中華民國三十四年十二月八日 發

图 1－8 蒋介石任命公函

向哲濬，字明思，生于1892年，湖南宁乡人；梅汝璈，字亚轩，生于1904年，江西南昌人。两位法学家的经历非常相似，都是通过庚子赔款，在清华大学前身——游美肄业馆学习，然后到美国名校深造。向哲濬取得耶鲁大学文学士学位后，进入耶鲁法学院，后转学到乔治·华盛顿大学，取得法学士学位，曾任耶鲁大学世界学生会会长；"五四"期间，他和查良钊被选为中国学生代表，和在美的爱国人士一起举行大会，反对日本侵占山东的无理要求；1920年，华盛顿九国会议上，他任八个中国联合组织的秘书。梅汝璈则先后于斯坦福大学和芝加哥大学获得文学士和法学博士学位。在美期间，为声援国民革命军"打倒北洋军阀"的北伐行动，他和同在美国留学的施滉、冀朝鼎、徐永煐等同学发起成立"中山主义研究会"，在留学生以及更大范围中宣传中国的革命。

回国后，两位都曾在大学任教。参加东京审判之前，向哲濬先后在北京大学、北京交通大学、北京法政大学和中央大学任教；梅汝璈则先后在山西大学、南开大学、武汉大学、复旦大学任教。向哲濬转入司法界后，先后任司法部和外交部秘书、苏州吴县地方法院院长、上海第一特区地方法院首席检察官、国防最高委员会秘书、高等法院湘粤分庭检察长、上海高等法院首席检察官；而梅汝璈潜心教学和法学研究，从回国到东京审判，发表法学论文20余篇、学术专著5本，从1934年起，他长期担任国民政府立法委员，曾代理立法院外交委员会委员长。

中国代表团组团之时，向哲濬的夫人周芳还在湖南农村老家。她晚年曾撰写《良师爱侣忆明思》，回忆了向哲濬的一生。文中提到当年组团的一段故事：

在离乡前不久，即得到明思来信，知道他已被政府派往日本东京新成立的远东国际军事法庭，任中国检察官，审理日本侵华甲级战犯。按法庭的组织结构,十一个同盟国,每一国派一位法官、一位检察官。明思是王宠惠先生推荐给蒋介石的。[11]

12月10日,外交部致电魏道明大使,通报中国政府的决定:"关于组织远东国际法庭事,我国已派向哲濬、梅汝璈两人为代表。向哲濬系上海高等法院首席检察官。梅汝璈系立法委员兼立法院外交委员会代理委员长。希转告美方。"[12]

12月29日,司法行政部谢冠生部长致函向哲濬,通报任命:"上海北浙江路高等法院向首席哲濬兄勋鉴:关于派赴日本远东国际法庭法官事,我方先派兄与梅汝璈充任我国代表。业已知照美方,兄任检察官,梅任法官。据美方转告,兄应即赴日协助美检察长准备一切。请速飞渝于一星期内到达,以备洽商"。[13]

同日,外交部甘乃光次长也致函梅汝璈,通报任命:"汝璈吾兄惠鉴:关于派兄为远东国际法庭我国代表事,已与孙院长[当时的行政院长孙科。——笔者注]洽妥。且接魏大使电。谓已将此事转告美方。故兄不必再行推辞,并请迳谒孙院长洽谈,并即来到渝一行为荷。"[14]

1946年1月3日,王世杰部长再次致电魏道明大使:"向哲濬任检察官,梅汝璈任法官,向即赴日,梅俟法庭组成后前往,希洽美国务院转电麦帅,予以入境及运送之便利。"

远东国际军事法庭最初确定由9个同盟国组成,按在日本投降书上签名次序,为美国、中国、英国、苏联、澳大利亚、加拿大、法国、荷兰和新西兰。后来应美国和英国的要求,增加了菲律宾和印度。11个同盟国各推荐一名法官(见图1-9),一名检察官(见图1-10),名单如下:

法官:
庭长 韦伯,澳大利亚

远东国际军事法庭
法官

庭长：
威廉·弗拉德·韦伯爵士
Sir William Flood Webb
（澳大利亚）

密朗·C·克拉默
Myron C. Cramer
被替换法官：
约翰·P·希金斯
John P. Higgins
（美国）

梅汝璈
Mei Ju-Ao
（中国）

帕特里克勋爵
Lord William Donald
Patric
（英国）

伊万·米歇耶维奇·柴扬诺夫
Ivan Mikheevich Zary-anov
（苏联）

爱德华·斯图尔特·麦克杜格尔
Edward Stuart McDougall
（加拿大）

亨利·伯纳德
Henry Bernard
（法国）

伯纳德·维克多·A·勒林
Bernard Victor A. Röling
（荷兰）

艾瑞玛·哈维·诺斯克罗夫特
Erima Harvey North-croft
（新西兰）

拉达宾诺德·帕尔
Radha Binod Pal
（印度）

德尔芬·哈那尼利亚
Delfin Jaranilla
（菲律宾）

上海交通大学东京审判研究中心

图 1-9　盟国十一位法官

图 1 - 10　盟国十一位检察官

希金斯（John Patrick Higgins），后换为克拉默（Myron C. Cramer），美国

梅汝璈，中国

帕特里克（Lord William Donald Patrick），英国

柴扬诺夫（И. М. Зарянов），苏联

麦克杜格尔（Edward Stuart McDougall），加拿大

贝尔纳（Henry Bernard），法国

勒林（Bernard Victor A. Röling），荷兰

诺斯克罗夫特（Sir Erima Harvey Northcroft），新西兰

哈拉尼利亚（Delfin J. Jaranilla），菲律宾

帕尔（Radhabinod Pal），印度

检察官：

检察长 季南，美国

向哲濬，中国

柯明斯-卡尔（Arthur Strettell Comyns Carr），英国

戈伦斯基（Сергей Алесантрович Голунский），苏联

曼斯菲尔德（Sir Alan James Mansfield），澳大利亚

诺兰（Henry Grattan Nolan），加拿大

奥尼托（Robert L. Oneto），法国

穆德（W.G. Frederick Borgerhoff-Mulder），荷兰

奎廉（Ronald Henry Quilliam），新西兰

洛佩兹（Pedro Lopez），菲律宾

梅农（Panampilly Govinda Menon），印度

中国代表团队

根据英美法国际法庭首先进行的是检察阶段,然后进行的是法官量刑阶段。作为检察官,向哲濬受命之后,当务之急就是寻找精通法律和英语的秘书。他向耶鲁大学的同学刘世芳求援。刘世芳是东吴法学院教授,他立即想起自己的得意门生裘劭恒。

裘劭恒,江苏无锡人,1913 年出生。1931 年他考入蔡元培创办的上海音乐专科学校(今日上海音乐学院前身),与贺绿汀为同学。半年后转入东吴大学。1935 年,裘劭恒同时获得东吴大学中文和法律两个学士学位。抗战时期,他应故交、翻译家傅雷之邀,在瑞士领事法庭上和瑞士商人诉讼,并以深厚的学识和流利的英语打赢了官司,声名鹊起。

裘劭恒素不愿为官,开始他婉言谢绝了。刘世芳就邀请裘劭恒到他家谈心,他对自己心爱的学生说:

> 我知道你的性格,今天不是推荐你去做官。我只是考虑到你是研究比较法的优秀人才,你要有所建树,就不宜局限于上海一个地方。此次去东京,一则为国家和民族做点力所能及的事,二则远东法庭史无前例,一定会有一批世界第一流的法律专家登台亮相。这是活一辈子也难碰上的机遇,你怎么能轻易放弃呢?[15]

裘劭恒听了导师这番肺腑之言,深受感动,终于肩负起代表国家去审判战争元凶的光荣使命。

经外交部批准,向哲濬选用裘劭恒律师为中国检察官首任秘书,成为远东国际军事法庭助理检察官的成员。

2月7日,向哲濬偕裘劭恒乘坐美国空军提供的飞机抵达东京。

2月9日,向哲濬从东京用英文致电王世杰部长:"重庆外交部王部长:偕秘书裘劭恒7日抵东京,8日会见季南检察长。向哲濬"[16]

稍后,外交部增派东吴法学院毕业的方福枢为中国法官秘书。方福枢,北京人,1913年出生。1935年毕业于东吴法学院。任上海工部局法律部代表律师期间,经常为同胞仗义执言,有很高声誉。

梅汝璈法官和方秘书先后于1946年3月20日和4月10日乘美国军用飞机到达东京。

中国检察官助手仅裘劭恒一人,显然难以胜任。当务之急是扩大团队。尽管外交部稍后增派一名法官秘书,即清华大学毕业、时任中国驻横滨副领事的罗集谊,但根据法庭宪章,检察官和法官的工作严格区分,为此向哲濬请示外交部,要求增派一名秘书。外交部非常重视,立即选定燕京大学政治学系毕业的刘子健。

刘子健,贵阳人,1919年出生。先考入清华大学。日寇侵占北平后,清华南迁,刘子健转入燕京大学政治系。太平洋战争爆发后,他和燕京部分师生被怀疑从事抵抗活动,一度被捕。他学业优秀,而且精通日文。

同年6月,外交部又增派朱庆儒为向哲濬的秘书。

由于法庭工作语言是英文和日文,大量证据、证言要从中文译为英文,急需翻译。经盟军总部同意,向哲濬利用回国举证的机会,于1946年4月到上海进行招聘。应聘者之一是东吴法学院1945届毕业生高文彬。高文彬品学兼优,英文尤其出众。在他的毕业纪念册上,一位同窗这样描述他:"兄于英文,尝读约翰生传记,不数日,即能背诵全书,不遗一字。故所述作,兴辞典雅,不同凡响。"

这样的高才生,当然立刻录用。高文彬晚年有如下回忆:

> 六十三年前,正是在东京审判开庭前夕,有幸认识了向先生。当时向先生作为十一个同盟国之一的中国检察官,受国际检察局的委托到中国招聘既懂法律又精通英语的人才担任英语翻译官。1945年7月我刚从东吴大学毕业,我的老师刘世芳教授推荐我去应聘。1946年4月的一天,我到华懋公寓(即现在的锦江饭店)参加测试。主考官就是向哲濬先生。向先生非常和蔼,一点没有官架子,完全是学者风度。他让我坐下,从《申报》中摘一段让我译成英文,又问我家庭和学校的情况,还递给我一杯咖啡。由于东吴法学院是中国唯一一所除了大陆法外还教授英美法的学校,比较有优势。几天后接到向先生电话,我被录用了。[17]

当时一共录用了五位翻译,和高文彬一样,都是一时才俊。

年龄最大的是周锡卿,原名世正,湖南宁乡人,1914年出生。他的父亲是辛亥革命元老周震鳞,幼承庭训,奋发有为。1936年,周锡卿毕业于交通大学管理系,1938年,在美国宾夕法尼亚大学获得经济学硕士学位。1938年7月7日,"卢沟桥事变"一周年时,在纽约纪念会上,周锡卿起草致中国政府电,表达了留学生誓将抗战进行到底的决心。同年8月,他回国投入抗日斗争。先后任湖南抗战委员会设计组副组长、长沙行政署秘书、省政府专员,兼任《国民日报》经理。1940年后,他先后担任桂东县、汉寿县和湘乡县县长,筹款、筹粮、组织人力,支援前线工作;同时兼任自卫团长,牵制敌军兵力,配合正规部队作战,直至抗日战争胜利。周锡卿是周芳的弟弟,在迫切需要人才之时,向哲濬"内举贤不避亲",聘用了这位妻弟。

张培基,福建福州人,1921年出生。1945年毕业于上海圣约翰大学英国文学系,同年任《上海自由西报》英文记者、英文《中国评论周报》特约撰稿者兼《中国年鉴》(英文)副总编。

另外两位也是东吴毕业的高才生。刘继盛是刘世芳的侄子,1944年毕业于重庆东吴法学院;郑鲁达是广东汕头人,1918年出生。1945年毕业于上海东吴法学院,和高文彬同班。在郑鲁达的毕业纪念册中也留下了同学的评价:"办事果敢刚毅,百折不挠。好学不倦,于英文尤所特长,处事镇定,井井有条,故任何困难,无不迎刃而解。"

1947年初,裘劭恒因病辞职回国,经外交部批准,高文彬成为向哲濬最后一任秘书。高文彬晚年曾回忆翻译组在东京的艰辛工作:

我们5月10日左右从上海江湾机场乘军用运输机到达东京,立即着手把中文证言翻译成英文。我们的薪水由盟军国际检察处IPS(International Prosecution Section)支付。当时翻译按资历和水平分成12级。我们5个人中周锡卿最高,定为7级;张培基次之,定为6级,我和刘、郑都定为5级。东京审判按日本侵略事件的先后安排。日本侵华最早,从1928年关东军策划"皇姑屯事件"炸死张作霖开始,直到"九一八事变"、建立溥仪伪满洲国傀儡政府、"卢沟桥事变"、南京大屠杀,然后才是日军侵略香港、菲律宾,发动太平洋战争。所以从5月到10月,翻译担子很重,我们特别忙。10月之后,翻译工作基本告一段落,盟军也停发我们的薪水。这时,向先生把他们四位介绍到中国驻日军事代表团任职，留下我随他工作。[18]

除翻译工作外，举证、辩论更需要精通英文、日文的法学工作者。1947年初，利用法庭审理非中国地区日军侵略罪行的时机，向哲濬回国聘请顾问。

首席顾问是刚从欧美考察归来的倪征燠。倪征燠，字哲存，江苏吴江人，1906年出生。中学时代曾在上海租界旁听法庭审讯，他发现外国领事和律师依仗"治外法权"，非常傲慢，中国法官却黯然处于从属地位，于是立志学法。1923年，他虽然在沪江附中名列榜首而免费直升沪江大学，两年后还是转学到以"比较法"著称的东吴法学院，1928年，他同时获东吴大学法学士和社会持志大学文理学士的双学位。同年，进入美国斯坦福大学深造，1929年获法学博士。回国后倪征燠在大学教授法律课程，兼做律师。1945—1946年他再赴欧美进行司法考察，曾参观纽伦堡审判实况，详细观摩西方司法体系、审判程序和证据采集，对中外法律的比较研究有了更深刻的认识。倪征燠曾与向哲濬在司法行政部和上海特区法院两度共事。早在中国代表团组团之时，司法行政部就推荐他作为代表候选人。时在美国的著名学者罗家伦也曾专门致函外交部予以推荐。倪征燠晚年有如下回忆：

> 向哲濬回国告急，并请立即增员支援，而且还点名要我前往，因为我刚从美英两国考察司法制度回来。向哲濬经与我熟商后，决定增派四位顾问。具体人选为上海律师鄂森和桂裕，以及南京中央大学法学教授吴学义，并以我为首席顾问。[19]

倪征燠提到的其他三位顾问也都是学贯中西的法学精英。
鄂森，字吕弓，江苏扬州人，1902年出生。1928年毕业于东吴法学院,1929 年获美国斯坦福大学法学博士学位。回国后在上海任律师,兼任东吴法学院教授;1944 年任东吴法学院院长。

桂裕,字公绰,浙江宁波人,1902 年出生。1927 年毕业于东吴法学院。在上海先后任律师和商务印书馆英文编辑。1930 年后历任司法行政部编审、上海第一特区地方法院推事、上海江苏高二分院推事等。曾翻译出版《英译中华民国民事诉讼法》,参与了《辞源》续编的编辑工作,发表《大陆法系与英美法系》《司法官之素质与数量》《法律之理论与实践》和《处置日本在华财产文法律观》等十余篇论文。

吴学义,江西南城人,1902 年出生。1929 年,他中学毕业后即到日本京都帝国大学学习。1934 年,获京都帝国大学法学硕士学位。回国后,历任中央大学、武汉大学教授,撰写并发表多部民法著作和教材。吴学义精通英美法,曾与梅汝璈二人担任行政院长宋子文和外交部长王世杰的助手,参与签订多部国际条约,多次参与国际谈判。1945 年 2 月,他被任命为国民政府立法院第四届立法委员。

由于上海律师事务繁忙,梅法官的首任秘书方福枢于 1946 年末回国,梅法官增聘东吴法学院毕业的杨寿林任秘书。杨寿林,江苏苏州人,1911 年出生。1934 年毕业于东吴法学院,曾任美商德士古公司部主任。

总之,在长达近三年的东京审判进程中,中国代表团先后有 17 位成员:

法官团队共 4 人,除法官梅汝璈外,先后有 3 位秘书:方福枢、罗集谊和杨寿林;

检察官团队共 13 人,除检察官向哲濬外,先后有 4 位秘书:裴劭恒、刘子健、朱庆儒和高文彬(兼),4 位顾问:倪征燠(首席)、鄂森、桂裕和吴学义,5 位翻译:周锡卿、张培基、高文彬、郑鲁达和刘继盛(见图 1 - 11)。

图 1 - 11　中国代表团部分成员（高文彬摄）

前排左起：桂裕、倪征噢、向哲濬、吴学义、郑鲁达、张培基
后排左起：周锡卿、刘子健、杨寿林、鄂森

漫长审判进程

　　东京审判的检察阶段，从 1946 年 5 月 3 日开庭到 1948 年 4 月 16 日，几乎整整两年。在所有被告无罪推定的前提下，由检方对被告提出起诉，并提供人证物证；辩方同样可提出人证物证进行反驳。

　　东京审判的法官审理阶段，从 1948 年 5 月到 11 月 12 日宣判，历时半年。法官团采纳检辩双方合理的证据，在此基础上，对被告进行量刑和判决。

远东国际军事法庭从正式开庭到最终宣判长达两年半；总共开庭 817 次（有的书刊称开庭 818 次，这是因为在正式开庭前，1946 年 4 月 29 日还举行过一次预备会议），庭审记录多达 49 857 页（加上页号相重及未标页号者，超过 5 万页）。对比纽伦堡审判，从 1945 年 11 月 21 日至 1946 年 10 月 1 日，还不到半年，总共开庭 403 次，庭审记录仅 17 000 多页。由此可见，东京审判之艰难。

《远东国际军事法庭庭审记录》的英文版以及中英文的索引[20]及其中国部分的中译文[21]已经由上海交通大学出版社和国家图书馆出版社联合出版；庭审记录的全文翻译工作，正在进行之中，第一辑已经问世。[22]

注释

〔1〕日本大藏省印书局：《官报（号外）》，1945 年 8 月。

〔2〕程兆奇、龚志伟、赵玉蕙：《东京审判研究手册》，上海交通大学出版社，2013 年，第 251 页。

〔3〕程兆奇、龚志伟、赵玉蕙：《东京审判研究手册》，第 252 页。

〔4〕《人民日报》，2015 年 9 月 4 日。

〔5〕程兆奇、龚志伟、赵玉蕙：《东京审判研究手册》，第 249 页。

〔6〕程兆奇、龚志伟、赵玉蕙：《东京审判研究手册》，第 251 页。

〔7〕梅汝璈：《远东国际军事法庭》，法律出版社、人民法院出版，2005 年，第 132—150 页。

〔8〕国民政府外交部签文东 34 字第 1324 号（1945）。

〔9〕国民政府外交部发文东 34 字第 503 号（1945）。

〔10〕国民政府外交部收文东 34 字第 1693 号（1945）。

〔11〕向隆万：《东京审判—中国检察官向哲濬》，上海交通大学出版社，2010 年，第 254 页。

〔12〕国民政府外交部发文东 34 字第 533 号（1945）。

〔13〕国民政府外交部发文东 34 字第 541 号（1945）。

〔14〕国民政府外交部发文东 34 字第 543 号（1945）。

〔15〕郑善龙：东京审判中的裴劻恒，《前进论坛》，2006 年，第 10 期。

〔16〕国民政府外交部收文东 35 字第 320 号。

〔17〕向隆万：《东京审判—中国检察官向哲濬》，"序一"第 1 页。

〔18〕向隆万:《东京审判—中国检察官向哲濬》,"序一"第1—2页。

〔19〕倪征噢:《淡泊从容莅海牙》,法律出版社,1999年,第107页。

〔20〕东京审判文献丛刊委员会:《远东国际军事法庭庭审记录》(英文版),国家图书馆出版社、上海交通大学出版社,2013年。

〔21〕程兆奇主编:《远东国际军事法庭庭审记录·中国部分》,上海交通大学出版社、国家图书馆出版社,2016年。

〔22〕程兆奇、向隆万主编:《远东国际军事法庭庭审记录·全译本(第一辑)》,上海交通大学出版社,2017年。

第二章

锁定目标

远东国际军事法庭组建之后，根据英美法，各国检察官首先开始工作。他们必须锁定三个审理目标：一是日本的侵略罪行从何时算起？二是审判日本战犯哪些罪行？三是审判哪些战犯？

确定起始日期

第一个目标，日本甲级战犯的罪行从何时开始？何时结束？

对于"何时结束"，国际检察局的认识非常一致。由于1945年9月2日日本签署了投降书，对日本战犯罪行自然算到投降日为止。但是，对于"何时起始"却有分歧。

最初，英、美和澳等国认为，远东国际法庭审理的是第二次世界大战中日本战犯的罪行，由于日军偷袭珍珠港，才引起它对一系列国家的战争，成为第二次世界大战的组成部分；而且，美国、英国和中国都是在"珍珠港事件"之后才对日宣战，所以，1941年12月7日这个日军偷袭珍珠港的日子，应该作为犯罪日期的起点。日本人更是认为，只有正式宣战后才算战争。第一章引用的《天皇投降诏书》就只承认"然自交战以来，已阅四载"。但是中国政府决不同意这种主张。实际上，日军之所以偷袭珍珠港，以及随之而来对一系列太平洋国家作战，重要原因正是为了尽快结束旷日持久的侵华战争。日本全面侵华始于1937年7月7日的"卢沟桥事变"，而"卢沟桥事变"不过是"九一八事变"的继续与延长。1931年9月18日，日军侵占沈阳和开始吞并中国东北地区，中日战争自那时起便已开始。1943年成立的同盟国战争罪行委员会设在英国，中国外交部早就向英国政府照会："战争之范围，应包括'九一八事变'以来在我国领土内参加暴行之一切分子"[1]。此后,在各种会议上,中国代表都坚持这一立场。

进一步剖析历史,阴谋策划"九一八事变"的日本军国主义分子,早在1928年6月4日就制造了"皇姑屯事件"(见图2-1),炸死了当时中国东北和华北的最高行政长官张作霖(见图2-2),这已经是战争行为,中日实际敌对状态那时便已发生,因此,中国提出日本战犯

图2-1 皇姑屯事件中被炸毁的列车

图2-2 张作霖

犯罪日期起自1928年。而包括中、日在内63个国家签署的《巴黎非战公约》也从1928年生效,因此国际检察局最终认定,日本战犯犯罪日期从1928年1月1日算起。

这个起始日期非常重要,从1928年1月1日到1941年12月7日,长达14年之久。在此期间,日本法西斯在中国犯下了滔天罪行,当然必须清算。如将

追究日本战争犯罪时间限制在"珍珠港事件"之后，则包括"南京大屠杀"在内的大量暴行便不在其中，罪不可恕的日本战犯将逍遥法外，中国人民断难接受。

但是这一日期被被告律师强烈反对。1946 年 5 月 14 日上午，被告广田弘毅的美籍日裔律师乔治·山冈（George Yamaoka）（见图 2-3）首先就日期问题发难：

图 2-3　乔治-山冈为日军罪行的起始时间辩护

起诉书中被指控为战争罪的行为发生在日本和其他有关国家和平共处时期，由于不存在战争，也就不存在法律意义上的战争罪。……至于中国，根据日方的辩解，在起诉书述及的整个期间内，日本与中国适当组建的政府也处于和平状态，日本与中国之间不曾存在交战状态……必须承认即使是蒋介石政权也是到了 1941 年 12 月 9 日才对日宣战。这一事实是有案可查的，法庭应予以注意。起诉书中所述诉因，即指控在 1928 年 1 月 1 日至 1941 年 12 月 9 日之间犯有战争罪的作为或者不作为，无论是事实上还是依据任何法律解释,并非战争罪,原因在于这些行为发生在和平时期。[2]

当天下午,中国检察官向哲濬在他第一次发言中,代表检方予以驳斥(见图2-4):

图2-4 向哲濬驳斥乔治·山冈

我请求法庭给我几分钟谈谈一些看法,作为对今天上午辩方提出请求的回答,他们的请求尤其涉及中国,即我的祖国。我们精通法律的辩方律师说中国和日本之间不存在战争,因为日本从未向中国宣战。当然,这是一个关于战争正确定义的问题。然而,从1931年9月18日以后,日本在中国采取了战争性的行动,杀死了数以百万计的中国人,包括士兵和平民,这是14年以前发生的事。1937年7月7日,日本在卢沟桥发动战争,一个晚上杀死数百人。随后,日本向全中国出兵,杀死了数以百万计的中国士兵,还有儿童、妇女和无助的平民——非战斗人员。我认为那些是全世界都知道的事实。如果这不是战争,我想问,还有什么是战争? 从1931年起,在中国方面没有任何挑衅的情况下,日本派兵到全中国,到各个省份。无论日本是否向中国宣战,尽管中国到1941年12月9日才向日本宣战,我主张这就是战争。[3]

泷川政次郎是被告岛田繁太郎的辩护律师。1953年,他出版专著《审判东京审判》,全盘否定东京审判。但是当他评述向哲濬上述发言时,也不得不表示钦佩:"中国检察官向哲濬对乔治·山冈的辩护作反驳,他指出从'满洲事变'以来,中日存在战争状态。他的语调非常激昂。所谓'燕赵悲歌之士',大概就是像向检察官这样的人吧!"[4]

与日本侵略其他国家相比较,在"珍珠港事变"之前,日本曾和苏联有过两次局部冲突,即1938年7至8月的"张鼓峰战斗"和1939年5至9月的"诺门坎战斗";日本和英国和法国也在其亚洲殖民地有局部冲突。由此可见,从1931到1941年,日本军国主义的主要力量用于侵华;中国是世界反法西斯战争的东方主战场。2017年1月3日中国教育部发文,要求对各级各类教材进行修改,抗日战争应从1931年算起,即"十四年抗战"。应当指出,这与中国政府历来的主张以及远东国际军事法庭对日本侵华战争的时间界定完全吻合。

确定三项罪名

第二个目标,远东国际军事法庭应当审判日本甲级战犯的哪些罪行？

法庭首先回顾了二战之前已经签署的相关国际条约，以下择要列举若干国际条约。

在维护和平、反对战争方面：

1899 年和 1907 年在荷兰海牙举行过两次和平会议，先后有包括中国、俄国、美国、英国、法国、日本等 40 多个国家参加。1907 年签订的《第一海牙公约》，提出和平解决国际争端的共识。

1919 年 6 月 28 日，第一次世界大战后协约国和同盟国在法国签订《凡尔赛和约》，由美国、英国、法国、意大利、日本、荷兰、葡萄牙、德国、中国、泰国等 22 国签署；

1920 年，先后有 63 个国家签署《国际联盟盟约》，规定日本必须裁减军备，尊重所有国联会员国的领土完整和政治独立，倘与国联其他会员国发生争议时，绝不诉诸战争；

1922 年 2 月 6 日，由中国、美国、英国、比利时、法国、意大利、日本、荷兰、葡萄牙等九国在华盛顿缔结《九国公约》，目的在于促进远东稳定，维护中国的权利与利益。

1928 年 8 月 27 日，63 个国家在巴黎签订的《巴黎非战公约》，又称《白里安——凯洛格条约》〔以倡议者法国外交部长白里安（Aristide Briand）和美国国务卿凯洛格（Frank Kellogg）命名。——笔者注〕。谴责侵略战争，重申 1907 年《第一海牙公约》明确提出的原则，和平解决国际争端，摒弃以战争作为国家政策的工具。

在禁止毒品方面：

1912 年 1 月 23 日，46 个国家在荷兰海牙签订的《鸦片公约》，要求各缔约国逐渐禁绝滥用鸦片、吗啡、可卡因以及有这些物质制成或提取之药物；

1925 年 2 月 19 日，国联成员国签订《鸦片第二公约》，建立禁绝滥用鸦片及其他毒品的国联组织机构；

1931 年 7 月 13 日,70 国在瑞士日内瓦签订《鸦片第三公约》,规定各国由于医药需要的麻醉品数量,以限制制造及控制分配麻醉药品而闻名。

在战争状态下有关人道方面:

1907 年,19 国在海牙签署《海牙第四公约》,要求战俘必须享受人道的待遇;

1927 年 7 月 27 日,47 国在日内瓦签署的《日内瓦战俘公约》,强调俘虏应当得到人道的待遇和保证,严禁虐待俘虏,不得强迫俘虏中的军官和伤病员参加劳役等;

1929 年 7 月 27 日,44 国在日内瓦签署《日内瓦红十字公约》,要求尊重伤病员,保护战地医护人员等。

以上这些国际条约,日本多为签字国,这也是东京审判定罪的基础。

参照国际条约,结合第二次世界大战的特点,根据《远东国际军事法庭宪章》,东京审判以三项罪名起诉战争嫌犯,即:①“反和平罪”;②“普通战争罪”;③“反人道罪”(今多用“危害人类罪”)。这三项罪名和纽伦堡审判一样。

什么是“反和平罪”?《远东国际军事法庭宪章》规定:“反和平罪。指策划、准备、发动或执行一场经宣战或不经宣战之侵略战争,或违反国际法、条约、协定或保证之战争,或参与为实现上述任何行为之共同计划或共同谋议。”[5] 在纽伦堡审判和东京审判中,这是最重要的一项罪状,其对象是对制定侵略政策和实施侵略战争负有主要责任的人,也就是“A 级战犯”或“甲级战犯”(见图 2-5)。

什么是“普通战争罪”? 就是指违反战争法规或战争惯例的犯罪行为。包括杀害平民、强奸妇女、焚烧掠夺公私财物、虐待杀害俘虏、使用非法武器等等。上面列举的各种国际条约大多是针对“普通战争罪”形成的一系列原则和惯例。

“普通战争罪”包含了反人道的罪行,为什么还要设立“反人道罪"？因为"普通战争罪"仅限于敌对双方在战争期间的行动，并不能包括一切反人道的行为，尤其不能包括大规模的反人道行为。例如纳粹德国对犹太人的集体屠杀，达600万人之多；不仅包括波兰、匈牙利、苏联等德国之外的犹太人，也包括德国国内的犹太人，这是"普通战争罪"所无法涵盖的。

远东国际军事法庭
A级战犯被告

荒木贞夫
Araki Sadao

土肥原贤二
Doihara Kenji

桥本欣五郎
Hashimoto Kingoro

畑俊六
Hata Shunroku

平沼骐一郎
Hiranuma Kiichiro

广田弘毅
Hirota Koki

星野直树
Hoshino Naoki

板垣征四郎
Itagaki Seishiro

贺屋兴宣
Kaya Okinori

木户幸一
Kido Koichi

木村兵太郎
Kimura Heitaro

小矶国昭
Koiso Kuniaki

松井石根
Matsui Iwane

松冈洋右
Matsuoka Yosuke

南次郎
Minami Jiro

武藤章
Muto Akira

永野修身
Nagano Osami

大川周明
Okawa Shumei

大岛浩
Oshima Hiroshi

冈敬纯
Oka Takazumi

佐藤贤了
Sato Keiichi

重光葵
Shigemitsu Mamoru

岛田繁太郎
Shimada Shigetaro

白鸟敏夫
Shiratori Toshio

铃木贞一
Suzuki Teiichi

东乡茂德
Togo Shigenori

东条英机
Tojo Hideki

梅津美治郎
Umezu Yoshijiro

图 2-5　28 名 A 级战争嫌犯

根据这三项罪名，特别是"反和平罪"，起诉对象必须是策划、发动侵略战争的元凶。

确定战犯名单

第三个目标，哪些日本甲级战犯应当接受审判？

早在日本投降之前，1943年7月16日，时任中国军事委员会参事室主任的王世杰提议，组织"敌军罪行调查委员会"，其任务之一就是确定日本的战争罪犯名单。

1944年4月25日，中国驻英大使顾维钧在同盟国的一次会议上提出设立远东及太平洋小委员会。11月29日，小委员会在重庆成立，其基本任务就是搜集证据和提供日本战犯名单。在各同盟国都提出的名单中，中国提出的战犯最多。

但是，从酝酿建立纽伦堡审判和东京审判之时开始，始终有人质疑为何追究战犯的个人责任。直到开庭之后，辩方仍以此发难。

1946年5月14日，也就是乔治·山冈质疑起始日期的同一天，被告梅津美治郎和东乡茂德的美籍律师布雷克尼（Ben Bruce Blackeney）上校作了长篇发言。他的第一个观点是"战争不是犯罪"，他还搬出为国际法奠基的荷兰学者格劳秀斯（Hugo Grotius），放言：

> 任何一位学者、教科书作者，甚至格劳秀斯和《国际联盟盟约》，以至于私法或者公法法庭都不曾流露出战争中的杀害行为是犯罪的看法，也不曾问过与这种杀人行为有关的战争正义与否、合法与否、是防御战争还是侵略战争。

布雷克尼的第二个观点就是：

> 战争是国家行为，而非个人行为。没有什么比陈述这个观点更有必要了。整个国际法给出我们确定的结论，即战争是国家行为，由此形成国家之间的关系。任何涉及战争主题的条约与公约均未提及个人。根据定义，国际法适用于国家，因而排除对个人的适用。[6]

这些质疑显然站不住脚。国家当然应对侵略战争负责，但是违反国际法的罪行是通过许多"个人"实施的。同日，澳大利亚检察官曼斯菲尔德和英国检察官柯明斯－卡尔代表检方进行反驳。

曼斯菲尔德引用了国际法权威学者赖特勋爵（Wright）的论断：

> 个人可以对违反国际法的具体行为承担刑事责任的原则，现在已经得到普遍认可。因此，违反如下原则，即战争，如果是非正义的，是非法的，不仅是国家违反条约，国家需要承担违反条约的后果，也是个人作为蓄谋者、主犯或者从犯进行的犯罪行为，如同违反战争习惯法一样。国家只能利用负责任的工具进行行动，个人也是如此。如果某个国家违反条约发起侵略战争，发动战争的国家负有责任的代理人负有过失，利用他们位高权重能够发动侵略战争，则这些人无论从本质上还是从刑罚后果上都应承担单独、独立、不同的责任。[7]

英国检察官柯明斯－卡尔则引用另一位国际法权威斯托厄尔（Ellery C. Stowell）评论第一次世界大战后审判的一句话："1919 年战胜国有权界定犯罪行为，并为该罪行起诉德国皇帝或者其他任何人。"[8]

从日本侵华战争来看，从"九一八事变"开始，板垣征四郎、土肥原贤二等人的作用非常突出,不仅不是被动地"服从",往往还先斩后奏,"下克上",造成既成事实。

梅汝璈法官晚年在关于东京审判的专著中分析:"说国际法对于个人没有规定制裁方法,因而不能处罚他们,那也是完全不能成立的。被西方一般人推崇为国际法的开山始祖的格劳秀斯在三百多年以前便表示过对于违反国际法的犯人,捕获者或审判者是有权处其死刑的。"[9]

第一章我们提到,1945年秋冬,盟军总部分四次逮捕了118名甲级战争嫌犯。与此同时,国际检察局深入挖掘、整理日本政府档案和各盟国的相关文件。到1946年开春,对所有在押战争嫌犯的历史、地位和罪行已经摸出了初步轮廓。

当时纽伦堡审判已经开庭,纳粹德国的被告为24名。作为参照,国际检察局认为,对日本甲级战犯的审判,可以分批进行,每次的被告以不超过30名为宜,初步设想可能有三四批之多。那么第一批名单如何确定?盟军总部要求各国分别提出甲级战争嫌犯名单,季南检察长和各国检察官协商后最终选定,28名甲级战争嫌犯作为被告,按英文拼写的排序如下:

荒木贞夫、土肥原贤二、桥本欣五郎、畑俊六、平沼骐一郎、广田弘毅、星野直树、板垣征四郎、贺屋兴宣、木户幸一、木村兵太郎、小矶国昭、松井石根、松冈洋右、南次郎、武藤章、永野修身、冈敬纯、大川周明、大岛浩、佐藤贤了、重光葵、岛田繁太郎、白鸟敏夫、铃木贞一、东乡茂德、东条英机和梅津美治郎。

这28名被告中,可以分为以下几类:

4名前首相,即太平洋战争的发动者东条英机、老牌外交家广田弘毅、老牌法西斯军人平沼骐一郎和小矶国昭;

3名前外务大臣:即积极推动侵略阴谋的松冈洋右、重光葵和东乡茂德;

2名积极勾结德意轴心国,组织反共军事同盟的外交官大岛浩和白鸟敏夫；

4 名前陆军大臣：积极鼓吹侵略的荒木贞夫、曾任关东军司令和天津驻屯军司令的南次郎、负责指挥侵华日军的畑俊六和板垣征四郎；

6 名陆军将领：特务头子土肥原贤二、南京大屠杀主犯松井石根、在中国和东南亚实施暴行的武藤章和木村兵太郎、被东条视为"大弟子"的佐藤贤了，以及日本侵华的罪魁之一的梅津美治郎；

2 名前海军大臣：永野修身、岛田繁太郎和 1 名海军将领冈敬纯；

3 名前主管经济和财政的大臣星野直树、贺屋兴宣和铃木贞一；

2 名疯狂鼓吹法西斯主义及对外侵略政策的宣传家和煽动家大川周明、桥本欣五郎；

1 名贵族和天皇重臣木户幸一。

总之，这 28 名被告都是野心勃勃、臭名昭著的法西斯侵略分子；在日本政治、军事、外交、宣传各方面的罪恶活动中，他们起着突出的作用。

正因为这些被告大多对中国军民血债累累，中国为这 28 名战犯名单的确定，做出了很大贡献。

远东国际军事法庭成立后，中国提出的第一批战犯有 18 名，他们是：

矶谷廉介、梅津美治郎、土肥原贤二、和知鹰二、酒井隆、本庄繁、板垣征四郎、阿部信行、畑俊六、东条英机、谷寿夫、桥本欣五郎、多田骏、影佐帧昭、秦彦三郎、小矶国昭、南次郎、喜多诚一。1945 年 10 月，蒋介石手书上述名单（见图 2-6），并按他心中的次序，在这 18 名中圈点了前 12 名，即：

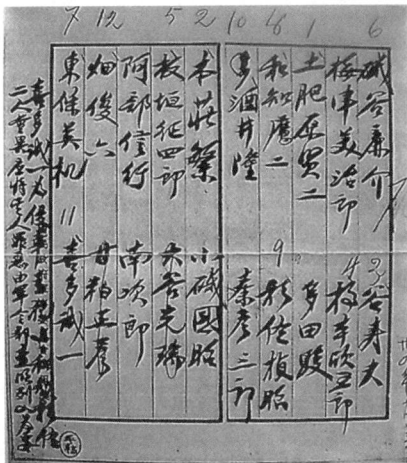

图 2-6　蒋介石手书战犯名单

1. 土肥原贤二;2. 本庄繁;3. 谷寿夫;4. 桥本欣五郎;5. 板垣征四郎;6. 矶谷廉介;7. 东条英机;8. 和知鹰二;9. 影佐帧昭;10. 酒井隆;11. 喜多诚一;12. 畑俊六。

蒋介石还特别批注:"喜多诚一为侵华重犯,与和知、影佐二人无异,应将其人罪恶由军令部查明列入为要"。[10]

中国外交部在向盟军总部提交这12名战犯名单时,附加了如下意见:"我国提列日本主要战犯12名,除国际法庭决定加以审判者外,其余应悉数解递归国审讯。"[11] 也就是说,这12名战犯中即使有人不属于东京审判的被告,中国也要对他们进行审判。

在这张名单中,有7名由于不同原因,没有接受远东国际军事法庭审判。

2号战犯本庄繁是关东军司令,直接指挥日本侵略中国东北,罪不容赦,但是他于1945年11月20日自杀,逃脱了审判。

3号战犯谷寿夫是南京大屠杀的急先锋;10号战犯酒井隆是制造"济南惨案"的元凶,攻占香港后又放纵日军烧杀奸掠。不过,这两名刽子手都够不上甲级战犯,他们被押送南京乙丙级战犯军事法庭受审并被判死刑,1947年4月26日在雨花台执行枪决,结束了可耻的一生。

6号战犯矶谷廉介,曾任关东军参谋长、香港占领地总督、台湾行政司长等职。占领香港期间,强制实行日化教育,禁止使用英语,把香港街道及地名改为日本名等。他也在南京受审,被判无期徒刑。

蒋介石特别批注的8号战犯和知鹰二、9号战犯影佐帧昭和11号战犯喜多诚一都是日本特务头子,分别担任臭名昭著的"兰机关""梅机关"和天津及华北特务机关的机关长。尽管这3名特务头子罪行累累,但是他们也算不上日本侵略战争的策划者,从而未被列入甲级战犯名单。

不久,中国外交部又酝酿了第二批战犯名单,共22人:

南次郎、平沼骐一郎、近卫文麿、阿部信行、米内光政、小矶国昭、荒木贞夫、松冈洋右、东乡茂德、梅津美治郎、松井石根、寺内寿一、牟田口廉也、山田乙三、青木一男、末次信正、西尾寿造、岛田繁太郎、有田八郎、广田弘毅、河边正三、谷正之。

由于近卫已经自杀，实际上只有 21 名。对这份名单，蒋介石也很重视，1946 年 1 月 9 日他在致外交部长王世杰的电报中指出："第二批日本主要战犯名单除近卫文麿已自杀应予剔除外，计实列南次郎等 21 名，拟请饬由外交部通牒美国政府转饬太平洋战区盟军最高统帅部逮捕。"[12] 同日，中方将 21 人名单向国际检察局提出。

从这两批名单可见，东京审判的 28 名被告中，由中国直接提名者达 15 名，占 53.6%。在余下的 13 名被告中，也有多名涉及侵华战争和暴行。例如：星野直树曾任"满洲国"的"财政部长""国务院总务长官"等要职；贺屋兴宣在"卢沟桥事变"后，负责编制日本战时预算；武藤章曾任南京大屠杀期间日军副参谋长；重光葵曾经在上海虹口公园被朝鲜志士炸断右腿。而大川周明则是狂热鼓吹军国主义的理论家，曾向张学良鼓吹满洲独立，并与板垣征四郎、土肥原贤二等人阴谋煽动吞并满洲。因此，28 名被告中，与日本侵华密切相关者在 20 人以上，超过 71%。

这里还要指出，日本投降时，土肥原贤二已在日本国内。而他的主要罪行是在中国进行特务活动，并不张扬，曾因证据不足而未列入被告之列。正是由于中国检察官力争，才把这个在中国罪恶累累的特务头子绳之以法。

美国记者布拉克曼（Arnold C. Brackman）采访了东京审判的全过程。东京审判之后，他又"历时四分之一世纪，行程超过十万英里"，撰写了专著《另一个纽伦堡——东京审判未曾述说的故事》，其中对东京审判和纽伦堡审判的被告做了比较："被告中有 9 个文职官员和 19 名职业军人。这与纽伦堡几乎正好相反，那里的 22 名被告中有 17 个是文职人员。在日本,军方领导人(尤其是主导军队的扩张主义者们)从 1920 年代末期就开始影响政府。而德国则在几年之后,希特勒和他的帮派才拉拢了武装部队。"[13]

天皇应否起诉

在确定起诉对象的过程中,是否应将日本天皇名列其中,曾经引起广泛争议。争议集中在两个问题:天皇有没有罪? 如果有罪,该不该审判?

天皇有没有罪? 战争结束时,国际上要求审判裕仁的呼声非常高涨。但是,有一种看法,认为日本天皇只是一个象征,并无实权,日本发动和扩大战争的决定权在军部,所以裕仁不应作为战犯起诉。日本签署《投降书》之后不到一个月,1945 年 9 月 27 日,裕仁求见麦克阿瑟(见图 2-7)。密谈之后,裕仁告退。虽然裕仁事后对谈话内容曾说:"当时与麦克阿瑟将军有君子协定,永不透露。"但是从麦克阿瑟以后的言行,说明他是持这种观点的代表。1946 年 1 月 25 日,也就是颁布《远东国际军事法庭宪章》后 6 天,麦克阿瑟在给美国陆军参谋长艾森豪威尔(Dwight David Eisenhower)的信中说:"过去十年间,没有发现任何明确的证据表明,天皇在不同场合中的行为与日本帝国政治诸决策有关。"[14]

实际上,"天皇与政治决策无关"的观点是完全站不住脚的。

根据 1889 年颁布的《大日本帝国宪法》,第一章有 17 条,开宗明义地确定了日本天皇的地位。以下仅列举其中几条:

图 2-7　麦克阿瑟与裕仁密谈

第一条，大日本帝国，由万世一系之天皇统治之；

第三条，天皇神圣不可侵犯；

第四条，天皇为国家元首，总揽统治权，依本宪法规定实行之；

第十一条，天皇统率陆海军；

第十三条，宣战媾和及缔结各项条约。

再从战争的实际进程来看，所有重大决策都要在御前会议上经天皇批准才能实施。所以天皇有不可推卸的法律责任。

中国外交部在 1946 年 4 月曾发机密文件，由外交部官员林建民起草。题为"日皇裕仁对于侵略战争应负责任之说帖"[15]（见图 2-8）。首先提到《大日本帝国宪法》中天皇的地位；然后列举了若干天皇在战时颁发的法令与诏书，如：1932 年 12 月 1 日，裕仁授权侵略满洲，成立并承认"满洲国"、1933 年 3 月 27 日的《退出国际联盟大

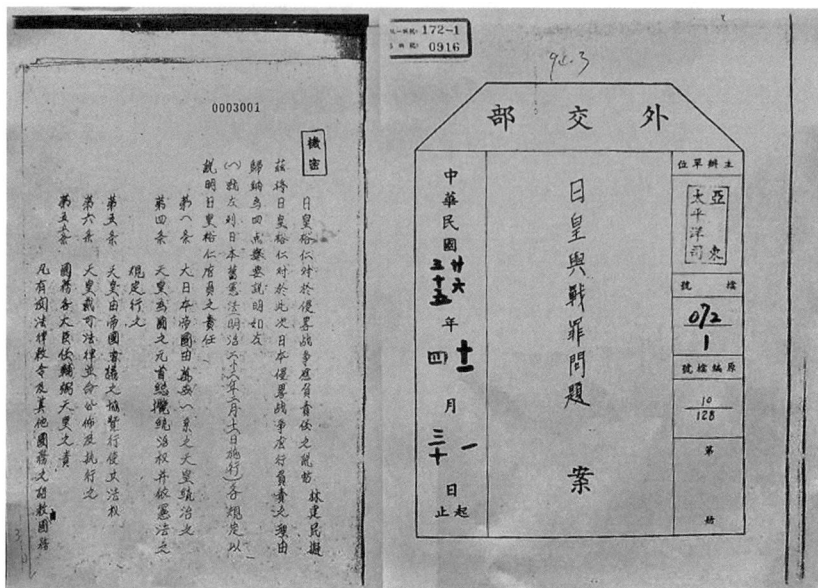

图 2‑8　中国外交部关于天皇罪责的机密文件（部分）

诏》、1936 年 11 月 25 日的《缔结日德意三国秘密协定》、1937 年 11
月 8 日的《颁行大本营令》、1938 年 4 月 1 日的《颁行国家总动员法》、
1941 年 12 月 8 日的《对英美宣战诏书》、1942 年 3 月 6 日的《颁发大
东亚战争及中国事变（包括珍珠港偷袭）论功行赏诏》，等等。文件最
后从三个方面认为"裕仁应负侵略战争之责任"，即：

（1）世界和平秩序受破坏；

（2）国联宪章、国际条约直接间接受破坏；

（3）我国及盟国之领土属地人民统治权、公私财产、人力物
力资源及人民健康、生命安宁、国家秩序受侵害，尤以中国为
最大。

澳大利亚、菲律宾等国也强烈要求审判日本天皇，追究其战争

罪责。

梅汝璈法官到东京后不久,在 1946 年 4 月 8 日的日记中表达了他本人的看法:

> 明思告诉我说,某国检察官主张把日本天皇列入战犯起诉,在今天检察官会议上引起了激辩,结果是这问题暂搁置,未付表决。我说,这是个政治问题;就纯法律观念来说,我实在看不出天皇对于日本侵略战争何以没有责任。这个问题在法官们四人谈话间迭次讨论过,大多数人与我持同样观点。[16]

论证天皇是否有罪并不复杂,更大的问题是,即使天皇有罪,该不该审判? 其实,在国际检察局确定被告人选和撰写《起诉书》之前,美国政府已经决定,不审天皇。就在前面提到的麦克阿瑟致艾森豪威尔信中,他还指出:"如果要对天皇加以审判,占领计划必须做大的改动。如果告发天皇,必然在日本国民间引起大骚乱,其影响怎么高估都不会过分。天皇是日本国民统合的象征,排除日本天皇,日本也会就此瓦解。"[17] 显然,美国政府采纳了麦克阿瑟的意见,天皇逃脱了审判。

1968 年,向哲濬在一篇关于东京审判的《回忆纲要》中提到,当年他曾两次向季南提出起诉天皇:

> 日本裕仁天皇是有实权的元首。日军侵略中国和亚洲以及太平洋区域的许多国家,裕仁天皇应负责任,应受审判。1946 年 2 月和 3 月,我曾两次向国际军事法庭检察长季南(美国籍)建议,对日本天皇进行侦查,准备起诉。季南对日本天皇应负侵略战争的责任,同意我的看法,但坚决不同意对裕仁进行审判,其主要理由是如果审判天皇,在日本人民中一定引起纷扰,引起

反抗,因而对盟军统治日本,必定发生很大的困难。我在第二次和季南谈这个问题时也同意这个看法,此后我就没有坚持我的主张。[18]

不少学者认为,美国放过日本天皇还出于冷战的考虑。1991年,日本出版了《昭和天皇独白录——寺崎英成御用挂日记》。寺崎是"御用挂",记录天皇言论的大臣。这份尘封数十年的文献,由寺崎的女儿发现,并经专家过目整理后问世。此时裕仁和寺崎均已逝世。中国学者程兆奇研究了这本独白录后,在《东京审判——为了世界和平》一书中,有力地证明了两点:"一是美国认为裕仁天皇没有战争责任是一个误判,二是不追究天皇责任导致对日本整个战争责任认定的缺陷。"[19]

作为日本帝国的元首,军国主义者崇拜的象征,裕仁逃脱东京审判,确实带来很大的负面影响。日本的军国主义思潮彼伏此起,为日本战犯翻案的舆论和行动至今不绝,甚至将东条英机等被判处死刑的战犯骨灰放入靖国神社,供人祭拜,都与未经审判天皇有密切关系。对比纽伦堡审判后的德国,希特勒的法西斯纳粹思想早已成为过街老鼠,在柏林还建有谴责屠杀犹太人的纪念馆,两者形成鲜明的对照。

德国学者基特尔(Manfred Kittel)在《纽伦堡和东京审判之后——1945—1968年日本与西德的"历史清算"》一书中,专门比较了德国和日本在"历史清算"与政治文化中的巨大差别。他在该书的《导言》中尖锐地指出:

> 仅就日本而言,东京靖国神社里的战争罪犯甚至被以另一种方式加以纪念。一位幸存的美军俘虏对此评判道,这就好比德国人计划"在柏林市中心建造一座纪念希特勒的大教堂。"[20]

注释

〔1〕国民政府外交部：《成立敌人罪行调查委员会》，亚东司档号 073‐4(1943)。

〔2〕程兆奇、向隆万主编：《远东国际军事法庭庭审记录·全译本(第一辑)》第 1 卷，上海交通大学出版社，2017 年，第 100—101 页(英文庭审记录 221—222 页)。

〔3〕向隆万：《东京审判·中国检察官向哲濬》，上海交通大学出版社，2010 年，第 5—6 页(英文庭审记录 272—274 页)。

〔4〕泷川政次郎：《東京裁判をさばく》(审判东京审判)，慧文社，2009 年。

〔5〕程兆奇、向隆万主编：《远东国际军事法庭庭审记录·全译本(第一辑)》第 1 卷，上海交通大学出版社，2017 年，第 250 页。

〔6〕同上书，第 93—97 页(英文庭审记录 201—212 页)。

〔7〕同上书，第 109 页(英文庭审记录 245 页)。

〔8〕同上书，第 110 页(英文庭审记录 259 页)。

〔9〕梅汝璈：《远东国际军事法庭》，法律出版社、人民法院出版，2005 年，第 30 页。

〔10〕国民政府档案：《战争罪犯之处理》第 417 页(1945.10)。

〔11〕国民政府外交部收文东 35 字第 745 号(1946.4)。

〔12〕国民政府外交部签文东 35 字第 1324 号(1946.1)。

〔13〕布拉克曼：《另一个纽伦堡——东京审判未曾述说的故事》，梅小侃、余燕明译，上海交通大学出版社，2017 年，第 75 页。

〔14〕程兆奇：《东京审判——为了世界和平》，上海交通大学出版社，2017 年，第 202 页。

〔15〕国民政府外交部《审判远东战犯 组织国际法庭》机密文件(1946)。

〔16〕梅汝璈：《东京审判亲历记》(梅小璈、梅小侃整理)，上海交通大学出版社，2016 年，第 311 页。

〔17〕程兆奇：《东京审判——为了世界和平》，第 203 页。

〔18〕向哲濬：关于东京审判的回忆提纲，家人收藏。

〔19〕程兆奇：《东京审判——为了世界和平》，第 201 页。

〔20〕基特尔：《纽伦堡和东京审判之后——1945—1968 年日本与西德的"历史清算"》，吕澍、王维江译，上海交通大学出版社，2014 年，第 1 页。

第三章

战斗檄文

多方搜集证据

根据英美法,"起诉"是远东国际军事法庭进行审理的第一个重要步骤。只有原告或检方的《起诉书》呈递给法院,并为法院接受之后,案件才算成立,法庭相应的审讯程序才能开始。因此,东京审判的《起诉书》,相当于一场战争中对敌人发出的檄文。

梅汝璈法官晚年撰写的专著《远东国际军事法庭》中,概括了检察官团队撰写《起诉书》前的准备工作:

> 大体上说,远东法庭检察处的准备工作是分为下列几个项目或步骤进行的:一、侦讯犯人,录取口供;二、从浩如烟海的日本政府档案中搜集可以作证的文件;三、实地采访调查,录取证人的书面证言及约定证人出庭口头作证;四、联系各盟国政府及有关机关,收集证据文件;五、决定首先受审的被告人选;六草拟起诉书(或称"公诉状")及其附件。以上各项工作无疑地都是相当艰巨的,特别是由于法庭审理的这个案件牵涉的地域范围广泛,经历年代长久,犯罪种类复杂以及被告战犯众多。[1]

中国检察官和各国同仁在进行上述准备工作时,遇到两个重大障碍。

第一个障碍是缺乏证据。《起诉书》中列举的战犯罪状,必须基于详实的证据。由于法庭组团匆匆,各国检察官还来不及搜集和携带充分的证据。如第一章所述,蒋介石批准向哲濬和梅汝璈作为中国代表是 1945 年 12 月 8 日,向哲濬接到司法行政部部长谢冠生的信是 12 月 29 日;而他和裘劭恒抵达东京是 1946 年 2 月 7 日,在如此短促的时间内,完成准备工作确实非常困难。梅汝璈于 1946 年 3 月 20 日到达东京。他很快发现向哲濬的窘境。他在 4 月 8 日的日记中写道:"明思兄这几天很感痛苦,因为中国所能提出的战犯证据实在太少,而论理说日本侵华战争至少有十五年之久,我们可以提出的证据应该是最多。"[2]

第二个障碍是时间匆促。盟军总部决定远东国际军事法庭于 1946 年 5 月 3 日开庭。那天是星期五,为了让庭长和法官们提前知晓《起诉书》内容,盟军总部要求国际检察局必须在 4 月 29 日,也就是同周的星期一向法庭正式递交《起诉书》,留给检察官的时间还不到三个月。

日本侵华时间最长,中国检察官的担子也最重。但是,战争环境十分艰难,中国老百姓既缺乏收集证据的条件,也缺乏保留证据的意识;从日本档案发现,日本政府和军部在战时实施了极其严厉的舆论封锁措施,除严控新闻报道外,明令军官与士兵,一律不准在通信或回日本谈话中透露任何日军战场失利或暴行的事实,一旦泄密,军法处置。在日本投降前后,日军大本营更是三令五申销毁文档,这又使取证难上加难。

面对重重困难,中国检察官和国际检察局同人,努力通过多方渠道,尽快搜集证据。

首先是通过函电向国内求援。

向哲濬到东京后,不到一周就接连发电报向国内提出要求。2 月 11 日的电文如下:

重庆外交部:远东国际军事法庭检察局紧急要求知悉有关下列各项之详细事实与证据:(一)关于 1931 年"沈阳事变"和

1937 年"卢沟桥事变"日本违反条约及协定之阴谋；（二）战争期间日本军队在松井石根及畑俊六二人统率之下所作之暴行及其他违反国际法之行为；（三）日本公私方面为欲达到敛财弱华之目的而作之毒化行为，望能详述种植鸦片及贩运物品之实际情形，及中国军民生命及公私财产由于各种侵略行为而受损失之估计数字。以上信息为以约瑟夫 B. 季南为首的国际检察局所急需，请尽可能速将材料寄来。　　向哲濬[3]

根据向哲濬的要求，2 月 15 日，外交部发公函给军令部、司法行政部、军政部、内政部、行政院赔偿调查委员会、中统局、军统局、国际问题研究所等部门，事由就是"请检送松井石根及畑俊六所率部队之暴行，及日军毒化我国之事实等资料，以凭转复我出席远东国际军事法庭检察官向哲濬"[4]。

侵华日军的暴行并不限于中国本土，日军在亚太地区对华侨和中国使领馆人员的暴行也在追溯范围之内。

2 月 21 日，向哲濬直接致电王世杰部长：

国际检察局为撰写判决书之目的，急需日本在香港、新加坡、泰国和其他太平洋地区对中国人犯下的暴行证据和证人，特别是可追溯到由日本高层军政官员负责的暴行。请指派寄至东京。　　向哲濬[5]

外交部和其他各部门对向哲濬的要求积极进行配合。例如：

1946 年 2 月 25 日，外交部委托梅汝璈法官的秘书罗集谊到东京上任时，携带若干书面证据交向哲濬，包括《松井石根及畑俊六所属部队之暴行》《日本战争行为类纂新编》《日人战争行为集要》和《日人战争行为论要》等文件；

1946 年 2 月 28 日，军政部长陈诚寄发的《抗战军事损失要求日本赔偿备忘录》；

1946 年 4 月 6 日，外交部将日本在华有关罪行发送给向哲濬，包括如下内容：

1.《日本对华战争撮要》，自"九一八事变"起至"八一三事变"止，按时间顺序择其显著者计有：

(1) 日军占领辽宁吉林黑龙江热河事件

(2) 日方制造伪满事件

(3) 1932 年日军进攻淞沪事件

(4) 1933 年日军进攻冀察事件

(5) 日方策动冀东伪组织事件

(6) 察北六县事件

(7) 日鲜人在华走私事件

(8) 日机在华之不法飞行事件

(9) 日方在华遍设特务机关

(10) 日鲜浪人在华贩卖毒品事件

(11) 日本渔轮侵入中国领海捕鱼事件

(12) 日本破坏国际电信公约事件

(13) 日本军舰在长江等处自由行驶事件

(14) 1936 年日军庇护匪伪军攻击绥远事件

(15) 日军在平津及上海附近非法演习事件

(16) 日军在天津、丰台等站干涉行车事件

(17) 日人非法征用土地事件

(18) 日人私行测绘摄影事件

(19) 河北事件

(20) 卢沟桥事变

（21）日政府拒绝中国政府撤退军队用和平方法解决纠纷之建议

（22）日军增调大批陆海空军来华事件

（23）上海虹桥事件。

2.《日军在华暴行及其毒化政策实录》1 本。

3.《敌伪种烟贩毒卷》2 本。[6]

关于收集日军对我驻海外使领馆人员和华侨的暴行，1946 年 3 月 4 日，外交部向司法行政部发出公函：

> 准我国出席远东国际法庭检察官向哲濬由东京来电略称：急需关于日人在香港、新加坡、海防、暹罗及其他太平洋区域各地对华侨暴行资料，尤需其暴行责任应由其高级军政官员担负且有确证者，等语。除电驻各该地领馆迅即搜集到部，以便汇转外，相应抄同原电函请贵部将有关资料迅予检送过部，以凭转送为荷。

司法行政部立刻向有关驻外使领馆发文：

> 驻河内、马尼拉、仰光、新加坡、巴达维亚总领事馆、驻澳洲公使馆；两广特派员公署香港办事处、曼谷赴遣团孙秘书秉乾；兹急需日人对华侨暴行资料，其责任应由高级军政人员负担。并有确证者尤为重要。仰将是项资料迅即收集寄外交部。[7]

中国驻外使领馆和海外华侨积极参与搜集日军暴行的证据，通过外交转寄中国检察官。例如：

1946 年 3 月 20 日和 4 月 4 日，中国驻河内总领事袁子健两度致电外交部，检送日军宪兵在越南暴行（见图 3 - 1）；

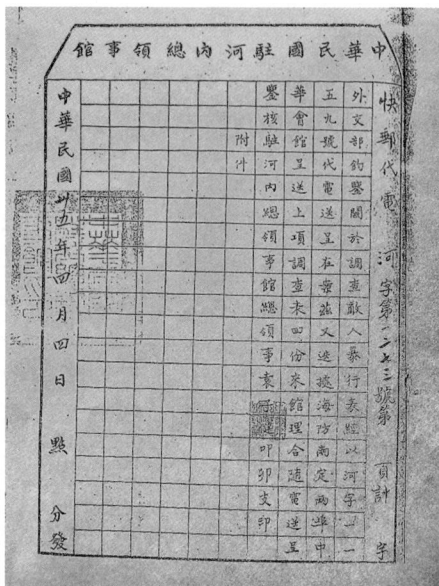

图 3 - 1　日军在越南暴行证据

1946 年 5 月 25 日，中国驻泰国临时秘书孙秉乾呈送"日人暴行调查表十二份"（见图 3 - 2）；

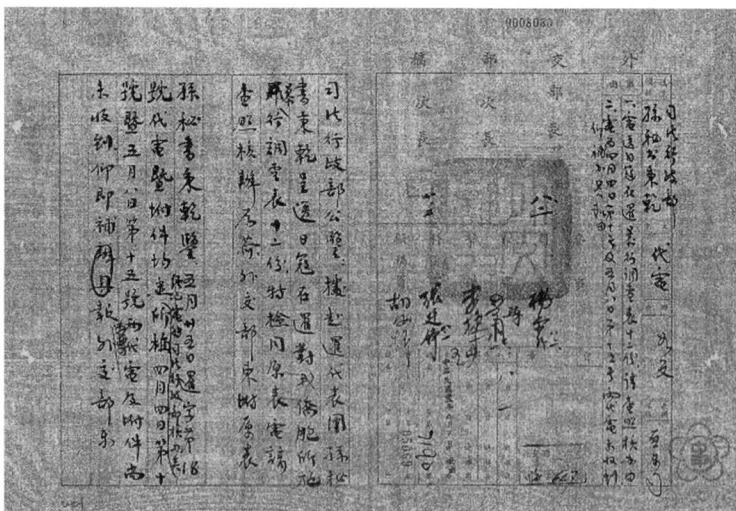

图 3 - 2　日军在泰国暴行证据

　　1946 年 5 月 27 日，中国驻仰光总领事致电外交部关于收集日军对华侨暴行资料事宜；

　　1946 年 7 月 2 日，中国驻英国大使馆转抄英国军官及外交人员关于日军在香港（见图 3 - 3）和马来亚罪行英文报告，由外交部转寄向哲濬；

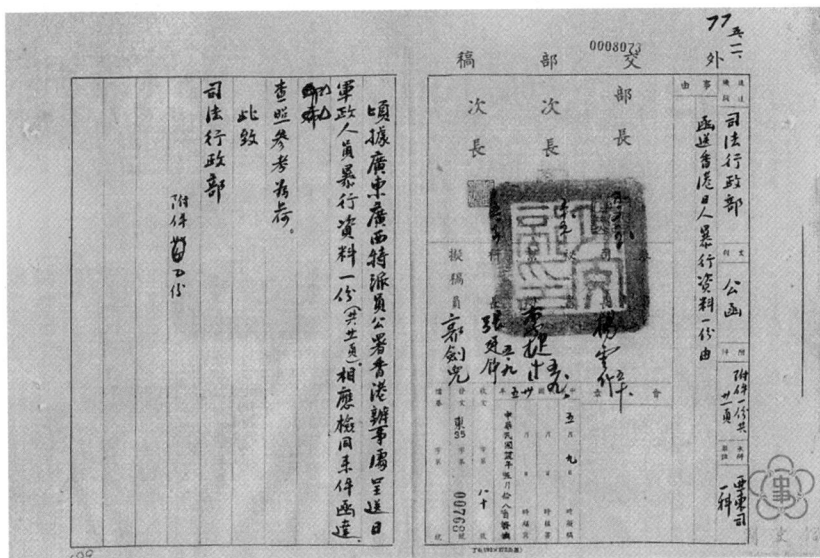

图 3 - 3　日本在香港暴行证据

　　1946 年 7 月 23 日，中国驻马尼拉总领事检寄杨光泩烈士被害文件，通过外交部寄送向哲濬；等等[8]。

　　除了这两个障碍外，语言上的困难也很大。来自各国的书证有多国文字，出庭的证人也讲多国语言。辩方律师经常以翻译不准确为名，把水搅浑。尤其是日本政府的公文档案都用日文书写，懂日文的检察官员很少，法庭不得不雇用日本人。这些日本人的翻译质量和忠实性却不是没有问题，这也增加了工作的复杂性。向哲濬在法庭曾多次就翻译问题表达意见。比如 1946 年 7 月 22 日，来自中国的检方证人秦德纯出庭作证，接受美籍助理检察官莫洛（Thomas H.

Morrow)上校的直询以及辩方美籍律师布鲁克斯（Alfred W. Brooks）、沃伦（Franklin N. Warren）等人的反诘。秦德纯讲中文,法庭雇用的日—中翻译先译为日文,再由日—英翻译译为英文;反过来,英文的提问也要经过日文过渡。不仅效率低下,准确性也非常差。

为此,布鲁克斯向庭长表示强烈不满。韦伯庭长非常无奈地说:

> 法庭完全意识到了布鲁克斯先生强调的全部事项,并牢记之。基于这些原因,法庭认为,如果有合适的译员,我们将采用由汉语直接翻译为英文的方式。我们认为今天在东京,一定有译员可以胜任这项工作。如果你们能努力找到他们,便可赢得这场争论。

这时向哲濬立即发言:

> 检方也考虑到了这个问题。当然,该事项应由法庭决定。起初我们被告知,检方中的中国成员,可能并不适合作为检方证人的翻译。这就是为什么检方的中国籍成员和助理并未要求作为译员。我们并不提供这种服务。当然,该事项由法庭决定。如果法庭认为检方的成员和助理可以做翻译工作,那就又当别论。所以,在缺少其他中文翻译的情况下,我能够理解做出这样的安排。[9]

随后,检方建议由中国法官梅汝璈的秘书方福枢出任翻译,他既非检方人员,又精通中英文,可以公正地工作。庭长和辩方都无异议,于是方福枢走马上任,出色地完成了翻译任务。

回国调查取证

中国检察官取证的第二个渠道是回国调查。

由于日军侵华时间最长，国际检察局决定，除中国检察组外，季南检察长亲自率领美方助理检察官萨顿（David N. Sutton）、莫洛、克劳利（John J. Crowley）等6人，到中国实地调查。1946年3月中旬，向哲濬和秘书裘劭恒回国，陪同季南检察长一行，到上海、北平、重庆等地调查取证。为了让国内有所准备，在季南到中国之前，向哲濬向外交部通报了如下信息：

> 远东国际军事法庭检察长季南拟先后分赴我国及太平洋各地，调查日军暴行及破坏和平及违反战争法规情形，并搜集证据及其他资料，定日内偕盟军总部检察组美方律师军官六人会同哲濬及秘书裘劭恒飞沪，谨先呈报。向哲濬[10]

随季南到中国之后，向哲濬又几乎逐日电告行程[11]。

3月21日电文："职随远东国际军事法庭检察长季南偕员今午由沪飞抵北平，拟23日飞渝晋谒并调查，乞饬准备有关材料。职向哲濬"；

3月23日电文："远东国际军事法庭检察长季南向哲濬等，今晨乘美军专机飞渝。向哲濬"；

3月24日电文："盟军总部国际检察处处长兼远东军事法庭检察长季南，今日因公抵沪，不日飞渝拟晋谒委座致敬。季南为麦帅亲信，渝行是否另有任务不得而知。拟请先容，俾得及早晋谒。复电请由高等院检察处转向哲濬"

季南一行在华调查前后,中国政府进行了积极配合。3月8日,蒋介石获悉季南将来华,当日就向行政院长宋子文下达训令:

远东国际军事法庭检察长季南拟先后分赴我国及太平洋调查日军暴行及违反战争法规情形。定日内偕盟军总部检察组美方军官及律师六人,会同我方检察官向哲濬、秘书裘劭恒飞沪。季、向二人拟先回东京,裘等留华继续调查。谨察盟军总部对于敌军在华暴行颇感证据不足,我国有关机关似可事先准备,予以便利等情。除分电军委会外,希转饬所属,预先妥为准备,并于便利为要。中正[12]

季南一行对中国各有关部门的配合非常满意。1946年4月23日,回到东京的美国助理检察官萨顿向外交部官员王化成发出英文电报致谢:

亲爱的王先生:我想代表多国同事,包括莫罗上校、裘劭恒先生、克劳利先生和我本人,向你在三月底和四月初在重庆的协助表示衷心感谢。你和中国其他官员给予的合作,不仅减轻了我们的工作负担,而且使我们工作非常愉快。[13]

蒋介石在重庆接见了季南。向哲濬晚年曾回忆当时情景:

1946年3月下旬,陪同远东国际军事法庭各国司法人员十余人在重庆受到蒋介石的接见。在同外交部联系后,我和远东国际军事法庭各国司法人员十余人在法庭检察长美国检察官季南率领下,于1946年3月下旬由日本东京飞往上海、北平、重庆和南京四个城市,调查日军侵犯我国的罪证。

1946 年 3 月 26 日（也许是 25 日或 27 日，因无记载在手，确切日期记不清楚）我和远东国际军事法庭检察长季南以及法庭其他人员十余人在重庆受到蒋介石的接见。接见时间约三刻钟。当时说过话的只有四人，即蒋介石、宋美龄、季南三人之外，还有蒋的秘书兼译员一人。

蒋对季南首先表示，对远东国际军事法庭人员辛勤工作致以慰问，并希望法庭对日本战犯予以应有的惩罚。季南答谢蒋的慰问并保证要竭尽职能，使日本战犯在美中两国以及其他九国的审判下受到应有的惩罚。[14]

季南于 1947 年 10 月 29 日给向哲濬的信中回忆了一年半前的这次晋见：

我非常感激您的厚意，使我得到蒋介石委员长的亲笔签名照片，我将永久珍藏。特别是去年三月您周到地安排我和他会见，使我倍感亲切。这是我们首次见面后，您始终彬彬有礼的另一个事例。[15]

1946 年 4 月 29 日下午，季南检察长如期向韦伯庭长为首的 11 名法官递交《起诉书》。

东京审判开庭

1946 年 5 月 3 日上午，远东国际军事法庭开庭。当年中国影响最大的报刊《申报》作了相当详尽的报道：

　　　审讯日本二十八名主要战犯工作，也于今晨开始。法庭设
于陆军省内。九位法官［开庭时印度和菲律宾的法官尚未到
位。——笔者注］之席位，面对战犯们。左旁为盟国要员、旁听
席。十时许，朱世明将军偕同第八军军长艾契尔勃裘（Robert
Eichelberger）将军莅庭旁听。右旁分设盟国及日本记者席。审
讯预定于十时半开始，但甫自曼谷押解而来飞抵厚木机场之板
垣与木村两人，尚待解赴法庭候审，致开庭时间略迟。庭方等候
一小时，未见解到，被告席上仍虚悬两席。日战犯六人，以木户
居先，鱼贯入庭，静坐被告栏内。东条坐于第一排中央，其右为
土肥原、畑俊六、广田、南次郎，左为星野、贺屋、木户，余犯均坐
于东条座后。盟国各检察官，在检察长季楠率领下就座于中。
时执行吏梅德上尉宣称："全体肃立，法官入座。"于是在全体起
立声中，各法官就座于九幅盟国旗帜之下。中国法官梅汝璈，坐
于审判长以下之第一位。各盟国记者，目睹中国法官获此荣誉
座位，莫不纷纷耳语。记者告彼等谓：中国在抗战期内，丧失人
民两千万，故在一切国际荣誉事件上，均应占有一席。首由审判
长魏勃宣布开庭，季楠乃将各检察官，逐一介绍与各法官。首先
介绍者，为中国检察官向哲濬。谓：渠系中华民国上海地方法
院首席检察官。全体人士对此中国检察官，皆予以深刻之注意，
尤其引起日本各战犯之注视。
　　　审判长魏勃于开庭辞中云："历史上罪犯之审判，从无有今
日之重要者。吾人为一平民组织之法庭，由各国最高法院选任；
另一方面，各被告则为日本全盛时代之领袖，各被告犯有破坏世
界和平、普通战争罪和反人道罪三项罪名。此种弥天大罪，自惟
有组织国际性之军事法庭加以审判"。

梅汝璈在当天的日记中记述了他的观感：

今天是远东国际军事法庭正式开演的第一天，也就是我参加客串的这出富于历史性的戏剧的开锣第一幕。……试想：半年以前，我们想得到有扬眉吐气的今天吗？去年今日，独山、都匀正在沦陷，连重庆都人心惶惶，那又是何等景象？我说：国家兴亡，变幻莫测，这简直是和演戏一样。……真的，我已经担任一角了，而且我们这出戏马上就要开演了。

他特别对被告席做了生动的描述：

面对着法官台的便是犯人座席，是一个比地面高出数尺的长方形的台子。二十六个战犯[当时木村兵太郎和板垣征四郎还在押送至法庭的途中。——笔者注]分为两行都端正地坐在那里。因为电光太强，摄影机骚扰太甚，而且法官们的举动又在万目炯炯的监视之下，我对这一大批犯人并没有个人对照认识的余暇，虽然每个法官座上都摆了一张很清楚的犯人照片，而且这照片是依照他们的座次排列的。我只注意到坐在中央的东条，和肥圆圆脸的土肥原。在东条后面坐的是大川周明，他装有神经病，时时作想骚扰的样子，美国宪兵在他后面制止，有时还要用力把他抱住。他已有书面请求检验他的精神和身体状态。他是二十六名中表演得最滑稽和最引人注意的一个。其余各人都是板着面孔，佯作镇静，尤其是东条，简直一动不动，和石膏塑的人一般。

我虽不暇多事辨认这二十六个家伙，但是他们面对着我的这一群，使我内心发生无限的愤恨，无限的感触。这些人都是侵华老手，毒害了中国几十年，我数百万数千万同胞曾死于他们的手中,所以我的愤恨便是同胞的愤恨。我今天能高居审判台上来惩罚这些元凶巨憝,都是我千百万同胞的血肉换来的,我应该警惕! 我应该郑重![16]

梅汝璈的这些感慨也代表了全体中国代表的共同决心。

向哲濬晚年在回复上海高级人民法院院长韩述之的信件中,也曾简要介绍的东京法庭的情况:

大示论及各国法庭审判刑事案件和东京国际军事法庭审判日本战犯的有关情况,兹略举所知,奉告于下:

(一)西方一般刑事案件审判官检察官陪审员书记官的座席各有一定的位子。被告人受审的地方,各被告人的辩护律师的座席也有一定的位子。这些都为群众所知,毋庸放置牌子指出。

(二)旁听座位多少不详。

(三)远东国际军事法庭在东京审判日本战犯的十一各盟国美、中、英、苏、澳大利亚联邦、法兰西、加拿大、荷兰王国、新西兰、印度、菲律宾共和国的十一位审判官坐在一排。审判官前面同一方向坐法庭的书记官十一人。各国检察官和检察人员面对审判官和书记官坐着。检察官发言台为检察官呈述意见或向被告发出询问的地方。被告廿五人分三排面向审判官坐着受审(起诉被告二十八人,审判期间因病死亡者二人,因患精神病停止审判者一人)。

(四)东京审判国际战犯法庭除审判官、检察官、书记官、翻译官、被告人所占地方外,法庭甚大,楼上楼下都是旁听席,一定有好几百席,准确数目不详。

(五)东京审判十一个国家参加,有十一个审判员。全体法官过半数出席,即构成法官人数。法官六人出席时,即构成法定人数。

（六）美中英苏法、澳大利亚、加拿大、荷兰、新西兰、印度和菲律宾十一国审判员参加东京国际军事法庭审判。审章规定，法官六人出席时始构成法定人数。庭长事实上经常出席审判，但审章对他的出席并无另行规定。[17]

五十五条罪状

5 月 3 日下午到 5 月 4 日上午，季南委托法庭执行官范・米特（Van Meter）和法庭代理书记官戴尔（Edward Dell）法官宣读《起诉书》。

《起诉书》的前言严正指出：

在起诉书下文所提到的一些年中（即 1928 年 1 月 1 日至 1945 年 9 月 2 日），罪恶的军国主义党派一直支配并统领着日本的内政与外交政策。该政策导致严重的世界问题和侵略战争，并极大损害了爱好和平的人民的利益，同样损害了日本人民自身的利益。日本指称他们的民族优于亚洲甚至全世界其他民族。如此有害的思想系统腐蚀了日本民众。日本利用现存的议会制度实行大范围的侵略。德国的希特勒与纳粹政党，以及意大利的法西斯政党也采用相似的系统。日本的经济和财政资源被广泛地动员，用于战争目的，损害了日本人民的利益。被告与其他侵略国的统治者，即德国纳粹和意大利法西斯联合在一起开展了一场共同谋议。这场共同谋议的主旨在于确保侵略国维持对世界其他各地的统治和剥削。为了这个目的,他们犯下或鼓励犯下本庭宪章所定义的反和平罪、战争罪和反人道罪,由此威胁并损害自由的基本原则以及对人性的尊重。[18]

这段话不长,却深刻指出了日本军国主义犯罪集团的实质,今天读来仍然发人深省!

《起诉书》对被告共提出 55 项罪状。从法律意义上说,未判之前还不能称"罪",因此起诉书中将"罪状"称为"起诉之原因",简称"诉因"。有些诉因针对全体被告提出,有些诉因则对部分被告提出。55 项诉因又分为三大类:第一类从第 1 项到第 36 项,是"破坏和平罪";第二类从第 37 项到第 52 项,是"杀人罪";第三类从第 53 项到第 55 项,是"其他普通战争罪及违反人道罪"。

以下是这 55 项诉因的概括描述:

在第一类"破坏和平罪"中,第 1—5 项诉因都强调了日本甲级战犯在"1928 年至 1945 年期间"对侵略中国东北、中国全国以及侵略东亚、太平洋、印度洋地域的"共同谋议";第 6—17 项诉因是日本甲级战犯"计划及准备"对中国、美国、英联邦、澳大利亚、新西兰、加拿大、印度、菲律宾、荷兰、法国、泰国、苏联"进行侵略战争"。从第 18—36 项诉因则是具体针对某一国家或地区在某一时段的侵略罪行。其中与直接侵略中国相关的有:

> 诉因 18:在 1931 年 9 月 18 日或其前后,对中国策划发动违反国际法、条约、协定和保证之侵略战争;
> 诉因 19:在 1937 年 7 月 7 日或其前后,对中国策划发动违反国际法、条约、协定和保证之侵略战争;
> 诉因 27:在 1931 年 9 月 18 日至 1945 年 9 月 2 日期间,对中国实行违反国际法、条约、协定和保证之侵略战争;

诉因 28：在 1937 年 7 月 7 日至 1945 年 9 月 2 日期间，对中国实行违反国际法、条约、协定和保证之侵略战争；

诉因 32：在 1941 年 12 月 7 日至 1945 年 9 月 2 日期间，对中国、荷兰实行违反国际法、条约、协定和保证之侵略战争。

这些诉因中提到的日期确凿地证明，日本侵略中国的时间最长。而日本针对其他国家和地区的诉因中，日本对美国（诉因 20、诉因 29）、菲律宾（诉因 21、诉因 30）、英联邦（诉因 22、诉因 31）、泰国（诉因 24、诉因 34）的侵略都"在 1941 年 12 月 7 日至 1945 年 9 月 2 日期间"，也即"珍珠港事变"之后，比"皇姑屯事件"迟 13 年、比"九一八事变"迟 10 年，比"卢沟桥事变"也要迟 4 年。日本对苏联、蒙古、法国的侵略行为稍早几年，对苏联的侵略（诉因 25、诉因 35）和对蒙古的侵略（诉因 26、诉因 6）是"1939 年夏季"；对法国的侵略（诉因 23、诉因 33）则是"在 1940 年 9 月 22 日及其前后"，都比日本侵略中国要迟得多。这也说明，中国的受害时间最长，牺牲最大。

第二类是"杀人罪"。

"杀人罪"原为"普通战争罪"之一种，但在《起诉书》内却特别列为独立的一类，其用意是要引起法庭及人们的注意和重视。起诉被告的此类罪行共计 16 项，其中直接在中国领土实施的暴行有 6 项，从第 45 至 50 项诉因，分别起诉日军攻击南京、广州、汉口、长沙、衡阳、桂林和柳州，并"非法杀害数以万计之中国平民及已解除武装的中国军人"。

其他 10 项诉因分别起诉日军在其他各国地域的暴行。日期和罪行非常具体，例如"诉因 39"专指 1941 年 12 月 7 日发生的"珍珠港事变"；又如第 40 至 43 项诉因都是指日军于 1941 年 12 月 8 日在英联邦的哥达巴鲁、香港、上海英租界和菲律宾的暴行；第 51、52 项诉因则是起诉日军于 1938 年和 1939 年攻击蒙古和苏联，杀害蒙古和苏联军人的罪行。而"诉因44"则专指"在1931年9月18日至1945年9月2日期间,参加制定或执行一个共同计划或阴谋,图谋和容许大规模屠杀俘虏和平民"的罪行。

第三类是"其他普通战争罪及违反人道罪",一共3项诉因。其内容是起诉日军对各国的战俘和平民犯下的违反国际公约、实施非法行动的罪行。值得注意的是,从"诉因53"至"诉因55",对各国实施的罪行日期都是"在1941年12月7日至1945年9月2日期间",唯独在第53项诉因中,特别指出日军"在中国,1931年9月18日开始"犯有违反战争法罪行。

《起诉书》中这三类罪行的提法,和第二章引述《远东国际军事法庭宪章》的三项罪名略有不同。《远东国际军事法庭宪章》基本上沿用纽伦堡法庭的先例。国际检察局发现,日本和德国的情况有所不同。德国纳粹在战前就开始对犹太人实行有计划的种族灭绝,对象也包括德国本国的犹太人。这样的罪行前所未有,不能用"普通战争罪"来概括,因而设立"反人道罪"。而日本法西斯虽然没有对本国民众进行杀戮,但是像"南京大屠杀""马来亚大屠杀""巴丹死亡行军""泰缅死亡铁路"等罪行,也很难归入"普通战争罪"。因此,远东国际军事法庭保留了"反和平罪"作为第一类罪行;专设"杀人罪",作为第二项罪行;而将"普通战争罪"和"反人道罪"合为"其他普通战争罪及违反人道罪",作为第三项罪行。

《起诉书》还有5个"附录",它们是:

【附录A】日本对中国及其他国家的侵略史,共分10节:

第一节　对满洲的军事侵略

第二节　对中国其他部分的军事侵略

第三节　对中国和大东亚地区的经济侵略

第四节　在中国及其他占领区采用腐蚀和胁迫的手段

第五节　一般的战争准备

第六节　日本政策和战争舆论的组成

第七节　日本、德国、意大利三国的勾结，对法属印度支那及泰国的侵略

第八节　对苏联的侵略

第九节　对美国、菲律宾及英联邦各国的侵略

第十节　对荷兰及葡萄牙的侵略。

每一节里简单扼要地叙述了日本侵略的事实经过，自二三百字到六七百字不等。

【附录 B】列举了 20 个日本违反的国际条约名称及有关条款，包括本书第二章提到的内容。

【附录 C】列举了 15 项日本政府关于不侵略或不扩大侵略而发表的声明或保证。

【附录 D】摘录一些国际公约中关于作战行为的重要条款，以及日本保证遵守这些条款的诺言。

【附录 E】记载 28 名被告在《起诉书》所控告的期间担任的官职，表明被告个人在日本侵略战争期间所应负的责任。

这些附录是各项诉因的重要参考资料，有力揭示了日本军国主义者的狂妄、贪婪和虚伪，也说明日本侵略中国的时间最长，中国军民受害最烈。

《起诉书》正文之后，11 位检察官逐个签名。第一位是季南检察长，第二位就是中国检察官向哲濬。

正因为日本铁蹄践踏中国的时间最长，中国检察官理所当然成为《起诉书》提供证据的主要成员，也是主要的起草人。向哲濬晚年在一次谈话中回忆：

作为检察官，我参加了对战犯罪行的起诉工作。大量人证物证表明，日本军国主义分子对中国人民犯下的侵略罪行真是

罄竹难书,令人发指。《起诉书》于 1946 年 4 月 29 日向法庭提出,列举了五十五项罪状,其中与侵略中国有关的就有四十四条之多。[19]

这 44 条罪状,不仅包括日军在中国国内的侵略和暴行,也包括日军在亚洲太平洋地区对华侨和中国使领馆人员的暴行。

由于当时人力稀缺,向哲濬起草后亲自打字。他当年所用的打字机,现在保留在上海市人文纪念博物馆。

55 项诉因的对象区分得非常细致,其中诉因 1—17、27—32、34 和 44 这 25 项的起诉对象是全体被告;其他 30 项诉因的起诉对象则是部分被告,从 7 名被告到 26 名不等。被起诉最多的是东条英机、土肥原贤二、板垣征四郎和木户幸一,都超过 50 项诉因。另外,对日军在对同一个国家或地区的罪行按不同时期而区分,也是颇见用心。但是分得过细,也有繁琐之嫌,增加举证的困难。所以在量刑判决阶段,为简明起见,法官们把 55 项诉因归并为 10 项,即:

诉因 1　作为领导者、组织者、煽动者,或者共犯者,共同谋议策划和实施侵略战争或者破坏国际法的战争;

诉因 27　实施对中国不宣而战的侵略战争;

诉因 29　实施对美国的侵略战争;

诉因 31　实施对英联邦(联合王国在远东、南亚、澳大利亚和新西兰的殖民地和保护国)的侵略战争;

诉因 32　实施对荷兰(荷属东印度)的侵略战争;

诉因 33　实施对法国(法属印度支那)的侵略战争;

诉因 35、36　实施对苏联、蒙古的侵略战争;

诉因 54　命令、授权及许可违反战争法规的行为;

诉因 55　无视遵守防止对俘虏及平民施暴义务条约的行为。

在法庭的《判决书》中,对被合并的 45 项诉因都作了交代。

　　总之,《起诉书》是声讨战争元凶的檄文,是摆在日本法西斯魔头面前的照妖镜。

注释

〔1〕梅汝璈:《远东国际军事法庭》,法律出版社、人民法院出版,2005 年,第 152 页。

〔2〕程兆奇、向隆万主编:《远东国际军事法庭庭审记录·全译本(第一辑)》第 1 卷,上海交通大学出版社,2017 年,第 311 页。

〔3〕向隆万:《向哲濬东京审判函电及法庭陈述》,上海交通大学出版社,2014 年,第 5—6 页。

〔4〕国民政府外交部签文东 35 字第 158 号。

〔5〕向隆万:《向哲濬东京审判函电及法庭陈述》,第 8—9 页。

〔6〕国民政府外交部公函京发 35 字第 181 号。

〔7〕国民政府外交部公函签文东 35 字第 552 号及司法行政部公函京口刑字第 538 号。

〔8〕〔9〕程兆奇、向隆万主编:《远东国际军事法庭庭审记录·全译本(第一辑)》第 2 卷,上海交通大学出版社,2017 年,第 419—420 页(英文庭审记录 2303 页)。

〔10〕向隆万:《向哲濬东京审判函电及法庭陈述》,第 10 页。

〔11〕同上书,第 10—12 页。

〔12〕国民政府外交部公函收文东 35 字第 538 号。

〔13〕国民政府外交部公函签文东 35 字第 * 号。

〔14〕向隆万:《向哲濬东京审判函电及法庭陈述》,第 187 页。

〔15〕同上书,第 295 页。

〔16〕梅汝璈:《东京审判亲历记》(梅小璈、梅小侃整理),上海交通大学出版社,2016 年,第 348—350 页。

〔17〕向隆万:《向哲濬东京审判函电及法庭陈述》,第 188 页。

〔18〕程兆奇、向隆万主编:《远东国际军事法庭庭审记录·全译本(第一辑)》第 1 卷,第 19—20 页(英文庭审记录第 27—28 页)。

〔19〕向隆万:《向哲濬东京审判函电及法庭陈述》,第 189 页。

第四章

铁证如山

举证贯穿始终

1946年5月3日开庭后,检方首先宣读《起诉书》。55项诉因,也就是55条罪状,如同一支支枪矛,直刺被告。然而,被告却很嚣张。《起诉书》宣读完毕后,5月6日,庭长逐个诘问被告是否认罪,所有被告竟然都回答"无罪!"有几个被告甚至大声咆哮,非常猖狂。因此,继续举证是检察官的头号任务。整个检察阶段又可分为三个小阶段:从1946年6月4日至1947年2月23日为"检方立证阶段";从1947年2月24日至1948年1月12日为"辩方反证阶段";从1948年1月12日至4月16日,为"审理最终阶段"。可以说,举证立证贯穿在整个检察阶段之中。

除继续通过函电和返国取证外,中国检察官团队还有三个新的渠道。

第一个渠道是通过中国驻日军事代表团向有关部门索要证据。

中国驻日军事代表团的由来可追溯到1943年的开罗会议。罗斯福在与蒋介石的会谈中承诺:美国支持中国在战后对日本的军事占领中扮演重要角色。1945年5月,德国投降后,对日占领问题成为美国参谋长联席会议的核心议题。他们推算,部署在日本本土的占领军至少需要80万人。如果都要美军承担,恐怕在国内难以通过,因为美国民众肯定希望自己的儿女早日回国团聚。于是,美国新总统杜鲁门开始四处放话,希望与英、中、苏等盟国共同占领日本。1945年7月26日,以中英美三国政府元首的名义发表的《波茨坦公告》中,第7条就是"日本领土经盟国之指定,必须占领。"[1]

　　日本投降后，由澳大利亚、加拿大、中国、法国、印度、荷兰、新西兰、菲律宾、苏联、英国与美国代表在华盛顿组成的"远东委员会"，一致认为军事占领应当是解除日本武装与废除军备的第一要务，盟军将对日本本岛实施军事占领，各国占领部队由美国指派的最高统帅指挥。

　　1946年3月13日，美国国务院向中国政府建议：中国可以先选派少数先遣部队赴日。国民政府接受了建议，4月1日，由陆军中将朱世明率领驻日代表团抵达东京。第一批成员包括12名专家和4名军人。梅汝璈法官在4月4日的日记中曾阐明朱将军(见图4-1)的任务：

　　　　朱将军是我国特派出席盟国对日委员会的总代表，也就是我国驻日的最高长官。国府主席给他的手令是除了远东国际法庭法官以外，我国在日的文武官员都归他节制。同时，他又是代表我国与麦帅总部交涉的惟一对手，我国在日一切军事、政治、经济、文化种种工作的展开都要靠他主持。这个工作是艰巨的，这任务是伟大的。他前天带来的工作人员不到二十人，据说还

图4-1　朱世明(左)和倪征燠

有第二批、第三批月内可到。[2]

朱世明，字季光，号公亮，湖南湘乡人，1898 年出生。他也考上了游美学生肄业馆，先后在美国麻省理工学院、维吉尼亚军校学习，后获得哥伦比亚大学博士学位。1926 年朱世明从美国留学归国后，曾担任蒋介石副官、国民政府军事委员会交通技术学校教育长、国家军事委员会参谋本部处长、国防二厅厅长、驻苏联大使馆武官、外交部情报司司长和驻美国大使馆武官等职。

朱世明的哥哥朱彬元和向哲濬同年考上游美肄业馆，先后在美国卫斯理大学和哥伦比亚大学获得经济学学士和硕士学位。回国后创建清华大学经济系并首任系主任，后历任经济学家马寅初的秘书、金城银行经理等职。当年朱世明对向哲濬视如兄长。为了帮助中国检察官寻找证据，他多次发电函回国（见图 4-2）。例如，1946 年 5 月 22 日，他给外交部连发两封电报：

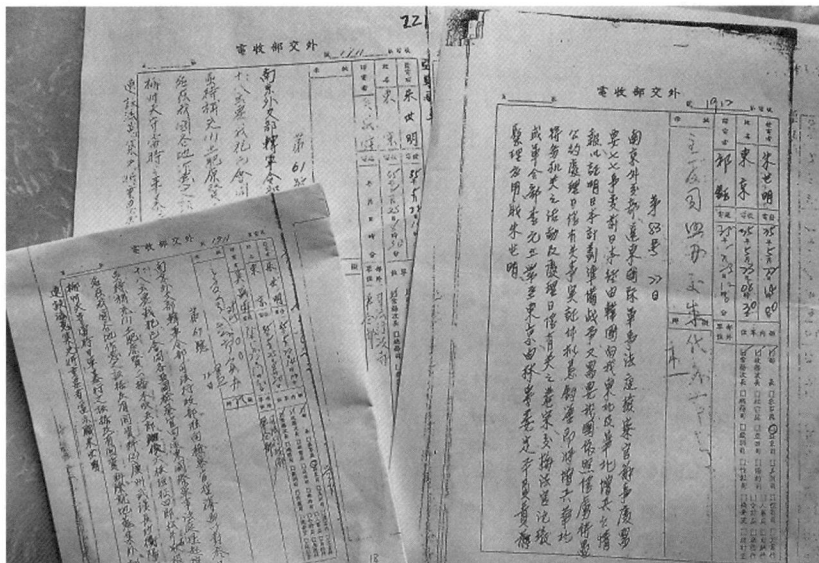

图 4-2　朱世明发回的电报

南京外交部：远东国际军事法庭检察官办事处需要"七七事变"前日本经由韩国向我东北及华北增兵之情报，以证明日本计划准备战争。又需要我国依照停虏待遇公约处理日俘有关事实证件，拟恳钧鉴：即将增兵华北特务机关之活动及处理日俘有关之卷宗交梅法官汝璈或军令部李允立带至东京，由林专员定平负责整理应用。职朱世明

南京外交部转军令部、司法行政部：准向检察官哲濬函，对于日二十八名主要战犯已会同各盟国检察官向远东国际军事法庭提起控诉。亟待补充：（1）土肥原贤二、桥本欣五郎、畑俊六、板垣征四郎、松井石根等五名在我国各地作恶之证据及有关资料；（2）广州、武汉、长沙、衡阳、桂林、柳州失守时日军暴行之证据及相关资料，除就地搜集外，拟请迅速设法收集，先将重要者电示。职朱世明[3]

朱世明也及时把国内发来的信息转告向哲濬。例如，1946年6月8日，外交部将土肥原贤二等30名嫌犯的起诉书、桥本欣五郎罪行抄件，以及日军在粤、桂、湘、鄂四省罪行资料，电告朱世明转向哲濬。

第二个渠道是从日本档案中寻找蛛丝马迹，以及调阅日本战时的媒体报道。

由于日军在战时严格封锁消息，投降前更是大肆销毁罪证，中国检察组花了大量精力到日本军部翻阅档案，并搜集和分析日本媒体战时的报道。对此，首席顾问倪征燠有生动的回忆：

中国检察组经过反复考虑后，决定通过中国驻日军事代表团，要求盟军总部让远东国际军事法庭的中国检察组人员进入已被封闭的日本前陆军省档案库，以便找寻日本对华侵略战争

中有关土肥原和板垣等人的罪证。这个交涉很快就得到顺利解决，但是前陆军省档案库内卷帙浩繁，找寻"有力""有针对性"的证据，谈何容易。好在中、日两国文字有相似之处，辨别文件的类别和标题并非难事。加以中国检察组中有刘子健和吴学义两位素谙日文，可以胜任无疑。经过一段时间的昼夜奋战，竟然找出不少很有用处的文件。大家都欢喜无比，都称这次奋斗是有收获的，赢得了"就地取材"的美称。[4]

高文彬秘书（见图4-3）也有生动事例。他回忆说：

　　有次我在一份《日日新闻》（《每日新闻》的前身）看到两个日本军官向井敏明和野田毅用军刀"杀人比赛"的消息，一个杀了105人，一个杀了106人，还登了这两个野兽手握军刀的照片，我愤怒极了。当时南京军事法庭正在审判日本侵华乙级战

图4-3　中国检察官秘书高文彬

犯，庭长石美瑜做过向先生讲习班的学生，和倪征燠先生曾同时在上海特区法院任推事，关系很好。当时我把这份材料印了三份，一份留在我们办公室，两份由倪先生寄给石美瑜。石非常重视我们寄去的这份材料，确实是有力的证据。他立即通过中国国防部公文直送盟军麦克阿瑟总司令部。盟军总部侦缉处经过几个月的侦查，终于将这两名已经退役回崎玉县，在家摆地摊的日军少尉缉拿归案，然后用中国驻日军事代表团的定期飞机押

到南京受审。最后这两名刽子手和谷寿夫一起,在南京雨花台被枪决,结束了可耻的生命。[5]

第三个渠道是讯问已经逮捕的战争嫌犯。

第一章曾经提到,盟军分四批逮捕了 118 名战争嫌犯,关在东京的巢鸭监狱。从 1945 年末开始,以季南检察长为首的国际检察局官员就对这些人进行讯问。中国检察组到东京后也参加了讯问,除直接提问外,也有对书证文件进行核对和分析。精通日文的刘子健秘书发挥了较大的作用。例如 1946 年 6 月 30 日,刘子健通过核对,向美国助理检察官萨顿和塔夫纳(Frank S. Tavenner Jr.)发出备忘录,提出关于鲇川义介和九原房之助的新证据;又如 1946 年 8 月 9 日,刘子健核对了国际检察局编号为 IPS No. 1005 - 22 的证据,结论是此文件揭示了 1937 年后土肥原贤二在中国的秘密活动;再如 1947 年 5 月 9 日,刘子健核对了标号为 Doc. No. 674 的书证,证实 1938 年的日本五相会议确定了进一步侵略中国的方针等。

从 1946 年 5 月 3 日至 1948 年 4 月 16 日,共开庭 418 天。据不完全统计,其中直接涉及日本侵华的有 199 天,占 48%。加上审理日军在亚洲太平洋地区对华侨和中国使领馆成员的暴行,审理的天数,远远超过一半;既说明中国遭受侵略的时间最长,牺牲最大,也可以想见中国检察官团队任务之重。

检察组通过各种渠道找到的证据在庭审中发挥了重要作用。下面列举两个案例。

土肥原与溥仪

第一个案例是揭示为了炮制"满洲国",日本诱胁溥仪到东北的罪行。

"九一八事变"之后,为了物色日本侵略满洲的傀儡,土肥原专程到天津,软硬兼施,将溥仪胁迫到东北。为了掩盖阴谋,日本人制造了欺骗世人的舆论,声称"关东军对满洲绝无领土野心""满洲民众要求建立自己的新国家""溥仪本人有称帝野心"等舆论。这些言辞也是东京审判中被告律师进行辩护的依据。

溥仪一生,可算得跌宕起伏。1909年,他三岁"登基";1911年,辛亥革命胜利,他六岁"退位",不仅是清朝270多年的末代皇帝,更是中国自秦始皇以来,2000多年封建王朝的末代皇帝。1917年,"辫子军"军阀张勋导演了短命的"丁巳复辟"丑剧;1924年末,冯玉祥将军在孙中山的支持下将溥仪驱逐出紫禁城。溥仪先逃往东交民巷日本使馆,次年又在日本人保护下逃往天津,先后住在"张园"和"静园"当寓公,直到1931年为止。溥仪在晚年撰写的《我的前半生》一书中,多次表达了他本人和孤臣郑孝胥等人的确有复辟野心:

> 想起了我刚离开不久的养心殿和乾清宫,想起我的宝座和明黄色的一切,复仇和复辟的欲望一齐涌到我的心头……我的兴趣,除了复辟还是复辟,复辟——用紫禁城里的话说,也叫做"回复祖业",用遗老和旧臣们的话说,这是"光复故物""还政于清"……可以说从颁布退位诏起,到'满洲帝国'成立止,没有一天停顿过。[6]

但是,满清王朝覆灭的情景又使他如惊弓之鸟;加之他对日本人不敢全信,手下两名亲信郑孝胥和陈宝琛的态度也决然不同。因而在天津初次会见土肥原贤二时,既兴奋又猜疑;当他知道日本人要他到东北当"儿皇帝"时,表面上的反应是拒绝的。

1946 年 8 月 27 日,向哲濬在法庭的讲话内容是"关于日本绑架并诱导被废黜的宣统皇帝来领导满洲独立运动,即一场由日本策划并运作的运动"。宣读的检方文件是 1931 年 11 月初,日本驻天津总领事桑岛主计接连三次致日本外交部长币原喜重郎的密电,以及日本驻上海总领事村井仓松发给币原的一封密电。这四封密电作为检方文件被法庭接受,并作为证据编号,成为中国检察官的有力武器[7]。

桑岛的第一封密电于 1931 年 11 月 1 日发出。1931 年 10 月下旬,积极策划成立伪"满洲国"的所谓"东三省人民代表"刘恩格和金鼎勋等人秘密从东北潜入天津密谋,又匆匆离去。这封电报报告了他们密谋的决议:

（1）首先电令攻击张学良;

（2）暂时从南京政府退出,试图重建五族共和国政府,使之法治化;

（3）任命一位较高资格的政客为中央政府首脑,这个人必须已经是国家很大的官员并在国内外有较大声誉,这样可以使政府在他的掌控之中（意指段祺瑞）;

（4）在过渡期内,把东北地区的行政管理交与第 458 号电报中标示的机构处理。作为进一步的信息,那些代表们看来愿意在日本监察长（例如本庄繁司令官）的同意下执行这些计划（暂时不要公布）。

这封密电被法庭接受为【证据第 287 号】。

村井的密电于 1931 年 11 月 2 日发出。由于溥仪对当傀儡犹豫不决的态度以及中国舆论的压力,土肥原贤二秘密到天津策划。村井的这封电报披露了当时的形势与土肥原的活动:

　　中国报纸于 11 月 2 日立刻公布了从天津来的一封电报,大意是日本正在煽动东三省的独立,恭亲王已经完全接受了,但是宣统皇帝拒绝了,因而土肥原不得不秘密来到天津。现在他正秘密计划采取各种步骤把宣统皇帝带到沈阳。但是因为宣统皇帝仍然拒绝了,日本方面正在威胁宣统。

　　这封密电被法庭接受为【证据第 288 号】。

　　桑岛的第二封密电也是在 1931 年 11 月 2 日发出,被法庭接受为【证据第 289 号】。在这封电报中,通过对形势的分析,桑岛为诱胁溥仪到东北划策:

　　(1)张学良和蒋介石之间的关系最近很紧密,张学良垮台几乎不可能。除了熙洽[满族正蓝旗人,"九一八事变"爆发时,曾代理东北边防军驻吉林副司令官兼吉林省主席;后与日本合作,出任伪吉林省长官公署长官、伪满洲国财政部总长兼伪吉林省省长等职。1950 年病故于哈尔滨战犯管理所。——笔者注]先生之外,当前的满洲地区政府都愿意服从旧政府,所以绝对不要指望会自然发生我们政府所期望的事件。

　　(2)为了装作日本与中国皇帝的绑架没有任何关系,需要让他在营口口岸登陆。但是如果时间耽搁的话,营口港就会冰封。

　　(3)利用金梁[满清遗老,经张作霖保荐,曾任北洋政府农商部次长。"九一八事变"后来津,与清朝遗老组织"俦社""城南诗社"等各类团体。——笔者注]将从沈阳来天津,我们可以宣传他已经到达,在这里迎接中国皇帝。

　　(4)这里我们能租赁并使用一艘中国船。

　　(5)事实上,在满洲的中国人现在对此问题讨论不是很多,因为他们对中国皇帝的决策力感到担忧,并且对日本很谨慎。

如果中国皇帝不惜冒生命的危险，决心到满洲，我们可以提供以下手段，即通过增强中国民意和制造欢迎中国皇帝的公众舆论，来制造一场看起来很像是中国的政治运动……

桑岛的第三封密电于 1931 年 11 月 3 日发出，被法庭接受为【证据第 290 号】。这封电报针对日本政府中的反对意见，桑岛献计说："土肥原告诉领事馆的官员说，满洲国发展到当前的事态完全是当地军事机构行动的结果。万一为了挽救形势，中国皇帝的登基典礼变成不可避免，那么现政府采取阻止的态度将是可憎的。如果事实证明如此，关东军最好和政府分开。"密电中还确认了关东军司令本庄繁对土肥原阴谋的默许："当土肥原和其他一些人要求本庄繁司令官得到总领事的理解时，本庄繁只是建议他们不要这么仓促行动。"

1946 年 8 月 28 日继续开庭。英国检察官柯明斯-卡尔、美国助理检察官萨顿和印度检察官梅农代表检方又提供了多项证据[8]，包括：

【证据第 291 号】1931 年 11 月 3 日村井致币原的密电；

【证据第 292 号】1931 年 11 月 4 日村井致币原的密电；

【证据第 293 号】1931 年 11 月某日村井致币原的密电；

【证据第 294 号】1931 年 11 月 13 日日本驻营口总领事荒川昌二致币原的密电；

【证据第 295 号】同日村井致币原的密电；

【证据第 296 号】同日村井致币原的第二封密电；

【证据第 297 号】同日日本驻沈阳总领事林久治郎致币原的密电；

【证据第 298 号】同日日本驻辽阳副领事山崎致币原的密电；

【证据第 299 号】日本陆军大臣致关东军司令的电报，指示关于溥仪未来的安排以及建立"满洲国"事宜；

【证据第 300 号】1931 年 11 月 17 日村井致币原的密电；

【证据第 301 号】1931 年 11 月 22 日关东军冢本将军致币原的密电；

【证据第 302 号】同日荒川致币原的密电；

【证据第 303 号】1931 年 11 月 26 日日本驻北平领事矢野致币原的密电；

【证据第 304 号】1931 年 11 月 27 日村井致币原的密电；

【证据第 305 号】1931 年 12 月 6 日日本驻沈阳执行总领事森岛守人致币原的密电。

这些密电的内容就不细述了。仅从电报发出频率之高，涉及外交官员之广，就足以说明当年诱胁溥仪和拼凑"满洲国"绝非溥仪自发所为，更不是中国老百姓的愿望。这些档案，使被告的各种辩护词不攻自破！

影佐与汪精卫

第二个案例揭示了日本与另一个傀儡汪精卫狼狈为奸的罪行。

汪精卫是 20 世纪中国政坛上一个非常复杂的人物。他名兆铭，精卫是他的号，祖籍浙江绍兴，1883 年出生于广东三水。汪精卫早年参加中国同盟会，1910 年 3 月，谋刺摄政王载沣，事泄被捕，他在狱中赋诗"慷慨歌燕市，从容做楚囚，引刀成一快，不负少年头"，传颂一时。武昌起义后获释，曾受孙中山信任。1921 年，孙中山在广州担任非常大总统期间，他任广东政府顾问兼任省教育会长。1925 年，孙中山病危时，他曾代为起草遗嘱。汪精卫先后担任过国民党宣传部部长、国民政府常务委员会主席、军事委员会主席、行政院长等要职。

日本侵占东北之后,汪精卫便被恐日情绪所围,害怕中日交战,全力媾和。1932 年 5 月的《淞沪停战协定》和 1935 年 5～6 月的《何梅协定》,都是在他任行政院长时批准的。

1937 年"卢沟桥事变"之后,汪精卫担任国防最高会议副主席、国民党副总裁、国民参政会议长,权势仅在蒋介石之下。但是,他既不甘心屈居于蒋介石之下,又恐惧于日本军国主义的淫威,兼之性格优柔寡断,逐步滑向卖国求荣的道路。1938 年,日本近卫内阁三次发表《近卫声明》,提出所谓"中日睦邻友好""共同防共""经济合作"三原则,公开对国民党政府进行政治诱降。对此,蒋介石断然拒绝,但是身为国民党副总裁的汪精卫却决心当汉奸。他通过周佛海、高宗武、梅思平等心腹,和日本特务头子影佐祯昭、今井武夫等人在上海举行秘密谈判,签订《日华协议记录》,包括缔结反共协定;承认"满洲国";日本享有开发中国资源的优先权等条款。12 月 8 日,汪精卫托词到昆明进行演讲,按预先策划好的叛国降日路线,从重庆先飞到昆明,再转飞越南河内。12 月 18 日,汪精卫夫妇和周佛海等人到河内后,发表臭名昭著的降敌《艳电》("艳日"为当天的代号),表示响应《近卫声明》,公开为日本侵略者辩护,投降日本。为了让汪精卫与日本当权者直接进行卖国交易,日本特务机关精心策划了掩护他从河内经上海到东京的路线。1939 年 5 月,汪精卫等赴日。回国后,他于 8 月在上海宣布"反共睦邻"的基本政策。12 月,与日本特务机关签订《日华新关系调整纲要》,以出卖国家的领土主权为代价,换取日本对其成立伪政权的支持。1940 年 3 月 20 日,汪精卫伪国民政府在南京正式成立,他自任"行政院长"兼"国民政府主席"。汪伪政权成立后,以"和平反共建国"为口号,残酷镇压沦陷区人民,并组织伪军配合日军对抗日根据地进行扫荡。然而,作为"儿皇帝",汪精卫本人的言论行动也在日本宪兵的监视中。随着中国人民的抗日战争逐渐由相持转向反攻,随着世界人民反法西斯战争的节节胜利,汪精卫内外交困,心力交瘁。上台仅仅 4 年,1944 年 11 月,汪精卫在日本名古屋病逝,结束了可耻的生命。

东京审判中,辩方千方百计否认日本策划建立汪伪政权的阴谋。1947 年 4 月 22 日,被告畑俊六的美籍律师拉扎勒斯(Aristides G. Lazarus)在法庭辩称:

> 中日之间冲突时,这种自治体开始出现。随着时间的推进,自治体逐步发展并联合,最后形成规模,取代了原有的政府。这些自治体致力于维护和平与秩序,为了使占领区保持稳定,日本自然会支持它们。它们不是像被指控所说的傀儡政府,而是独立的,由日中协议认可的。……证据表明,汪精卫逃离重庆,企图迅速地与日本和解。对于渴望实现同中国和平的日本来说,自然会支持他。……日本承认汪精卫政权是中国的合法政府,是中国尽早获得和平的最好形式。从日中之间缔结的条约可以看出新政府并非傀儡政府。证据可以支持辩方的观点——被告并没有谋划任何阴谋,没有计划发动对中国的侵略战争,没有用鸦片来麻痹中国人、筹措战争资金,也没有强加一个汪精卫傀儡政府给中国。[9]

这里,包括汪伪政权在内的傀儡政权都被说成是自然形成的,而日本是为了和平和秩序才被动支持的。

对谎言的最好辩驳是证据。1947 年 6 月 11 日,向哲濬在法庭的讲话内容,就是关于日本特务机关如何护送叛逃的汪精卫自河内到上海,以及从上海到东京的秘密行踪。他宣读了土肥原机关的特务头子影佐祯昭发给总务长官的 11 封密电。尽管是外交电报,其中对"影佐""汪精卫"和"上海"等人名、地名大量使用特务的隐语代号。这些密电作为检方证据,也都被法庭接受。

4月19日,影佐祯昭电报第1号【法庭证据第2721号,证物 B】:"川村致白石:完成商业交易,诸事顺利。"其中"川村"是影佐的代号。

4月20日,影佐接连发出三封密电。

影佐祯昭电报第2号【法庭证据第2721号,证物 C-1】报告了他们的详细行动计划:

> (1)在犬养健和矢野征记的陪同下,18日,我在汪精卫的藏身处拜访了他,而且与他谈了约三个小时的话。他们希望立即讨论主要问题。他们让我们知道他们的坚定决心,告诉我们他们想尽快搬到一个安全而方便的地方,以便开展他们的活动。他们认为这是一个先决条件。
>
> 因此,在进行各种考虑之后,决定就逃亡而言,法国当局应该负有保护等的全部责任;应该租用一艘法国轮船,以便将他安全地送到在上海的法国租界的藏身之处;日本应该事先在国际公共租界里准备二到三个藏身之处;应该在周围部署来自上海工部局的日本警察作为警卫。
>
> 就此而言,我想请求外务省的有关部门向上海发出适当的指示,以便立即在公共租界里准备合适的藏身之处并采取必要的保护措施(谈到保护,我想建议与警务处特别处赤木副处长秘密接触,而且在他抵达后派日本警察加以保卫)。
>
> 此外,汪精卫希望你采取适当的措施以便他匿名通过检疫手续。
>
> (2)伊藤芳男目前在这里,应该立即把他派往上海。岩井英一应该与晴气取得联系并参与上段所提到的准备工作。
>
> (3)"北光丸"应该直接向上海航行,同时秘密护送汪精卫的轮船。犬养健、影佐祯昭、矢野征记、大铃和其他人应该登上那艘船。请你让山下(T.N.汽船株式会社)了解情况。

（4）决定冯·福林哈芳号（730吨）作为上面提到的法国轮船。离开法属印度支那的时间和到达上海的时间尚未确定，因此，随后告诉你情况。

影佐祯昭电报第3号【法庭证据第2721号，证物C-2】则进一步策划细节：

1. 在上封电报里提到的在法租界的藏身之处只是暂时性的，我们打算尽快将他们迁徙到公共租界里的藏身之处。至于在上封电报里要求的在3个地方准备住房，他希望你能考虑到如下情况。

A. 房屋的所有窗户都应该用防弹钢板严密地加以遮蔽（上半段这样做，以便任何时候可以把它们放下来）。

B. 在这些钢板中应该制作小型的窥视窗，其外部应该用屏障覆盖。

C. 应该在房屋的不同地方安装可以开闭的铁格栅。

D. 如果一处房屋在虹口区提供，而另两处在苏州河地区以南提供（其中一处靠近延伸区），那会很合适。

影佐祯昭电报第4号【法庭证据第2721号，证物C-3】对行动计划又做了修正：

1. 作为进一步工作的成果，应该对影佐电报第2号进行如下修正，以便请你采取先前准备的措施（在与这里的法国当局商议之后会做出明确的决定）。

A. 当那艘法国轮船抵达上海时（计划在本月月底），日本当局和汪精卫的同志应该共同负责下船的办法并将随后上船的乘客运到。

B. 如果有可能, 如果能把他直接送往上封电报所提到的藏身之处, 而不是上海的法租界, 那会很合适。

2. 由于先把伊藤芳男和川岛松尾军曹派往上海, 求陆军让日本驻沪机关与这两个人商议。

4月24日, 影佐致外交大臣有田的电报【法庭证据第2721号, 证物D】:

　　自: 川村(影佐代号)。谈判已完成, 已经安排好卸货(汪精卫代号)的计划。此外, 因为形势不允许计划有任何变化, 所以我们希望根据确定的进度表加以落实。就此而言, 请你命令立即完成大阪(上海代号)至少一处仓库的准备工作; 也请你负责卸货的准备工作。决定5月6日货物抵达大阪

4月29日, 影佐向大本营陆军部长第八课发出两封电报:
【法庭证据第2721号, 证物E-1】

　　我成功地与汪精卫取得了联络。因此, 我们的轮船(注: 山下汽船株式会社的"北光丸")线路定为东京到基隆(将在30日下午抵达那里)。进一步的目的地随后确定。我希望目前在市北的山本也将改变他的目的地并前往基隆。

【法庭证据第2721号, 证物E-2】

　　看来汪精卫在靠近香港的什么地方, 尽管我不是很确定。我成功地与他取得了联系, 得知他很安全。(在8日13:00)请把

这个情况告知有关的所有部门。

4 月 30 日，影佐转发水野少佐致臼井大佐的电报【法庭证据第 2721 号，证物 E－3】：

> 最迟到 4 日晚上，在有关官员的帮助下，租用和保卫住所等的准备工作将完成，而它极其隐蔽，令人满意。如果能告诉我抵达吴淞的大致时间，对我来说会更好；因为我想在登陆之前与川村（影佐祯昭的 T. N. 代码名称）取得直接联系。

5 月 3 日，影佐向下级布置了将汪精卫从河内秘密接至上海的详细计划【法庭证据第 2721 号，证物 F】：

> 影佐致第二课课长。
> （1）根据我最近告诉你的事先安排的计划，汪精卫及其随从将在 6 日 10：00 抵达上海港"引航站"。
> （2）汪精卫自然预计在他抵达上海之后会与蒋大（蒋介石的代号）打电报战，也可能遭遇暴力抵抗。因此，他想在对他的各种活动最方便的地方尽快安顿下来。
> （3）因此，当汪精卫及其随从抵达上海的时候，他们会在上海准备的房子里暂时居住，在警卫和保护上，我们不得不依靠日本海军或陆军或其他什么良好组织的力量。
> （4）据说出于上述目的，日本的恐怖分子从东京被派往上海。但是，考虑到过去的痛苦经历，我希望你会绝对阻止这项计划。看来在丁默邨的警卫和保护准备好之前，在上海以外某个地方驻留一段时间是个好主意。但考虑到总体形势，我认为他不会在两到三个月完成。

（5）汪精卫有意把他的追随者（大约 30 个人）召集起来，以便确定未来的谈判计划。考虑到上海的形势，汪精卫也在考虑租用一艘日本轮船，离开上海一个月左右，在船上举行会议，同时在新加坡、马尼拉等地巡航。

（6）根据我的（影佐的）看法，目前可以动用的这艘日本轮船无法接纳多达 30 人，有必要准备另一艘船。因此，我请参谋本部研究这个问题。

5 月 23 日，影佐通过土肥原机关向总务长官密电【法庭证据第 2721 号，证物 G】：

（1）汪精卫先生不久将派人前往北平和南京，向临时和维新政府以及吴佩孚带去他的机密信件，解释其行动的理由并要求他们合作。

（2）上述行动旨在消除基于各种谣传的误解，尤其是（汪的运动）是蒋介石政权的伪装计策的谣言。它也将澄清日本不会贸然启动政治谈判。

（3）汪精卫认识到与吴佩孚保持良好关系对其计划的未来具有极大的影响。汪决定以其用铅笔即席写下的（最初的）便条为基础展开工作。

5 月 30 日，影佐再发密电，指示秘密将汪精卫从上海护送到日本的具体计划【法庭证据第 2721 号，证物 H】：

（1）如果天气允许，汪精卫及其 13 名随从将在 31 日 9:00 起飞。途中他们将在大村休息，然后直接飞往东京。

（2）海军告诉我们他们的登陆地点应该是横须贺。

（3）影佐、一田、犬养和海军的须贺将陪伴他们。

（注：参谋本部发来电话：（1）他们将在 31 日 13：00 在大村登陆；（2）他们将在 14：00 离开大村，并在约 18：00 到达东京）

这些档案材料[10]把日本人的阴谋以及实施细节，连坐什么船、找何处藏身、造什么舆论，寻什么借口都揭露无遗。在事实面前，辩方的任何抵赖和狡辩都不堪一击。

白纸黑字铁证

1948 年 1 月 24 日，向哲濬在发回外交部的公函中，汇报了检方提供证据的数字，从 1946 年 5 月开庭至 1947 年年底，"共接收证件 3 686 件，其中 2 391 件为检察方面所提出。仅就日军在华暴行一节而言，迳由本处在国内搜集向法庭提出者有 99 件。……职与倪首席顾问征噢于反驳阶段所提出之证件 30 余件尚未计算在内。"[11]

1948 年 10 月 20 日，向哲濬发出另一封公函，更详细列出了庭审的记录：

查远东国际军事法庭审判日本主要战犯东条英机等，经于中华民国三十五年（1946 年）四月二十九日起诉，三十七年（1948 年）四月十六日辩论终结，迭经分别呈报在案。兹特检同：

（一）自起诉之辩论终结时之审判笔录（计 48 412 页，分订 226 卷）。

（二）远东国际军事法庭审判笔录节本。

（三）国际检察处综合辩论书。

（四）国际检察处对被告方面综合答辩之最后反驳书。

（五）远东国际军事法庭接受检察被告两方所提证件之缮本（共 3 915 件，计检察处提出者 2 282 件，被告方面提出者 1 633 件）。

（六）上述索引册。[12]

70 年前白纸黑字的证据，有力地揭示了事实真相，也是对今日妄图翻案的谬论最有力的驳斥！

注释

〔1〕程兆奇、龚志伟、赵玉蕙：《东京审判研究手册》，上海交通大学出版社，2013年，第 251 页。

〔2〕梅汝璈：《东京审判亲历记》（梅小璈、梅小侃整理），上海交通大学出版社，2016 年，第 302 页。

〔3〕国民政府外交部收文东 35 字第 1240 号。

〔4〕倪征燠：《淡泊从容莅海牙》，法律出版社，1999 年，第 114 页。

〔5〕向隆万：《东京审判——中国检察官向哲濬》，上海交通大学出版社，2010 年，"序一"第 3—4 页。

〔6〕溥仪：《我的前半生》，群众出版社，2007 年，第 98、190 页。

〔7〕向隆万：《向哲濬东京审判函电及法庭陈述》，上海交通大学出版社，2014 年，第 90—93 页（英文庭审记录 4360—4369 页）。

〔8〕程兆奇、向隆万主编：《远东国际军事法庭庭审记录·全译本（第一辑）》第 4卷，上海交通大学出版社，2017 年，272—284 页（英文庭审记录 4373—4405 页）。

〔9〕东京审判文献丛刊委员会：《远东国际军事法庭庭审记录》（英文版）第 33册，国家图书馆出版社、上海交通大学出版社，2013 年，第 523—528 页（英文庭审记录 20504—20506 页）。

〔10〕向隆万：《向哲濬东京审判函电及法庭陈述》，第 103—109 页。

〔11〕同上书，第 54—55 页。

〔12〕同上书，第 71—72 页。

第五章

事变真相

皇姑屯谋杀案

《起诉书》把日本侵略中国明确划分为两个阶段：其一，侵略满洲，即侵略中国东北地区；其二，侵略全中国。《判决书》第五章"日本侵华侵略"则开宗明义地指出：

> 被日本领导人虚伪地称之为"中国事变"或"中国事件"的日本对华战争，由1931年9月18日夜间开始，到1945年9月2日日本在东京湾投降时告终。这场战争的第一阶段，包括侵略、占领并统一被称为满洲及热河省的中国领土。战争的第二阶段，由1937年7月7日，日军继"卢沟桥事件"后向北平附近的宛平发动攻击时开始，并包括以后的不断进攻。[1]

本章将着重阐述在检察阶段中，法庭对日本侵略满洲的审理。

虽然日本侵略满洲是侵略中国的第一个阶段，对相关战争嫌犯的审理却贯穿在整个检察阶段。首先是"检方主张立证"，从1946年7月1日至7月10日，除周日休息外，连续8天开庭审理。接着是在"辩方反证"，从1947年3月18日至4月22日，除周末休息外，连续12天开庭。此外，在个人辩护和"审理总结"，也多次涉及日本对中国东北的侵略。

日本侵略满洲以"九一八事变"，即"沈阳事变"开始。揭露"沈阳事变"及与其密切相关的"皇姑屯事件"真相，是中国检察官及各国同人的艰巨任务，也是他们做出的重要贡献。

　　"皇姑屯事件"不是偶然发生的。由于东北四省土地肥沃,物产丰富,日本觊觎中国东北由来已久。加上与日本控制的朝鲜仅一江之隔,早在1904年日俄战争取胜之后,日本就在中国东北设立"关东都督府",在沈阳、哈尔滨、吉林和图们江地区设立总领事馆,并组建"关东军",司令部设在军港旅顺。1906年,日本建立了一个经济实体,叫"南满铁路株式会社",公司的股东只限于日本政府或日本国民。该公司的章程中竟规定日军司令官有权对公司发布命令,实际上南满铁道株式会社从成立之日起,就是日本政府的一个机关,挂着商业招牌不过是掩人耳目而已。其中人数最多的部门是"调查部",居然有5 000名"调查员"之多。他们走遍了东北和华北的山山水水,主要职责就是搜集中国的情报。目前,大连图书馆还保留日本投降前后来不及带走或销毁的档案,达四万多卷。例如其中的《北支主要炭矿调查资料》,就详细记述了中国东北煤矿的分布和蕴藏量。这些资料显然是为日本日后的侵略服务。

　　日本对中国的野心和措施,不仅引起中国人的反感,也引发西方列强的警觉。1922年2月6日,中、美、英、法、意、荷、比、葡、日9国在华盛顿签署《九国公约》,明确规定:尊重中国之主权与独立,尊重中国领土与行政的完整;给予中国完全无疑的机遇,以维持和发展一个有力而稳定的政府;确立和维护各国在中国全境之工商业机会均等的原则;不得支持本国人在中国制定区域内设立排他性的势力范围;等等。

　　日本虽然是缔约国,却从不想认真执行。1927年3月,裕仁天皇继位不久,世界性的金融危机带来经济混乱,工厂停滞,企业倒闭。同年4月,军人出身且满怀政治野心的田中义一组阁。田中内阁制订的侵华战略方针,与《九国公约》背道而驰;对中国推行"积极干预政策",将中国东北看作日本的"生命线",力图尽早从中国分离出去,由日本占领。

为了寻找在东北的代理人，他们首先物色的对象是张作霖。张作霖绿林出身，号称"东北王"，是北洋军"奉系"首领。1922年，第一次"直奉战争"失败，他宣布东北独立；1924年，第二次"直奉战争"获胜，张作霖打进北京，任陆海军大元帅，一度代表中国北洋政府行使统治权，成为国家最高统治者。田中内阁希望张作霖成为日本侵华的代理人。1928年3月，特务头子、"中国通"土肥原贤二成为张作霖的顾问。

1928年春，蒋介石领导的北伐军逼近山东。4月5日，蒋介石在徐州誓师，对以张作霖为首的北方旧军阀举行"第二次北伐"。当时山东"督军"张宗昌是张作霖的部下，号称"狗肉将军"。日本以"保护侨民"为名，派兵进驻济南、青岛及胶济铁路沿线，准备以武力阻止国民革命军。5月1日，北伐军攻入济南，5月3日，日军以"应张宗昌之邀"的名义，派兵侵入中国政府所设的山东交涉署，将交涉员蔡公时割去耳鼻，然后将他和交涉署职员全部杀害，并进攻国民革命军驻地，在济南城内肆意焚掠屠杀。在这一案件中，中国民众被烧杀死亡者达一万七千余人，受伤者二千余人，被俘者五千余人，史称"济南惨案"，被蒋介石称为"国耻"。蒋介石素有记日记的习惯，自此日之后，凡写"日本"处，都书为"倭"，可见在他心中之痛。

但是，张作霖并不愿意成为日本人的"儿皇帝"。他对日本在中国的各种特权表示反感，多次拒绝和日本签订不平等条约。张作霖的态度引起了关东军的强烈不满。一群激进的少壮派军人决定暗杀张作霖，除去日本侵占满洲的障碍。当时张作霖在北京，日本人便想方设法，促使张作霖回东北。此时，奉系内部的"新派"，包括他的儿子张学良在内，为了便于和蒋介石妥协，也劝张作霖离京。

1928年6月3日晚，张作霖乘坐专车从北京车站开出。6月4日清晨5时23分，正当专车到达皇姑屯，也即京奉铁路和南满铁路交叉处，一声巨响，一座花岗岩桥墩被炸开。钢轨、桥梁炸得弯弯曲曲,抛上天空,张作霖的专用车厢炸得只剩一个底盘。张作霖被炸出三丈多远,咽喉破裂。当他被送到沈阳官邸时已奄奄一息,军医官抢救无效,当天上午 9 时 30 分左右死去。他的临终遗言是要张学良赶快回沈阳,"以国家为重,好好地干!"炸车后不久,日本人又先后制造了奉军军车脱轨事件和沈阳炸弹案,企图引起混乱。6 月 16 日,一万八千余名日军士兵在沈阳城南演习,公然高唱"南满是我们家乡"的歌曲,暴露其占领东北的图谋。

两名证人出庭

虽然明眼人一望而知"皇姑屯事件"是日本人所为,但日本人拒不承认,甚至制造张作霖被中国政敌暗杀的舆论。东京审判既然以"皇姑屯事件"为起点,那么,追查元凶,是国际检察局,特别是中国检察官责无旁贷的任务。

经过检方的细致工作,两名证人出庭,使得"皇姑屯事件"水落石出,真相大白。

第一名证人是田中内阁的海军大臣冈田启介。1946 年 7 月 2 日下午,他首次出庭。在《宣誓证词》中,他阐述了"皇姑屯事件"前后的事态:

> 1928 年,当张作霖的军队被国民党军队打败时,田中再次奉劝他不要过晚地把自己的部队撤回满洲。这次,由于窘迫的战局,大帅被迫采纳该建议。就在这个时候,本庄将军麾下司令部设在沈阳的日本驻满洲军队,对田中内阁与张作霖就日本在

满洲利益进行合作与谈判的政策表示不满。他们已经等不及谈判，不耐烦地要使用武力占领满洲。该部队中的一个小圈子或一群人已经完全孤立了本庄将军，隔断了他与部队联系的军官派别或集团，阴谋策划张作霖返回满洲时将其刺杀。他们决定，在 1928 年 6 月 4 日张作霖乘坐的北京至沈阳的列车到达沈阳郊外时，在轨道上实施爆炸。正如计划的那样，张作霖在爆炸中丧生。[2]

　　第二名证人是曾任关东军高参的田中隆吉（见图 5-1）。1946年 7 月 5 日上午，田中在法庭揭示了日军策划并实施暗杀张作霖的细节。重要依据是一份暗杀张作霖的内部报告，由东京宪兵队长峰少将奉陆军大臣之命撰写。1942 年 1 月，作为陆军省兵务局长，田中隆吉发现了这份报告。法庭上田中复述了报告的核心内容：对张作霖的暗杀是由日军大佐河本大作率兵具体实施的。报告写得非常明确："1927 年 6 月 3 日，从北平开出的列车在南满铁路和京奉铁路交

图 5-1　田中隆吉出庭作证

叉处爆炸,导致张作霖一命呜呼。这次爆炸由一些军官——从朝鲜开拔到沈阳的第 20 工兵联队的部分官兵和士兵实施。"

美籍助理检察官萨盖特(Henry A. Sackett)和田中随后有一段问答:

> 萨问:报告指出了卷入这场事变的人数吗?
>
> 田中答:是的。
>
> 萨问:有多少人?
>
> 田中答:河本大佐以下十几人。
>
> 萨问:你认识河本大佐本人吗?
>
> 田中答:是的,关系十分密切。
>
> 萨问:你曾经和他谈论过暗杀张作霖元帅的事情吗?
>
> 田中答:谈过。
>
> 萨问:关于杀害张作霖,他告诉了你一些什么?
>
> 田中答:河本大佐告诉我,如果关东军执行了紧急集结,"满洲事变"当时就会发生,"满洲国"当时就建立了。当时使用的炸药属于工兵联队的 200 个方形炸药。

田中还揭示了另一名当事人尾崎大尉参与"皇姑屯事件"的事实。他说:"尾崎大尉的任务是执行河本大佐命令,在沈阳集结部队,向张作霖乘坐的列车开火,并进攻其卫队。"[3]

在如此确凿的证据面前,被告的律师提不出任何反诘。日本投降时,河本大作在山西被捕。1953 年,他病死于战犯管理所。他在管理所也交待了他参与策划和实施暗杀张作霖的经过。

日本右翼始终企图否定东京审判,然而对"皇姑屯事件"这一由日军激进分子制造的铁案,至今无人敢于挑战。

从冈田、田中、河本以及许多其他当事人的证词和交待中,还有一层意思,即"皇姑屯事件"是首先由"部队中的一个小圈子或一群人"阴谋策划的。历史记录表明,当时的日本政府并不赞成暗杀手段,田中义一首相甚至想惩罚对谋杀案负有责任的陆军将校。但参谋本部在陆军大臣的支持下,成功进行了抵制。冈田对这一点说得很清楚:

> 为了阻止满洲南部发生内战,张作霖动身去奉天的途中铁路桥上被炸身亡。这一消息传到内阁时,首相田中非常愤怒,他说如果军队采取了这样的行动,我们将永远无法实施我们的计划。他还说相关责任人必须要受到严厉的惩罚,以避免大陆再发生此类事件。……在觐见天皇之后,田中首相从皇宫回到内阁,并令陆军省对杀害张作霖的责任人进行惩罚。白川将军回到陆军省办公室,但对此次谋杀行动相关人无法行使惩罚措施。……由于罪犯并没有如天皇所要求的那样受到惩罚,田中首相无法向天皇交代,他与他的内阁辞职了。此次事件证明了关东军比在东京的日本政府更有权力,他们的影响力已经扩展到参谋本部。[4]

此后,日本军国主义势力日益嚣张,"下克上"也成为日本政坛鲜明的特点。

1948 年 2 月 11 日,向哲濬代表检方做总结陈述时,曾经指出:"从谋杀张作霖到'沈阳事变'期间,所有活动都是同一个阴谋的各个部分。"[5]

正是这个"小圈子",越来越膨胀,其核心成员,有板垣征四郎大佐、土肥原贤二大佐、石原莞尔中佐、桥本欣五郎中佐、花谷正少佐和"理论家"大川周明等人。当时,他们多为中级官员和军国主义的鼓动家。就是这批人,在"皇姑屯事件"后,策划和发动了"沈阳事变",即"九一八事变"。

"沈阳事变"始末

"沈阳事变"之前,有一个"导火线",即"中村事件"。

1931 年初,日本帝国参谋部派遣情报科陆军大尉中村震太郎,穿着便衣窜入中国东北搜集情报,为侵略中国做准备。中村到达中国后,伙同日本退役骑兵井杉延太郎四处刺探军情。当年 6 月 25 日清晨,张学良所属的兴安屯垦区公署第三团一营三连的哨兵,发现有 4 个人骑马进入军事禁区,连长宁文龙立即带领一个班的战士前去盘查。很快查明,4 个人中有两个日本人,另有一个白俄翻译和一个蒙古人。

这两个日本人就是中村震太郎和井杉延太郎。中村震太郎自称是"日本农学家",进入中国东北的目的是"进行土壤学调查"。宁文龙凭着军人的直觉,发现中村根本不像是什么农学家,反倒像是个训练有素的日本军人。为了把情况搞清楚,宁文龙命令战士把这 4 个人带回团部。团长关玉衡在察看被缴获物品时,发现在 3 本表册中,有两本分别记载着满蒙旗县的人口、物产、军民分布等情况。更令人吃惊的是,第三本表册上面竟然准确地记载着兴安屯垦区的兵力分布、枪炮种类和口径、官兵人数、将校姓名职务、部队驻扎地点、营房容量及坚固程度等内容。在一份十万分之一比例的军用地图上,清楚地留下铅笔勾画的笔迹。这些物件,无疑都是中村震太郎等人在中国从事军事间谍活动的铁证。

6 月 26 日上午,关玉衡在团部审讯中村震太郎,厉声质问他,为何携带武器和军用地图?为何记录军事情报?狡猾的中村以不会汉语为理由,拒绝回答任何问题,妄图掩盖其从事军事间谍活动的罪行。在审讯井杉延太郎和另外两个人时,关玉衡很快就得到了他们从事间谍活动的证据,井杉招供他们是日本军人,中村是陆军大尉。如何处置这批间谍?若释放他们,就等于放虎归山,这些军事情报将贻害无穷;若不释放,日本在中国东北享有治外法权,一旦走漏风声,后果同样不堪设想。事关重大。关玉衡立即召开军官会议,征求大家的意见。董平舆副团长态度明朗地说:"按照国际法,外国的军事间谍是可以处死刑的。目前唯一的办法就是把他们秘密处死。"有理有据,很快得到共识。为了得到中村的口供,关玉衡再次提审他,不料中村更加疯狂,竟然和中国军官垂死搏斗。6月27日凌晨,中村一行4人被秘密执行枪决。

在北京的东北军司令张学良知悉此突发事态后,立即向关玉衡发出密电,要求在部队中实施严格的保密措施。但遗憾的是,泄密的事情还是发生了。

于是,日本人大造舆论,不断宣称"满洲问题除行使武力以外别无他途。"7月,土肥原贤二被陆军参谋长派遣调查中村的死因。其实质性目的是接管沈阳的关东军特务机关。

当时的日本政府并不愿扩大事态,8月17日,外务大臣币原喜重郎要求日本驻沈阳总领事林久治郎开展调查,尽可能平息该事件。此后,日本驻华公使重光葵与中国财政部长宋子文举行会谈,双方同意于9月20日在沈阳会晤,邀请张学良和南满铁道株式会社总裁内田康哉参加,协商解决张学良与日方之间的重大分歧。9月18日下午,中国东北军总参谋长荣臻告知林总领事,确认屯垦军指挥官关玉衡对杀害中村负责,决定由军事法庭对他进行审判。

日本政府的这些举措显然与日本军部激进分子的图谋大相径庭。林总领事的调查报告出笼后,土肥原立即拜访新任陆军大臣南次郎,表示强烈不满,他得到了南次郎的支持。这些激进的军国主义分子,在关东军和陆军本部的支持下,终于在 9 月 18 日午夜,突然袭击驻守沈阳近郊北大营的中国军队,制造了"沈阳事变",即举世震惊、被中国人称为"国耻"的"九一八事变"。

"九一八事变"的经过如下:按照板垣的计划,由张学良的军事顾问柴山兼四郎的助手今田新太郎大尉担任指挥,晚 10:20,驻扎在沈阳北郊的独立守备队以巡视铁路为名,在距驻扎东北军的北大营800 米的柳条湖铁路路轨实施爆炸(见图 5-2)。听到爆炸信号后,今田率领河本末守中尉的一队日军日本突袭北大营;板垣立即以关东军司令的名义,命令第 29 联队进攻沈阳城。11:30,日军攻入北大营西北角。与此同时,花谷正倒打一耙,11:46 和 19 日 0:28,他以土肥原的名义接连向位于旅顺的关东军司令部发出两封电报,谎报中国军队破坏铁路,袭击日军,日军陷于苦战。接到电报后,关东军司令本庄繁、参谋长三宅光治和高级参谋石原莞尔紧急商量对策,一致认为此时是发动武力的绝好时机。本庄当即决定,迅速将主力集中

图 5-2　日军爆炸柳条湖铁路

于沈阳,先发制人,占领东北全境。19 日凌晨 1:00,日军第 29 联队分三路进攻沈阳城;3:30,本庄繁率领关东军司令部火速赶往沈阳;5:30,日军攻占北大营;6:30,日军攻占沈阳。与此同时,日军沿南满铁路向中国守军进行突袭,19 日 5:30,攻陷安东(今丹东);下午5:30,攻占南岭;当晚 10 时左右,长春陷落;21 日晚,日军占领吉林省省会吉林市。至此,日军占领了辽宁和吉林两省的主要城市即铁路沿线地区。

东京审判中,"沈阳事变"是一个重要案件。对此,日本人可以说是颠倒黑白,谎话连篇。东京审判过程中,检方和辩方都有大量举证。

检方主要证人仍是冈田启介和田中隆吉。特别是田中,从 1946年 7 月 5 日至 7 月 9 日,连续出庭 4 天。

从 1947 年 3 月 18 日至 4 月 22 日,是"辩方反证阶段",除周末休息外,连续 12 天开庭。为"沈阳事变"出庭的辩方证人多达十几名。其中有南满铁道株式会社负责人山口重次、关东军参谋片仓衷少将、平田幸弘少将、武田寿一少将、远藤三郎少佐、水灾救济委员会执行委员金井章次博士、本庄繁的长子本庄一雄、本庄繁的秘书川村享一、陆军参谋部参谋河边虎四郎中佐、直接攻击北大营中国军队的指挥官岛本正一大佐、关东军法务部长大山文雄、参谋本部中国课官员和知鹰二少佐等。

本书不准备一一引述双方的立证以及质询和辩论。1948 年 2 月11 日,由季南检察长领衔,宣读"检方总结陈述"[6]。其中的 B 部分是"称霸亚洲及太平洋地区的阴谋"。这部分的内容纲要为:

第一部分　取得对满洲控制的阴谋

A. 1931 年 9 月 18 日"沈阳事变"前的形势[由英国检察官柯明斯-卡尔宣读。——笔者注]

1. 日本对中国和其他国家的义务

2. 日本在满洲的权利

3. 中国的形势

4. "满洲事变"前的日本局势

B. "沈阳事变"及其后果［由中国检察官向哲濬宣读。——笔者注］

1. 导致车次事变的事件

2. "沈阳事变"：1931 年 9 月 18 日

3. "沈阳事变"后的军事进展［由中国检察官顾问桂裕宣读。——笔者注］

4. 经济统治［由美国助理检察官克罗（Smith N. Crowe）宣读。——笔者注］

5. 鸦片和毒品

以下就向哲濬宣读的部分作一简略介绍。

检方总结陈述

在检方总结陈述的第 1 节中，申明谋杀张作霖和"沈阳事变""涉及许多相关的人，其中包括一些目前被起诉的人。这种活动肯定是被指控共谋的一部分，其目的就是推动那场阴谋。这种活动是由日本陆军、关东军和平民共同实施的。"接着指出："在参谋本部，建川美次将军［建川美次时任日本参谋本部第一部长，少将军衔。——笔者注］是始作俑者。建川强烈地主张，除非日本攫取满洲，否则日本就不会成为世界列强之一。"然后揭示了一系列阴谋活动，包括成立"樱社"、桥本欣五郎起草用武力实现目标的计划、陆军大臣南次郎支持在满洲的军事行动等事实,明确指出板垣、石原、花谷这几名关东军参谋官"无疑是这股势力的领导人。"并指出,1931 年夏末,"陆军在满洲动武指日可待。"《陈述》还分析了大川周明的活动,指出"这种持续的密谋、策划、挑唆和宣传在全日本造成了极其严重的影响。"尽管当时日本政府并不赞成他们的活动,但是这些激进分子利用日本下级军官中村震太郎在满洲被杀作为借口,大造舆论。

在第 2 节中,根据大量证据,详细揭示日军以"一段铁路被炸飞"为由,发动了对中国军队北大营的偷袭过程:

作为局势不断激化的高潮,大约在 1931 年 9 月 18 日 22:00,根据所谓的在南满铁路上发生的轻微爆炸,关东军因此立即采取行动,而且在控制整个满洲之前不曾住手。根据李顿委员会的报告,日本对这次事件的表述是一支巡逻队在听到爆炸时发现一段铁路被炸飞,导致一段空隙。当他们抵达时,铁路东面有人向他们开火,但当他们还击时,另一方停火并撤退。日本人进行追击并受到 300 到 400 人的攻击,而随后川岛大尉和岛本大佐派出了增援部队。与此同时,自长春南下的火车通过了受到破坏的地点而没停车,并且准时抵达其目的地。岛本下令攻击中国兵营,虽然遭到中国人争夺,但这些兵营被占领。与此同时,平田大佐下令攻击沈阳内城,到 6:00 占领了东面城墙,而到 7:30 占领了军火库和机场。辩护方证人平田、岛本向本庭复述了相同的这种说法,外加板垣批准其计划的补充情况。正如李顿委员会报告所述,中国的说法是对兵营的攻击是在未受挑衅的情况下进行的,而且是偷袭。所有士兵都在北大营里,而且因为得到的 9 月 6 日命令要求特别小心以避免与日本人发生任何冲突,所以哨兵只有假枪。自 14 日以来日本人一直在兵营

周围忙于调动,而在 19 日,他们行进到一个有铁路的村庄,22:
00 听到轻微爆炸和开枪的声音。日本人开始攻击这些兵营,此
后着手用炮兵攻击。除了一个没有接到命令的团不得不突围撤
退以外,不存在抵抗。李顿委员会在听取了双方陈述后得出的结
论是日本人拥有谨慎准备好的应对战斗可能性的计划,并且该计
划迅速而准确地得到落实。中国人没有攻击日本人的计划,此外
没有协调一致的或得到授权的攻击。虽然有爆炸,但破坏本身不
足以证明军事行动是合理的。日本的军事行动不能被视为自卫
措施,尽管该委员会并不排除军官可能见机行事的假设。

还有更多细节,如板垣事先秘密安装两门重炮,奉命阻止事变的
建川美次故意装聋作哑,与板垣达成默契,等等,都清楚说明"沈阳事
变"是日军蓄意所为。

1948 年 2 月 24 日,向哲濬代表检方宣读《对被告板垣征四郎的
起诉总结》[7](见图 5－3),共分 8 节:

图 5－3　向哲濬宣读对板垣的起诉总结

其中前四节着重揭示板垣征四郎在“九一八事变”前后的作为,可以说是 2 月 11 日陈述的补充。

《总结》指出:“事实上,武装冲突并非不可避免,因为中国当局和日本领事当时正努力达成协议,但是和平的努力被军队派系挫败了。在‘沈阳事变’前夕,板垣的亲信土肥原被召回东京,并通过那里的报刊鼓吹,从速解决有关满洲所有的紧迫问题,必要时使用武力。”“在公开煽动进行的时候,秘密作战的计划已经准备好了。准备这份作战计划的石原作证时说,板垣知道该计划。板垣知道在沈阳已秘密安放了两门大炮,无可辩驳的是,这些大炮实际上用于对中国人的突袭。”另一件事更证明“沈阳事变”是预谋的行动。“一个月之前,在东京的大川周明已经知道了。他在喝醉时告诉清水,板垣和其他人不久将在满洲制造一起事件。”

《总结》对“沈阳事变”的过程作了更具体的描述:

建川前往奉天之前,事先发电报说他想见板垣或石原。作为回应,板垣被派往奉天,任务是会见建川,以及联系特别行动机关和总领馆。板垣承认,像派建川此类特使及时传递信息是一种惯例。但是,他与建川呆了两个小时,毫无认真了解建川所要传递信息的愿望,建川也不想认真与他进行任何讨论。事实上,板垣只是把他拖到第二天。当然,也不再会有第二天来实现原先设想的目的,因为"奉天事件"就在那天晚上发生了。

在处理完与板垣的事务后,建川立即前往特别行动机关。按照他所说的,在那边呆了至少一个半小时。必须指出,这个机关是联系关东军在旅顺港总部与驻外部队的唯一一个纽带,因为这个机关独家掌握着向总司令发电报的密码。

所谓的事件爆发,平田大佐前往特务机关。于是,板垣履行了他指挥行动的职责,平田在其证词中假装说板垣没有给他下命令的权力。但是,他承认,他攻击中国人征得了板垣的同意,并且从板垣那里得到了保证。石原也承认,板垣的确给战地指挥官指示或者指令。板垣自己也承认给出过一些保证。

石原证实说,板垣没有时间去调查,板垣声称沟通不好,他无法确定形势的真实本性。因此,很明显,他故意支持战地指挥官攻击中国军队的计划,他自己甚至不想费劲去搞清楚发生了什么事情。他被告知,中国方面声称为了和平,不会抵抗。石原是这样作证词的,片仓经后来调查是这样确认的。然而,当林总领事针对中国方面不抵抗的做法提出停止军事行动的请求时,板垣拒绝了。尽管他还没确定形势的真实性,他信口雌黄说中国常规军挑衅日本军。尽管他没有时间调查,他却告诉林说,有必要彻底处理中国军队。

一旦得到支持,行动计划得到认真实施,日本军队便开始占领满洲。因此,板垣是关东军中计划和实施占领满洲的核心人物,得出这个结论是必然的。

这些讲话,有力揭示,"九一八事变"绝不是偶发事件,完全是日本军国主义激进分子有计划的阴谋;策划阴谋和作战指挥的核心人物是板垣征四郎,他们的阴谋得到陆军大臣南次郎即关东军的支持。

　　向哲濬在法庭的讲话中引用了大量证据。在 1948 年 2 月 11 日宣读"'沈阳事变'的前因后果"中,引用证据达 95 件次;1948 年 2 月 24 日,在宣读"对被告板垣征四郎的起诉总结"中,引用证据高达 197 件次! 既厘清历史事件的真相,也有力地说明中国检察组工作的细致和艰难。

注释

〔1〕《远东国际军事法庭判决书》,张效林节译,向隆万、徐小冰等补校译,上海交通大学出版社,2015 年,第 255 页(英文庭审记录 49007 页)。

〔2〕程兆奇、向隆万主编:《远东国际军事法庭庭审记录·全译本(第一辑)》第 2 卷,上海交通大学出版社,2017 年,第 214 页(英文庭审记录 1817—1818 页)。

〔3〕同上书,第 268—272 页(英文庭审记录 1948—1959 页)。

〔4〕同上书,第 217—218 页(英文庭审记录 1817—1820 页)。

〔5〕向隆万:《东京审判·中国检察官向哲濬》,上海交通大学出版社,2010 年,第 56 页(英文庭审记录 39083—39084 页)。

〔6〕东京审判文献丛刊委员会:《远东国际军事法庭庭审记录》(英文版)第 63 册,国家图书馆出版社、上海交通大学出版社,2013 年,第 241—416 页(英文庭审记录 38948—39300 页)。

〔7〕向隆万:《东京审判·中国检察官向哲濬》,第 111—124 页(英文庭审记录 40984—41023 页)。

第六章

溥仪出庭

傀儡皇帝出笼

在远东国际军事法庭对日本侵略满洲的审理中,最引世人瞩目、也是最重要的证人之一,是伪满洲国的"皇帝"溥仪。

日本在策划和实施军事行动的同时,寻找中国代理人的努力从未停止。张作霖被炸身亡后,日本人一度拉拢少帅张学良。田中义一首相曾派遣特使林权助与张学良会谈,要求满洲独立,许诺日方将给予支持。张学良拒绝了日方要求,转投国民革命军。1928年12月29日,张学良宣布东北四省易帜,通电服从南京国民政府领导;南京政府则任命张学良为东北军政最高领导人,全国统一宣告完成。

张氏父子都未成为代理人,日本人的下一个目标就是"末代皇帝"溥仪。

本书第四章提到,接受板垣征四郎的指派,特务头子土肥原贤二到天津诱胁溥仪的情节。1931年11月13日,溥仪在日本军人和便衣警察的"护送"下到达营口;11月20日,陆军将溥仪转移到旅顺。溥仪刚到旅顺,板垣就去会见,明确表示,希望溥仪成为新政权的首脑,条件是一旦满洲新政权成立,必须雇用日本人为顾问和官员。

1932年3月9日,"满洲国"的就职典礼在"新京"(即长春)举行,溥仪以"满洲国执政"的名义成为首脑,实际上完全是日本人的傀儡。按照溥仪自己的说法:"在天津租界七年的影响和遗老们十几年教育的基础上,已弄到了离开日本人就不能生存和思想的程度。为了虚假的自欺欺人的尊严,为了保住一条性命,为了'重登大宝'的幻想,我只有依附在关东军的皮靴上。"[1] 5月初,以英国人李顿爵士

(Victor Bulwer Lytton)为首的国联调查团到长春调查"九一八事变"后"中日纠纷"实情,溥仪就昧着良心,按日本人的指令,战战兢兢地说:"我是由满洲人民推戴才来的。'满洲国'是满洲人民自愿建立的……"[2]

为了更好统治东北这块殖民地,日本人决定让溥仪过一把"皇帝瘾",使他更死心塌地成为日本人的走狗。1934年3月1日,一场"登基"丑剧在长春郊区开演:"满洲国"改为"大满洲帝国",国号从清朝皇帝"圣祖康熙"和"德宗光绪"中各取一个字,命名为"康德";溥仪也由"执政"改为"皇帝"。

"大满洲帝国"的实际支配权当然在关东军和日本陆军省手中。溥仪原想在"登基"穿前清的龙袍,却被关东军断然拒绝。溥仪被斥责说,日本承认的是"满洲国皇帝",不是"大清皇帝"。

从1932年至1945年,作为傀儡,溥仪始终顺应"太上皇"的旨意,起到了日本侵略者的"帮凶"作用。溥仪在《我的前半生》一书中曾经交代:

> 在整整十四年中,在人民的反抗、痛骂、怨恨和呻吟声中,我为了一项私欲——从君临天下的野心降到维持皇帝的招牌,再降到生命的安全——我尽力讨好强盗和凶手们,顺从地为他们效劳,给他们涂脂抹粉,把掠夺和屠杀都变为合法的行径。[3]

溥仪还承认:

> 我和强盗凶手们的第一个交换条件,是我和本庄繁签订的《日满密约》。在这项交易中,日本人允许我为"满洲国"的元首,我允许就任"执政"后实行者五项条款:

一、将"满洲国"的国防及维持治安权委托于日本；

二、日本军在国防上认为必要时，得以管理"满洲国"的铁路、港湾、水路和空路等，并得增设；

三、对于日本军所需要的各种设备，"满洲国"须加以援助；

四、推荐日本的贤达名望之士为"满洲国"参议；

五、以上各条，作为将来两国正式条约的基础。[4]

由此可见，"满洲国"仅仅在名义上是一个"国家"，实际上毫无任何主权。

1945年8月9日，苏联红军出兵东北，溥仪仓皇出逃。他原想逃往日本，但日本人自顾不暇。溥仪不仅失去利用价值，反而成为日本人的累赘。拖拖拉拉，直到8月17日，溥仪才随同日本人吉冈安直逃到沈阳机场。正好苏联军人杀到，溥仪一行被俘，随即被押送到苏联西伯利亚。

放下包袱出庭

中国检察官认为，溥仪虽是傀儡，但是日本许多举措还是在形式上要通过他，走一个流程。溥仪若能出庭作证，现身说法，必将有力地揭示日本对东北侵略掠夺的罪行。经国际检察局通过，取得苏联同意后，盟军总部将溥仪引渡到东京。早在引渡之前，成立于1944年3月的"中国战争罪犯处理委员会"在1946年4月2日曾做出对溥仪的决议："一、溥仪应以汉奸罪行处理；二、东北行营接收后转南京审讯。"[5]溥仪非常恐惧，害怕作为战犯受审，经过中国检察组的耐心说服,溥仪从 1946 年 8 月 16 日至 27 日连续 8 天出庭作证(见图 6 - 1、图 6 - 2),引起轰动。在《远东国际军事法庭庭审纪录》中,关于溥仪出庭的纪录达到 453 页之多,其中溥仪回答检辩双方的询问高达 764 次,占 333 页。

图 6 - 1　溥仪出庭宣誓

图 6 - 2　溥仪作证

　　裘劭恒是向哲濬的首任秘书,当时承担着说服溥仪放下包袱出庭作证的任务。裘劭恒晚年接受媒体采访时,回忆了会见溥仪的情景[6](见图 6 - 3、图 6 - 4):

图 6 - 3　裘劭恒(右)会见溥仪

图 6－4　季南(前排右 1)、裘劭恒(后排右 2)等会见溥仪(前排中)

　　溥仪听到我是中国的官员,到东京是来参加审判工作的,顿时很紧张,看上去有些坐立不安。场上既有四个苏联人,又有两个美国人,气氛严肃,说话也特别拘谨。我只能简单地了解一下情况,然后对溥仪说:"这次东京开庭是审判日本战犯,你是来作证的,不用害怕。"

　　为了稳定溥仪的情绪,裘劭恒经常到他居住的地方走动。渐渐地,溥仪与裘对话不再紧张,半个月后,两人几乎像朋友一样交往了。

　　溥仪有个习惯,凡来访的人,他都要送一样东西,以示纪念。他也想送一样纪念品给裘劭恒,但是这次他只身来东京,一时找不出适当的礼物,面露尴尬。裘劭恒说:"如果你一定要送我纪念品的话,那你把桌上写好的字条送给我好了。"溥仪听了非常兴奋,红着脸说:

"裘先生,我是在练习写毛笔字,原是不能登大雅之堂的,既然裘先生喜欢,就请随便挑选吧。"裘劭恒在桌上随手拿了两张:一张是"天下为公";另一张是古代辟邪时,贴在门上的一幅写有"斗"字的画。溥仪郑重其事地在每张纸条添上小楷字:在"天下为公"的右边写的是:"劭恒先生惠存 卅五年[即1946年]於东京溥仪";在"斗"字画的右上部写"赠劭恒先生",左下部写"民国卅五年夏溥仪於东京"

溥仪是东京审判期间出庭作证时间最长、次数最多的一个证人。由于他还是中国的"末代皇帝",他出现在远东法庭的消息,成了世界各地报刊电台的重大新闻。

溥仪作了什么证?揭露了被告哪些罪行?下面把他出庭的言行做一个概述。

8月16日、19日和20日上午共两天半,作为检方证人,溥仪主要接受检察长季南的直接询问。8月20日下午、21日、22日、23日、26日和27日共五天半,溥仪则主要接受为被告辩护的5名美籍律师布雷克尼(Ben Bruce Blackeney)、列文(Michael Levin)、洛根(William Logan)、克莱曼(Samuel J. Kleiman)、马蒂斯(Floyd J. Mattice)以及3名日籍律师清濑一郎、冈本尚一、藤井五一郎等人的反诘,也称交叉质询。

五个方面控诉

溥仪从以下五个方面作证,也可以说是对日本人的控诉。

第一,详细叙述了他被软硬兼施、从天津裹挟到大连的过程

从1924年溥仪被冯玉祥将军赶出北京紫禁城,移居天津日租界的"张园"和"静园",到 1931 年为止,7 年内溥仪过着相对平静的生活。但是,1931 年"九一八事变"后,他在天津遇到"一系列事件",包括流弹落入他家的庭院、收到放有炸弹的水果篮等。"在水果篮的面上是水果,并且有一张'赵欣伯于奉天'的名片。后来才知道当时中国军人和日本军人在天津附近发生冲突,而土肥原正在天津,非常活跃,水果篮事件就是土肥原怂恿下干的。"[7]

9 月 30 日,天津日本驻屯军司令香椎浩平约见溥仪,恐吓他说留在天津非常危险,强烈要求他速到东北。11 月 10 日,溥仪及"遗老"随从郑孝胥一行被强制送往大连。同行者还有 5 名日本人,包括翻译吉田忠太郎、土肥原手下的浪人工藤铁三郎等。溥仪先藏在一辆敞篷汽车的后备箱里,逃出寓所;中间经日本人"换装",披上日本军大衣和带上日本军帽后,直驶天津大沽口,匆匆窜上早已等候的日本轮船"淡路丸",11 月 13 日早晨,溥仪一行到达辽宁营口市的"满铁"码头,11 月 15 日,到达旅顺。一路上日本人以"保护"为名,始终将溥仪封锁和隔离。

第二,袒露他被迫接受当"满洲国"傀儡政权首脑的原因

溥仪到达旅顺后,关东军司令立即派板垣征四郎大佐造访,表达了希望溥仪出任满洲新政权的愿望。开始,板垣还虚伪地表达,日本"无领土要求""尊重满洲新政权主权";当溥仪未立刻同意日本人的愿望时,板垣立即露出凶恶狰狞的真面目。以下是 8 月 16 日庭审记录中季南和溥仪的问答片段:

季南问:你到旅顺半年后发生了什么事情?

溥仪答:半年之后,指挥官——日本关东军司令本庄派其助手板垣征大佐四郎来见我。

季南问:是本法庭被告之一板垣征四郎吗?

溥仪答:是的。

季南问：当时板垣大佐和你说了什么？

溥仪答：他和我说，东北张学良将军的政权不仅对抗日本人也对抗中国人。张学良将军的抵抗导致满洲的平民受苦，当地发生的一系列事件都阻碍了日本人行使权利。他说，为了摆脱中国军阀和挽救中国东北地区人民的福祉，希望在满洲建立一个新政权。

季南问：你能否说一下这些他告诉你的内容，他为其个人所采取的行动还是依据日军领导的指令？

溥仪答：他说他是接受司令官本庄将军的指令而来。

季南问：他为你设定了什么职位和准备建立怎样的机构？

溥仪答：他说因为我是满洲人，希望成为新政权的政治领导人。他还说，日本政府没有——绝对没有对满洲有任何领土要求的计划，日本政府肯定会尊重所建立满洲政权的主权。

季南问：当板垣大佐要求你担当满洲新政权的领导人时，你说"我愿意"还是"我不愿意"？

溥仪答：我拒绝了。

季南问：你这次和板垣会谈，大约多少时间？

溥仪答：大约两个多小时。

季南问：当你拒绝成为满洲政权的领导人时，板垣的态度如何？

溥仪答：我拒绝后，板垣非常不满。返回他住的旅馆后，和我的顾问郑孝胥和万绳栻谈话。他说这是关东军的决定。如果我拒绝，将接受针对我极端严厉的行动。

正是在这样的威胁下，同时也在几名顾问的劝告下，溥仪不得不就范："首先，板垣征四郎对我说，如果不接受这个职位，生命有危险；其次，我顾问也建议我接受；第三，当时我住在旅顺，已被玩弄于日本人的股掌之中；如果我离开旅顺，日本人会考虑将我秘密处死。"[8]

第三，承认这个"满洲国"首脑完全是傀儡

表面看，溥仪是"元首"，政府的主要官员也是前清遗老旧臣。但是，掌控实权的却是日本人。一方面，官员名单要通过关东军审批；另一方面，各种重要举措必须通过日本人。"满洲国"的"国务总理"是曾任清廷"总理内务府大臣"的郑孝胥，各部部长虽是中国官员，但是所有副部长都是日本人。每周郑孝胥要召集一次"国务会议"的实际主持人却是日本人驹井德三，尽管他只是总务厅的总务长官，名义上是郑孝胥的下属。溥仪证词讲得很清楚："为了欺骗世界人民，纸面上'满洲国'是个独立国家，但是实际上'满洲国'被关东军操纵。"溥仪还揭示了鲜为人知的"星期二会议"：

当时有一个会议，叫做"星期二会议"。由日本人总务厅长官，不同部门的副职，关东军参谋本部第四课的长官组成。会议上，他们会通过一些诏令或者任何法规或例，最终由各部门通过或者颁布。日本人总务厅长是主席，关东总部———日本关东军司令部第四课课长应该是副主席。颁布的任何法规或者条例会倾向于各部门的副部长也就是日本人，之后他们会得到关东军的支持。一旦得到关东军的支持之后，法规和条例就实际通过了。一旦由关东军本部确定并且通过之后，他们会把这些提议的法律或者法规送交到"满洲国"国务院，然后所有诏书或者正式的政府法令就这样被颁布。"满洲国"国务院会议只不过是个名头而已，任何由国家事务局颁布的法令或者皇帝签发的诏书都经过各副职———日本人次长以及关东军的通过。一些比较小的事务，日本人次长根本不通知我们，就把法律通过了。中国人根本没有任何反对法律或者法规的权利。他们总想着，既然这些法律已经由日本人总务厅长通过，那么中国人就没有能力去反对他们。如果我们坚持反对他们的法律,那么我们的生命就有危险。[9]

　　溥仪在《我的前半生》中曾经这样回忆:"每次举行'国务会议',都是他[指驹井德三。——笔者注]给郑孝胥准备好议案,由郑在会上照本宣科。"在第一次会议上,驹井提出各部各省机构中日本人官吏的比率数字。"财务总长"熙洽表示了不同意见,话还没完,驹井立刻勃然大怒,对着熙洽拍桌大骂:"我叫你别说话,就是不许你说话!这是关东军决定的,你就得赞成!你们要知道,满洲国可是日本人用鲜血换来的!给你吃现成饭,你们还想捣蛋,可要放明白点!"从此,熙洽和其他官员只能忍气吞声,惟驹井之马首是瞻。

　　即使是溥仪本人,如果对"国务会议"的议案有所挑剔时,也会听到驹井的斥责:"这是关东军决定的!这是不能改动的!"[10]

　　8月19日,季南和溥仪在法庭还有一段对话:

　　　　季南问:根据历史记载,1932年3月1日,你成为"满洲国"的统治者或者执政。你是否能告诉我们,当时实际上"满洲国"在谁的统治下?

　　　　溥仪答:是日本关东军司令官本庄将军及其部属,那时候参谋长板垣征四郎大佐是一个很有权力的人。

　　　　季南问:1932年4月1日你对满洲民众颁发了一系列法规,你还记得吗?

　　　　溥仪答:没有一条法规是我颁布的。

　　　　季南问:1932年3月1日你接受"满洲国"职位时,板垣或者其他代表关东军的日本官员告诉你作为统治者大体上有什么权力吗?

　　　　溥仪答:"满洲国"刚成立的时候,板垣和他的手下向我保证这是一个独立国家,我有依我意愿统治的权力;但是事实上,我什么事都做不了。[11]

在溥仪出任"满洲帝国皇帝"的 12 年间,他的一举一动都受日本人监视。日本人派来一名官衔为"帝室御用挂"的日本军官,名叫吉冈安直。溥仪的一切活动都由他安排。溥仪曾形象地比喻:"关东军好像一个强力高压电源,我好像一个人精确灵敏的电动机,吉冈安直就是传导性能良好的电线。"溥仪在 8 月 19 日在回答季南关于"成为皇帝之后有多少自由"的问题中讲得很清楚:

我并不能见到他们。每年有一次,每年有两次我被允许接见各个部长。那时候日本人总务厅长会在那里对我们进行监管。所有部长向我所做的报告都是之前由日本人起草的。他们对我来说,在最后的十多年中,"自由"这个词毫无意义。我不知道"有多少自由"指作为"满洲国"皇帝应有的自由,还是我个人的自由。这个人,吉冈安直将军,如我刚才所说,是关东军派过来监管我行动的。我接受很多外国人采访时,他总是在那里。此后哪怕我接受日本人的一些采访,吉冈安直也一直都在,并且甚至拒绝我按自己意愿去见一些"满洲国"的中国官员。每周我可以见一次总理张景惠和参议府议长臧式毅。其余的,比如说各部门的部长,我并不能见到他们。……每年我有两次机会会见'满洲国'各军事机构指挥官——他们是中国人;但是在会谈中,我是被日本人监视的。指挥官们带过来的报告也是一样的,都是先由日本顾问提供再由他们念给我听的。当然,吉冈安直将军仍拒绝我基于自己意愿和这些人讲话。甚至哪怕我被允许和他们说话,也只能根据吉冈安直将军提供给我的用铅笔所写的笔记来说。……哪怕我的中国朋友在我生日之际要来给我庆祝生日,他们也不允许见我。[12]

吉冈安直不离左右地跟随溥仪,溥仪的一切行动,包括出巡、会客、行礼、赴宴、致辞,都必须在吉冈的指挥下行事。起初,外来的信件,经过吉冈审查,溥仪还能看到;帝制之后,干脆连一封信也没有了。随着事态的发展,吉冈的态度也越来越蛮横。他甚至对溥仪说出这样的话:"关东军是你的父亲,我是关东军的代表,我是拿你当作自己的子侄看待的。"[13]

第四,揭露日本人在满洲强行推行日本的神道教

辩方律师以溥仪曾签署《日满条约》为依据,企图说明溥仪并非傀儡。对此,季南质问溥仪,在签订《日满条约》中他起过什么作用?溥仪回答:"条约被签署的前一天,我甚至都不知道他们的存在。第二天,一个叫作武藤的日本大使(即武藤正义)到'满洲国',来找我并且对我说'这儿,你把这个条约签了。'……条约是由我批准的,但是当时完全在日军势力的控制之下。我们完全没有自由。"[14]

溥仪几次提到,他曾企图向国联调查团团长李顿揭露真相,但是关东军官员就在身边,只好敷衍了事。他在 8 月 19 日的证言中说:

我和李顿爵士见面的时候全程在日军官员的监管之下。而且,不管李顿爵士到哪里,他也都在日本宪兵的监督之下。每当我会见李顿时,总有日本军官监视在侧。当然。我很敬佩李顿爵士的精神,至于他有关满洲事务的调查任务,我非常乐意全都告诉他。那时候我想单独和李顿爵士见面或者聚会,但这只是我自己的想法而已,从来没有得到实现。李顿爵士采访我的时候,很多关东军的官员就在我们边上监管。因为李顿爵士的任务是调查被压迫人民的情况,我很想把全部真相告诉他,但是如果我告诉他真相,调查团一旦离开,我就会被谋杀。这就像当一个强盗闯入你家，你的邻居想来救你。但是在强盗枪支顶着你的情况下，你能做什么？"我向李顿讲话的内容都由板垣准备。不仅我没有告诉他真相，满洲人民也没有告诉他所有的真相。我敢确定，一旦向李顿及其委员会讲出真相，我和'满洲国'政府官员就会遭到日本人暴烈的行动。"[15]

为了加强思想控制，日本人企图在满洲强力推行日本的神道教。日本人首先要强加到溥仪头上。

8 月 19 日，溥仪作证说：

> 现在我说一下梅津美治郎及其手下如何对我进行劝诫。那时候他们总是提到那句话"八纮一宇"。那是他们侵略思想的源头，侵略行为最初的想法。那是神道教的基础。梅津美治郎将军根据日本政府的要求希望用宗教侵占"满洲国"。他们的理念是奴役全世界的人，从"满洲国"开始推行该计划。他们侵略后，基于其威慑力，我们失去了任何一种自由，如我之前所说，我失去了我的个人自由。在我内心深处，完全反对日本神道教的侵略。

溥仪曾经告诉日本人，中国有自己的宗教，无须外国引入，但是遭到斥责。特别是溥仪第二次访问日本的前后，正值日军在诺门坎和苏军作战中失败。日本人害怕溥仪动摇，更强调满洲应当和日本有相同的宗教，并决定在满洲各地建立"建国神社"，人们必须祭拜日本天皇或者天照大神。溥仪继续作证说：

> 中国军人、平民、平民官员，在学校、在军队，所有地方，他们都要求建立拜谒神道教的寺庙。我，我自己，也包括在内。法律规定那些对神道教表现出不尊敬的人，将受到一年监禁。……，

我们没有自由，也没有宗教自由。一份日本人起草的诏书中这样说，所有我的子孙后代都要求崇拜神道教。……梅津将军命令我到日本恭请天照大神，并要我对公众表示，是我个人的意愿。当时我的感觉极坏。这是我从未受到过的最坏的侮辱。

谈及日本天皇赠给他的一面镜子时，溥仪说：

他们说，镜子是"天照大神"留给子孙后代的，见到它就如见到我。……"满洲国"的基本法被修改为尊崇"神道教"。日本人企图首先奴役满洲，然后全中国，然后东亚，最终全世界。

8月22日，溥仪在回答辩方律师布莱克尼的反诘时补充说："吉冈中将直接来找我。并且说让'满洲国'人民崇拜天照大神已经是日本政府的既定决策。他进一步说他来看我是受梅津美治郎将军的命令，梅津美治郎将军要求我本人去日本迎接天照大神。他告诉我要向公众做个姿态，表明我是基于自己的意愿去日本。我那时候感觉非常糟糕，总觉得自己受到了前所未有的羞辱。"

8月26日，辩方律师清濑一郎向溥仪反诘，他质问"证人先生，该神社[指在满洲建立的神道教神社。——笔者注]建造之后，通过了一部关于崇拜天照大神的国家法律。这部通过的法律是什么？"溥仪回答：

这部法律规定凡被发现不崇拜神道教或者不尊重该神社的人将会受到不少于一年的惩罚。溥仪还控诉说："满洲国"有少量——很多宗教。当然，日本人并不能一下将所有宗教都清除干净，但吉冈安直将军告诉我，他们会尽快压制其他宗教，只允许传播神道教。所有学生和士兵都被迫崇拜神道教，学校和部

队里都建起了神坛。这当然应当被认为是一种宗教侵略。······
有一次，吉冈安直将军让一个日本人给我讲解日本宗教，这个日
本人画了一棵树，然后告诉我树的主干是日本神道教，分支是其
他宗教，比如佛教、基督教等。吉冈安直将军也告诉我，世界上
所有人都由这个主干分出去的。[16]

沈阳东郊有清朝开国者努尔哈赤和妻子叶赫那拉氏的陵墓，早
在 1651 年就已建成，经过从顺治到乾隆历代皇帝的修建，形成了规
模宏大、设施完备的古代帝王陵墓建筑群。溥仪两次视察沈阳，都想
拜祭努尔哈赤的陵墓，却遭到吉冈的阻止。吉冈说溥仪是"满洲国"
的皇帝，不是清朝的皇帝，因此不应该祭祀过去的清朝皇帝，并说这
是梅津美治郎的命令。溥仪在 8 月 19 日和 22 日，溥仪两次作证是
提到："我在奉天巡视的时候。我祖先的坟墓就在奉天附近，所以我
就提议去一下那里。吉冈安直告诉我，根据梅津美治郎将军给他的
指示，并不允许去看墓———我不被允许看墓，因为"满洲国"的皇帝
不被允许去他自己祖先的坟墓。""梅津美治郎将军要求吉冈安直将
军阻止我买供品——用来祭拜祖坟。"[17]

第五，控诉日本人对他本人及家人的打击迫害

他谈到两件事：

第一件事是溥仪姻亲凌陞的悲惨遭遇。

凌陞是兴安省省长，他的儿子和溥仪的妹妹已经订婚。溥仪说：
"在一次省长会上，凌陞表达了对日本人的不满，会后他回到自己的
省。不久，我听到他被关东军逮捕，经过所谓的'审判'，他以反叛'满
洲国'和反日罪名而被逮捕，很快被枪决。他的侄子和某些家庭成员
也被立即处决。"自此之后，所有中国人在任何会议上都不再发言。
凌陞的儿子和溥仪的妹妹的婚约也不得不解除。溥仪控诉说："吉冈
告诉我，因为凌陞已被处决，我的妹妹不能嫁给凌陞的儿子。"他对法庭

说:"这只是我现在告诉你们的一个事例。还有许多这样的事例。"[18]

第二件事使溥仪最感痛苦,即他的爱妃谭玉龄也遭到日本人的毒害。

溥仪曾有三位妻子。他17岁那年,还在紫禁城生活,宫廷的满清遗老为他张罗了一后一妃:"皇后"婉容和"妃子"文绣。但是溥仪和她们的关系始终不好。溥仪被赶出故宫到天津当寓公后,关系更趋恶劣。1931年,受新思想的影响,文绣勇敢地提出离婚,逃脱了樊笼,轰动一时。婉容的下场却非常悲惨,按溥仪在《我的前半生》中的说法:"自从她把文绣挤走了,我对她有了反感,很少和她说话。也不大留心她的事情。她是在一种非常奇特的心理下,一方面有正常的需要,一方面又不肯或者不能丢开皇后的尊号,理直气壮地建立合理的生活,于是就发生了私通行为,还染上了吸毒(鸦片)的嗜好。"[19]1935年婉容在吉林病故。

溥仪的第三位妻子就是谭玉龄,谭玉龄也是满清贵族之后。1937年,她成为溥仪"贵人"时才17岁。处于"儿皇帝"地位的溥仪,如历悬崖,既空虚又不安,很希望有知心人可以倾诉内心的苦闷。在这种情形下,谭玉龄给他很大的安慰。8月19日,溥仪在法庭上说过:"我的妻子——我已故的妻子——我们之间非常恩爱。她患病时23岁。她是一个非常爱国的中国人。她总是安慰我说,需要耐心等待时机,到那时候我们就可以复仇,在未来进行报仇。"

对此,日本人当然不能容忍,对谭玉龄必欲除之而后快。谭玉龄23岁时得了一场病,溥仪作证时说:

> 但是她竟然被日本人下毒然后害死了。谁毒死她的?就是吉冈安直将军!⋯⋯最初她是由一个中国医生照顾的,但是之后吉冈安直将军安排了一个日本医生。日本医生照顾她之前,吉冈安直和她密谈了三个小时。她的病并不严重。但第二天,

日本医生来照顾之后的第二天,她在一个日本医生的照顾下死了。她理应每个小时注射一次葡萄糖,但是自从日本医生到了之后,她只有在晚上注射过两次。吉冈安直将军整夜都待在我们的地方。整晚日本宪兵和护士都很忙,忙着向他传递消息。[20]

溥仪这个名义上的"皇帝",尚且毫无自由,东北广大老百姓的处境可想而知。这对日本人鼓吹在满洲建立"王道乐土",真是最大的讽刺!

溥仪还揭发了日本人向中国东北大量移民,企图不花代价就把满洲变为日本新国土的阴谋。8月20日溥仪说:

> 在20年内,大约有600万日本人移居"满洲国",导致"满洲国"本地人从自己的土地上被排挤出去。……表面上他们会用一定数量的钱财来购买土地,那些农民在自己的土地上耕作了很久。之后他们被送往一些未经开发的土地。日本人则占有那些耕种过的土地。这就是日本侵略计划的证明。

溥仪同时指出,对于中国人,却又横加限制,不许自由旅行,甚至只能吃劣质米,如果发现中国人吃了优质米,就要受到惩罚。在日本人眼里,人分三等。溥仪说:

> 根本没有平等可言。日本人总是排第一位的,之后是朝鲜人,第三才是中国人。所有用于分配的配给制度充满了歧视。各部门日本副部长的工资待遇要比中国部长高出很多。[21]

溥仪特别揭露了日本人在东北大肆销售鸦片和种植罂粟的罪行。8月20日,溥仪作证说:"成立了一个由日本人控制的统制局,所有相关货物都是垄断的,并通过这一机构进出。我应当说,在这些货物中最重要的是鸦片。"他回答季南检察长直询时揭露：

> 许多重要货物如棉花、布匹和食品都受严格垄断，而鸦片是主要的垄断货物之一。所有这些事项都受日本关东军的控制，并由"满洲国"总务厅颁布实施。站在日本人的角度来看，其目的——日本分销鸦片的目的在于摧毁中国人的士气并摧残中国人的身体健康，这样他们就没有机会抵抗日本人。……一方面，日本人说他们正在压制"满洲国"的鸦片。但另一方面，他们鼓励种植罂粟。此前罂粟种植主要局限于热河省和兴安西省的罂粟种植地区之后扩展到奉天、吉林以及四平省部分地区。他们通过销售鸦片获得的收入逐年递增，在银行的所谓特别账户下最新的数字是20亿。这20亿表示的是销售鸦片的净利润。鸦片种植许可证也在亚洲正式出售。通过这些事实我得出的结论是，日本在"满洲国"分销鸦片是为了毁掉中国人的士气并从中国人那里挣钱。

尽管当时也有限制贩毒吸毒的法规，完全是装装门面。溥仪说：

> 吸食鸦片并不被认为是违反法律和法规的行为。这个体系本身就是矛盾的。一方面，他们试图压制鸦片的增长速度；但是另一方面，他们不认为吸食鸦片是违法的。这就是日本人进入"满洲国"之后所实施的政策。[22]

日本这一卑劣手段贯穿在整个侵华战争中。本书第十一章将进一步揭露这方面的罪行。

溥仪的证词中，还有很大篇幅揭露了日本在满洲大肆进行经济掠夺的罪行，将在本书第九章进行阐述。

违心作过伪证

　　这里也要指出，东京审判时，溥仪掩盖了部分真相。在回答庭长和检辩双方的质问时，他多次以"当时我太年轻""我没有经验"等借口搪塞。溥仪在《我的前半生》中承认："由于那时我害怕将来会受到祖国的惩罚，心中顾虑重重，虽然我确实说出了日本侵略者的一部分罪恶事实，但是为了掩护自己，我又掩盖了一部分与自己罪行有关的历史真相。"

　　溥仪甚至作了一次伪证。"九一八事变"时，他还在天津。1931年10月11日，由郑孝胥起草，溥仪在黄绢上向上台不久的陆军大臣南次郎写信，表达自己对"九一八事变"的态度。信上说："此次东省事变，民国政府处措失当，开衅友邦，涂炭生灵，予甚悯之。兹遣皇室家庭教师远山猛雄赴日，慰视陆军大臣南大将，转达予意。……今者欲谋东亚之强固，有赖于中日两国提携，否则无以完成。如不彻底解决前途之障碍，则殷忧四伏，永无宁日，必有赤党横行灾难无穷矣。"信末盖上了"宣统御玺"的图章；郑孝胥也在信后附署了"今上御笔"，并签上他自己的名字。诚惶诚恐的溥仪难以判定时局变化，他就留了一个心眼，写信时故意用不同于平日的笔迹。[23]

　　东京审判中，8月21日下午，美籍律师布雷克尼少校取出这封信作为证据，说明是溥仪主动投靠日本。由于溥仪写信时土肥原还没有到达天津，为了推脱自己的责任，溥仪拒绝承认给南次郎写过信。韦伯庭长和季南检察长都参与了审理。以下是庭审记录中的片断：

布问：请看一下你面前这些的盖有宣统皇帝印章的文件，并说明这些是否是你所写或者在你指示下所写的书信？

溥答：庭长阁下，这是伪造的。不仅如此，……

庭长：你只需要回答这个问题，你是否写了这封信？

溥答：这不是我写的。他们应当因伪造这些文件被判罪。

布问：证人先生，在回答我的问题之前，你看过这封信吗？

溥答：我当然看过，并且非常确定这份是伪造的。

布问：你是否承认这是宣统帝的玺印？

溥答：不，这不是我的。

布问：问：我是否可以这么理解，你是说这些文件上的印章不是皇帝的印章？

溥答：这不是我以前用的那个，不是我写的，我不知道。

季南：能否请求将这些文件编号以便我们之后获悉它们的内容？

庭长：检方的建议是可取的。这些文件应当被提供作为证据并进行编号。[24]

在法庭的要求下，中国检察组专门请中国驻日军事代表团的笔迹专家张凤举教授进行鉴定。溥仪笔迹隐藏得确实巧妙，张凤举受到了蒙蔽，否定了这件证据。中国检察组也受到了误导。1947 年 1 月 17 日，向哲濬在法庭宣读了张凤举的"鉴定结果"。这时离开上一次庭审已经过了将近半年，"检察审理阶段"即将结束。日本侵华罪行的大量证据已公之于世。相比之下，这件证据并非至关重要，法庭没有继续辩论下去，这件事也就不了了之。不过，溥仪对此伪证始终惴惴不安。他说："关于南次郎那封信的问题，在 1953 年以前，我只对五妹夫悄悄地说出过事情的真相，其余的人（无论是中国人和外国人）我对谁也没有坦白过。"1953 年，他在抚顺战犯管理所受到感召，自动作了坦白交代。按照溥仪的说法："以后,曾在东京法庭上被我严密封锁起来的内心世界,逐渐地全展露出来了。那是一个痛苦的过程,然而也是一个获得新生的,通向我今天的幸福的唯一道路。"[25]

注释

〔1〕溥仪:《我的前半生》,群众出版社,2007 年,第 253 页。

〔2〕同上书,第 254 页。

〔3〕同上书,第 243 页。

〔4〕同上书,第 244 页。

〔5〕台北"国史馆"藏东京审判关系资料 172-1-0895(1),第 124 页。

〔6〕〔7〕马龄国、朱华荣:裘劭恒在东京战犯审判庭内外,《上海滩》总第 116 期,第 31 页(1996)。

〔8〕程兆奇、向隆万主编:《远东国际军事法庭庭审记录·全译本(第一辑)》第 4 卷,上海交通大学出版社,2017 年,第 83—88 页(英文庭审记录 3957—3970 页)。

〔9〕同上书,第 102—103 页(英文庭审记录 3993—3994 页)。

〔10〕溥仪:《我的前半生》,第 249 页。

〔11〕程兆奇、向隆万主编:《远东国际军事法庭庭审记录·全译本(第一辑)》第 4 卷,第 95 页(英文庭审记录 3977 页)。

〔12〕同上书,第 103—104,188 页(英文庭审记录 3996—3999,4190 页)。

〔13〕溥仪:《我的前半生》,第 266 页。

〔14〕程兆奇、向隆万主编:《远东国际军事法庭庭审记录·全译本(第一辑)》第 4 卷,第 95—96 页(英文庭审记录 3978 页)。

〔15〕同上书,第 97—98 页(英文庭审记录 3982—3983 页)。

〔16〕同上书,第 106,180—182,226—227 页(英文庭审记录 4004,4170—4174,4275—4275 页)。

〔17〕同上书,第 104,172 页(英文庭审记录 4000,4147 页)。

〔18〕同上书,第 104—110 页(英文庭审记录 4000—4014 页)。

〔19〕溥仪:《我的前半生》,第 284 页。

〔20〕程兆奇、向隆万主编:《远东国际军事法庭庭审记录·全译本(第一辑)》第 4 卷,第 1104—105 页(英文记录 4001—4002 页)。

〔21〕同上书,第 120—123 页(英文记录 4033—4039 页)。

〔22〕同上书,第 118—124 页(英文记录 4028—4043 页)。

〔23〕溥仪:《我的前半生》,第 203 页。

〔24〕程兆奇、向隆万主编:《远东国际军事法庭庭审记录·全译本(第一辑)》第 4 卷,第 156 页(英文庭审记录 4116 页)。

〔25〕溥仪:《我的前半生》,第 310 页。

第七章

"七七事变"

壮烈"淞沪会战"

"九一八事变"后，半年之中，东北全境几乎都沦陷于日军铁蹄之下。但是，军事占领并不等于拥有领土主权。中国政府向国联上诉后，得到国联多数理事国的同情。为了转移国际视线，日本军国主义者决定在上海"滋事"。

1931年10月1日，"九一八事变"之后还不到半个月，板垣征四郎就把当时担任上海特务机关长的田中隆吉叫到沈阳，要求在上海挑起事端。板垣透露了日本下一步的行动是要占领哈尔滨，使满洲独立。他已派土肥原大佐到天津去接溥仪。为了防止国联的反对，板垣示意田中在上海制造事端。在骚动的掩护下，日本乘机占领整个东北。板垣是日本陆军的代表，这一阴谋的执行，还需要日本最高层与海军的认可。同年10月，时任日本贵族院副议长的侵华急先锋近卫文麿，也在一个天皇亲信的文官集团中通告：关东军准备在上海搞一个转移视线的行动，给国联留下一个日本有促成和平愿望的假象。从而给国联留些面子。随着东北事态日益严重，日本的策略也日益激进，在上海制造骚乱的构想逐步演变成在上海挑起战争，以引发更大层面的关注。

1932年1月5日，板垣征四郎从中国东北飞回东京，得到裕仁天皇破格接见，他向天皇和日军参谋本部报告侵占东北的情况。随后，板垣参与制订在上海发动战争的计划，并再次通过电报命令田中隆吉在上海加紧行动，并拨两万日元作为活动经费。

田中得到指示后，立即命令女间谍川岛芳子在上海制造事端。

从 1 月 18 日开始,川岛指使日本浪人多次制造打砸抢和焚烧中国企业的事件;与此同时,日军向上海增兵遣将,10 天之内,日军在上海集结了军舰 24 艘,飞机 20 余架,海军陆战队一千八百三十余人及武装日侨三四千人。1 月 21 日,日本驻上海总领事村井苍松竟向上海市政府提出无理要求,中方向日方道歉、逞凶、赔偿和取缔抗日运动。1 月 27 日村井又向上海市政府发出最后通牒,限于 28 日下午 6 时以前答复。尽管上海市市长吴铁城在 28 日下午 3 时进行了答复,表示接受日方提出的条件,日方却"醉翁之意不在酒",日本驻上海海军舰队司令盐泽幸一少将又发出新的通牒,要求中国第十九路军立即退出上海闸北地区。

实际上,日本的通牒完全是幌子,日本军队同时在行动。1 月 27 日夜,日军步兵在浪人的掩护下前进,遭到中方警察例行询问。当浪人辩解时,后面的步兵突然开枪,4 名中方警察迅速进入掩体还击。1 月 28 日,以"保护日侨"为借口,日本挑起了侵犯上海的战斗。当盐泽的通牒尚未递交上海市政府时,日本海军陆战队二千余人,已经按计划向闸北发动进攻。震惊中外的"一·二八事变"发生了。[1]

日本飞机在上海闸北等地区,对平民住宅和民事机构首次实行"无差别轰炸"(见图 7-1、图 7-2);日本军舰则残酷无情地进行炮击,屠杀手无寸铁的中国平民,欠下累累血债。日军的无端挑衅,受到由军长蔡廷锴将军(见图 7-3)和总指挥蒋光鼐将军(见图 7-4)率领的十九路军的坚决抵抗(见图 7-5),于是,第一次淞沪会战爆发。次日,中国再次上诉国联。在美英的调停下,国联建议召开圆桌会议,安排上海停战事宜。1932 年 3 月 11 日,国联大会通过决议,要求遵守国际条约,尊重成员国的领土完整和政治独立,所有争端按程序和平解决。当时蒋介石、汪精卫的南京政府也不想扩大事态,将十九路军调防。1932 年 5 月 5 日,双方签订《淞沪会战停战协议》。这一役,中方出动 60 万兵力,伤亡约 15 万人;日方出动 30 万兵力,伤亡约 7 万人。5 月 28 日,在苏州举行淞沪抗日阵亡将士祭奠大会。蔡廷锴、何香凝、张治中等各界名流代表,都献祭文。张治中将军的祭文最为感人,其中写道:

图 7-1　上海大火

图 7-2　"一·二八"轰炸后的上海商务印书馆

图7-3 十九路军军长
蔡廷锴将军

图7-4 淞沪抗战总指挥
蒋光鼐将军

图7-5 十九路军英勇抗战

蠢彼岛夷，狼子野心，陷我东北，窥我沪滨。

赖我将士，挞伐用申，迭歼顽敌，固我名城。

贼来愈众，我志益坚，奋勇杀敌，以一当千。

声震陵谷，气壮河山，撼山岳易，撼我军难。

月黑庙镇,风紧江湾,剑光射斗,敌胆皆寒。

再接再厉,载守载攻,追奔逐北,叶卷西风。

敌弹如雨,敌机翔空,惟我将士,猛勇精忠。

出生入死,成仁成功。洒血兮化碧,吐气兮成虹。

……人生草草,大地茫茫,忠贞亮节,山高水长。

鸣呼将士,庶几来飨![2]

张治中读罢祭文,泣不成声。与会将士在风雨中肃立,一时天地同悲。

铁蹄践踏华北

虽然日本没有取得"淞沪会战"的胜利,却进一步引发军国主义者扩张的野心。1932 年 8 月 19 日,关东军占领热河省的南陵,并声明"热河是'满洲国'的领土";1933 年 1 月 1 日,日军制造莫须有借口,袭击山海关;2 月 25 日,日军全线进攻热河;3 月 2 日,日本完成了对整个中国东北地区的占领。

1933 年 3 月 27 日,日本退出国联,摆脱了国联以及许多日本曾经签署国际条约的约束。此后,日本军国主义者更加肆无忌惮,他们下一个目标就是中国广袤而富庶的华北地区。

为了压服中国政府承认日本对满洲和热河的侵略,1933 年 5 月 30 日,中日签订《塘沽协定》,中方首席代表为参谋本部厅长熊斌,日方首席代表为关东军副参谋长冈村宁次。条约的第一条就规定:"中国军队一律迅速撤退至延庆、昌平、高丽营、顺义、通州、香河、宝坻、林亭口、宁河、芦台所连之线以西、以南地区。尔后,不得越过该线,又不作一切挑战扰乱之行为";第二条和第四条竟然要求"日本军为证实第一项的实行情形,随时用飞机及其他方法进行监察,中国方面对此应加保护,并给予各种便利"和"长城线以南,及第一项所示之线以北、以东地区内的治安维持,由中国方面警察机关担任之。上述警察机关,不可利用刺激日军感情的武力团体"。而日方的承诺仅仅是第三条"日本军如证实中国军业已遵守第一项规定时,不再越过上述中国军的撤退线追击,并自动回到长城线。"[3]

《塘沽协定》使日本侵略势力渗透到华北。1935 年 6 月 9 日,日本华北驻屯军司令官梅津美治郎通过参谋长酒井隆,向中国北平军分会代理委员长何应钦提出备忘录,限三日答复。其主要内容包括:罢免于学忠、张廷谔、蒋孝先等抗日将领;撤退驻河北的东北军、中央军和一个宪兵团;禁止一切排外排日活动,等等。

同一月中,何应钦和日军驻屯军司令官梅津美治郎的来往函件被曝光,称为《何梅协定》,包括退驻河北的东北军、中央军和宪兵第三团;撤换国民党河北省主席及平津两市市长;取缔河北省的反日团体和反日活动等等。这个协定实际上放弃了华北主权,为两年后日本发动全面侵华战争埋下了更大的隐患。日本关东军特务机关长土肥原贤二又和中国察哈尔省主席秦德纯草签了《秦土协定》,内容包括撤走宋哲元部队,解散排日机构,取消察哈尔省内国民党机构,等等。这两个协定并未被中日两国政府官方认定,从后果看,中国进一步丧失了河北和察哈尔的许多主权,这两个秘密协定披露后,引起全国人民的极大义愤。

在日本陆军制定华北军事计划的同时,日本政府也在筹划利用外交手段来征服中国。1936 年 1 月 21 日,时任外务大臣的广田弘毅在议会演说中提出了"广田三原则":

(1)中方取缔反日言行,停止依存欧美,在具体问题上与日本合作;

（2）中方正式承认"满洲国"，目前至少应暂时默认"满洲国"的独立；

（3）中方与日本合作，在外蒙古接连地区反共。

当时日本的内阁首相冈田启介是海军大臣。海军并不赞成陆军使用武力在亚洲扩张的政策，引起陆军极端分子的憎恨。1936 年 2 月 26 日，22 名军官和约 1 400 名兵士发动叛变，占领了首相官邸和议会、内务省、陆军省、警视厅即参谋本部，暗杀了大藏大臣高桥是清、内大臣斋藤实、教育总监渡边锭太郎大将，还企图杀害侍从长铃木贯太郎和首相冈田启介。这一事件称为"二月事件"或"二二六兵变"。令世人不解的是，陆军的野心非但没有因此受到抑制，反而导致冈田内阁辞职，由支持陆军强硬政策的广田弘毅接任总理大臣。除广田本人外，冈田内阁其他大臣全部更换。

然而，广田内阁的各项措施既不能满足陆军贪得无厌的激进要求，又遭到主张加强议会作用的"政友会"的批判。1937 年 2 月 1 日，广田内阁不满一年就辞职，由陆军大将林铣十郎组阁。

林铣十郎极力组建军人内阁，阁员中只有一人没有军人背景。林内阁上台不到三周，就批准了对华北的基本政策，将华北作为日本军需产业物资的供应地，同时成为反苏的缓冲地。但是，这些政策与上届内阁留下来的法案相冲突，遭到议会反对。林铣十郎立即宣布解散议会进行大选，企图借此排挤政党，建立政府与军部相互勾结的内阁。但是事与愿违，在大选中批判林内阁的一方取得大胜，林铣十郎内阁仅四个月又被迫辞职，由倾向陆军的贵族近卫文麿组阁。

1936 年 6 月，日本天皇批准了新的《帝国国防方针》及《用兵纲领》，公然宣称要实现控制东亚大陆和西太平洋，最后称霸世界的野心。8 月 7 日，由日本首相、陆军大臣、海军大臣、外交大臣和大藏大臣组成的"五相会议"通过了《国策基准》，具体规定了侵略中国，进犯苏联,待机南进的战略方案。同时,还根据 1936 年度的侵华计划,制定了 1937 年的侵华计划。

1901 年清政府和八国联军签订的《辛丑条约》,有许多不平等条款。其中第九款是允许八国在以下 12 个地点驻屯军队:黄村、廊坊、杨村、天津、军粮城、塘沽、芦台、唐山、滦州、昌黎、秦皇岛、山海关;驻军人数则由各国与中国政府商定。[4]

1936 年 5 月,各国在天津的驻屯军人数为:英国 1 000 人,美国 1 300 人,法国 1 750 人,意大利 390 人,日本 2 100 人。日本驻军人数已经最多,仍不满足,未经中国同意,将在天津的驻军剧增至 6 000 人,大大超过《辛丑条约》的规定。

此后,日军不断制造事端,频繁进行军事演习,华北局势日益紧张。1936 年 9 月 15 日,日本参谋本部发出《对华时局对策》,明确指出:"在华北万一发生有关帝国军队威信的事件时,中国驻屯军应果断立即给予惩罚。为此,决定给中国驻屯军增加从国内派往锦州待机的一个师团和关东军部分兵力。日军的进攻,行动应神速机敏,在最短时间内给中国以闪电般打击,以最低限度要求,就地解决局部问题。"[5] 全面侵华,呼之欲出。西安事变的和平解决,一方面给予日本侵略野心重大打击,另一方面也促使日本加速用军事手段的决心。

日本军方决定仿照"沈阳事变",再度制造事端,挑起冲突,扩大战争。第一个目标是平津地区的战略要地丰台。丰台位于北平南郊,被日本驻屯军参谋长桥本群称为"战略上的交通要地"。从 1936 年 5 月开始,日军在丰台建造军营,并多次无理挑衅。驻守在北平地区的中国第二十九军一再忍让,于同年 9 月撤出丰台。

日军夺取丰台,下一个目标是夺取另一个战略要地——宛平县卢沟桥。1937 年 7 月 7 日夜,日军违背《辛丑条约》限定的地区,在北平西南宛平县卢沟桥附近进行演习。忽然借口一名名为志村菊次的士兵"失踪",要求进入宛平县城搜查,遭到第二十九军严词拒绝。实际上,志村早已归队,日军假装不知,竟向中国守军开枪射击,又炮轰宛平城,第二十九军奋起抗战。这就是震惊中外的"七七事变",也称"卢沟桥事变",在西方文献中,又常称为"马可波罗桥事变"。

全民抗战开始

日军猖狂进攻激起全中国人民同仇敌忾。

7月8日,中国共产党接连发出三封电报。

第一封电报是《告全国同胞书》,以中共中央名义通电全国。指出日军进攻卢沟桥是打响全面侵华战争的第一枪,通电向全国人民发出"平津危急! 华北危急! 中华民族危急!"的警号,指出只有实行全民族抗战,才是中国的出路,号召全国人民、军队和政府团结起来,筑成民族统一战线的坚固长城,抵抗日本的侵略。这封电报还提出六大口号:"武装保卫平津,保卫华北!""不让帝国主义占领中国寸土!""为保卫国土流最后一滴血!""全国同胞、政府、军队精诚团结,筑成民族统一战线的坚固长城,抵抗日贼侵略!""国共两党亲密合作,抵抗日寇的新进攻!"和"将日寇驱逐出中国!"

第二封电报是《红军将领为日寇进攻华北致蒋委员长电》,以毛泽东、朱德、彭德怀、贺龙、林彪、刘伯承、徐向前这7名红军将领的名义,致电蒋介石:"庐山蒋委员长钧鉴:日寇进攻卢沟桥,实行其武装夺取华北之已定步骤……红军将士愿在委员长领导之下为国家效命,与敌周旋,以达保地卫国之目的。"

第三封电报也是以这7位红军将领的名义,致电二十九军宋哲元、张自忠、刘汝明和冯治安 4 位抗战前线将领,表示红军将士皆义愤填膺,准备随时出动,与日寇决一死战。

7 月 9 日,蒋介石又收到由彭德怀、林彪、刘伯承、贺龙等代表全体红军打来的电报:"我全体红军愿即改名为国民革命军,并请授名为抗日前锋,与日寇决一死战!"[6]

与此同时,中共派周恩来兼程到庐山,亲与蒋介石会谈。

7 月 17 日上午,蒋介石发表《抗战宣言》,郑重宣布:

> 我们已快要临到人为刀俎、我为鱼肉的极人世悲惨之境地,我们不能不应战! 至于战争既开之后,我们只有牺牲到底,抗战到底,若是彷徨不定,妄想苟安,便会陷民族于万劫不复之地;如果放弃尺寸土地和主权,便是中华民族的千古罪人! ……如果战端一开,那就是地无分南北,年无分老幼,无论何人,皆有守土抗战之责任,皆应抱定牺牲一切之决心![7]

"七七事变"是日本帝国主义全面侵华战争的开始,也是中华民族进行全面抗战的起点。

市长县长出庭

本书第五章已经指出,《起诉书》把日本侵略中国分为两个阶段。第二个阶段就是"由 1937 年 7 月 7 日,日军继'卢沟桥事件'后向北京附近的宛平发动进攻时开始,并包括以后的不断进攻。"远东国际军事法庭在"日本侵略满洲"的审理阶段之后,紧接着就是"日本侵略

全中国"的审理阶段。因此,揭露日军阴谋制造"七七事变"的阴谋,
从国内寻找恰当的证人出庭,是国际检察局特别是中国检察官团队
的重要任务。

美籍助理检察官萨顿一行到中国调查时,有意约请国防部次长
秦德纯和行政院副院长翁文灏出庭。秦德纯曾与土肥原草签过《秦
土协定》,"七七事变"时,他任北平市市长,同时兼任二十九军副军
长,当然是最合适的人选。但是,东京审判期间,秦德纯已由军令部
次长升任国防部次长,兼任战争罪行调查委员会主席。作为这样级
别的高官,是否愿意出庭? 是否有思想和心理的准备? 能否携带充
分的证据? 当时向哲濬在东京,为了让秦德纯以及其他可能出庭的
高级官员做好准备,1946 年 6 月 10 日,他急电外交部:

> 急南京外交部请译转朱团长公亭兄勋鉴:巳齐电敬悉。
> (一)美方邀我方何人出庭作证,经美方授权,检察人员塞顿[即
> 萨顿。——笔者注]律师在华相机面洽办理,此间并无具体决
> 定;(二)美方检察人员面约秦次长作证,已邀面见。至翁副院
> 长作证一节未被认及;(三)我方证人较多,自属甚好。大员出
> 庭作证,在法治国家当属常事;国际法庭亦可直接传询证人。惟
> 我国大员此时公务繁重,远适异国,须重复陈述,一再反复诘问,
> 是否相宜自成问题。行止似应由被邀大员酌定;(四)倘出庭作
> 证,宜就所问事件尽量携带有关资料,对于事实作有系统之准
> 备。惟大员临时因公不能出庭作证时,似可书面陈述;(五)检
> 方于 6 月 13 日开始提出证据。我方证人出庭作证,当在本月下
> 旬开始。弟向哲濬 巳佳[8]

最终,检方邀请了三名证人出庭,专为"卢沟桥事变"作证。

第一位就是秦德纯(见图 7 - 6)。根据向哲濬电报提供的信息,

图 7-6　北平市长秦德纯作证

秦德纯行前作了比较充分的准备,从 1946 年 7 月 22 日至 25 日连续出庭作证 4 天。在《远东国际军事法庭庭审纪录》中占 247 页,其中秦氏讲话为 130 页[9]。中国驻日代表团于 7 月 31 日以快邮代电的形式,将秦氏出庭证词及 4 天审讯的英文记录摘要翻译后发送外交部,包含如下内容:

7 月 22 日,法庭陈述书

(一)日本侵略华北

1. 察北事件

2. 日人对于冀察当局之胁迫

(二)"七七事变"纪实

1. 前记(前要)

2. 事变纪实

(三)土肥原之辩护人太田金二郎与证人秦德纯问答词

7 月 23 日

(一)太田金二郎与证人秦德纯继续问答词

（二）松井石根之辩护人伊藤清与证人秦德纯问答词

（三）土肥原贤二和平沼骐一郎的美籍辩护人华伦［即沃伦。——笔者注］与证人秦德纯问答词

7月24日

（一）美籍辩护人沃伦与证人秦德纯继续问答词

（二）梅津美治郎和东乡茂德的美籍辩护人布兰克利［即布雷克尼。——笔者注］与证人秦德纯问答词

7月25日

（一）南次郎的辩护人冈本敏男与证人秦德纯问答词

（二）南次郎和大川周明的辩护人美籍辩护人布罗克斯［即布鲁克斯。——笔者注］与审判长应对词

（三）美籍辩护人布罗克斯与证人秦德纯问答词

（四）审判长与美籍辩护人布罗克斯应对词

（五）审判长对证人秦德纯直接讯问[10]

在出庭作证的过程中，不仅宣读法庭陈述书，接受庭长讯问，还先后接受 6 名日籍美籍辩护律师的讯问。秦德纯用毛笔工整书写的证词《七七事变纪实》[11]（见图 7 - 7），有力地揭示了日军在"卢沟桥事变"前后的侵略罪行。其内容提要如下：

一、前言

甲．抗战前之冀察军政情况

1．政治

2．军事"七七事变"发生之地点

乙．日本侵略之阶段

1．分化离间

2．经济独占

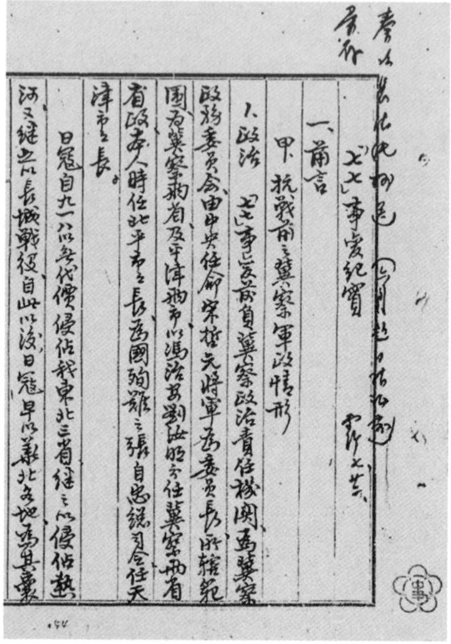

图7-7 秦德纯书面证词手稿(部分)

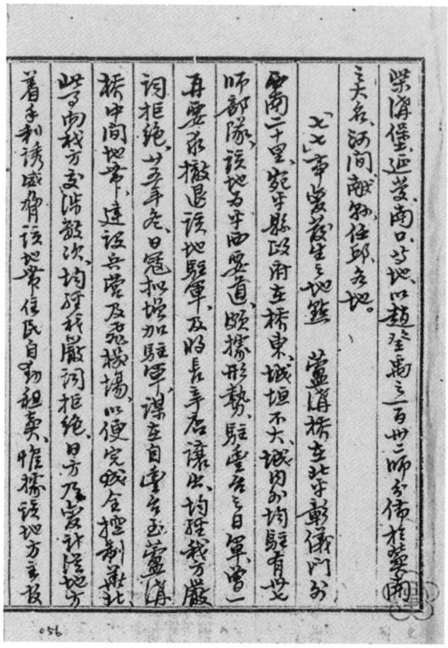

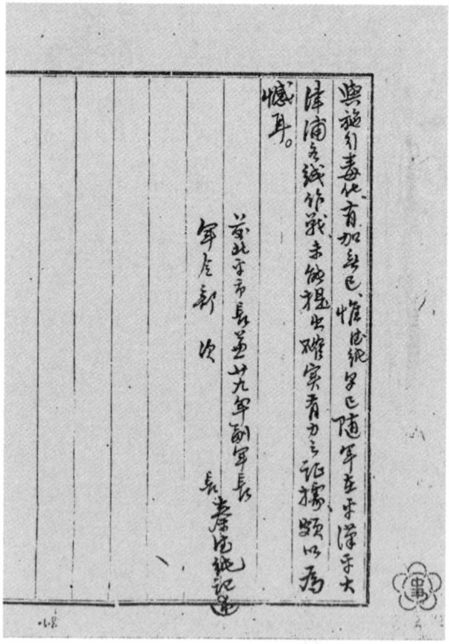

3. 武力威胁

二、事变纪实

在"事变纪实"一节中秦德纯详细叙述了当时的实际过程：

一九三七年七月七日夜十二时十分德纯接冀察外交委员会报告，转据日本特务机关长松井电话云："日本陆军一中队顷间在卢沟桥附近夜间演习时，仿佛见由驻卢沟桥内之廿九军卅七师所部发枪数响，使其演习部队一时呈紊乱状态，结果点名检查，失落军士一名。日本军队今夜要入城检查等情，究应如何应付，请电话示知"等语。德纯当即答复："日本军队随便在我国领土内演习，实违背国际法令。事发前既未通知，亦未经我方许可，因而失落兵士一名，我方不能负任何责任。如实有失踪士兵，当令驻卢沟桥部队会同地方警察，代为寻觅"。经外委会转达后，旋复来电话云："经转达后日本特务机关及部队均为不满，要强迫进城检查，否则决以兵力包围城池"等语。当予答复："日人果如此蛮横，不可理喻。我方为自卫计，唯有坚决抵抗。"……德纯当即以廿九军副军长资格，下令吉星文团长确实保守卢沟桥城，不准令日军一兵一卒进入，不放弃一尺一寸国土，本守土有责之义。卢沟桥城即我们官兵最宝贵最光荣之墓地，一定要与城共存亡。但彼不开枪，我亦不先开枪。比如开枪，必迎头痛击。……此时日军见不战而侵占宛平城已不可能，遂将该城三面包围，我军已布防城上。六时许，敌向城内开机关枪射击，节节进逼。中日战争于是开始，事实之罪责予以确定。

在这件书面证言的最后，秦德纯明确指出："发动事变之敌军主要军官为天津驻屯军司令官香月清司、旅团长河边正三、联队长牟田口廉也、驻屯军前参谋长酒井隆、事变时参谋长桥本;而最初主动侵占华北则为土肥原贤二。均应负战事责任。"

7月27日,向哲濬专门致电外交部,高度评价秦的表现:"秦次长德纯自养日起出庭作证四天,有日圆满结束。"[12]

图7-8 宛平县长王冷斋出庭作证

关于"卢沟桥事变"出庭作证第二名证人是当年任宛平县长的王冷斋(见图7-8)。

在"卢沟桥事变"之前,针对日军蠢蠢欲动的迹象,王冷斋多次处理有关涉外事宜。在与日军交涉中,他坚持爱国主义立场,凡涉及主权事,寸土不让。比如,为了便于日后侵略,日军企图在宛平县的大井村建立飞机场。他们日本人多次带着事先绘制的地形图到宛平,要求按图割地,都被王冷斋坚决拒绝。日方又勾结当地汉奸和地痞流氓,以重利诱惑居民自愿租卖土地。王冷斋发觉后,当即派人到大井村调查,逮捕了为首的汉奸,向居民宣传爱国主义思想,使日军的阴谋诡计落了空。

王冷斋参与了"卢沟桥事变"前后的全部谈判与军事防御,也是一位非常合适的证人人选。经中国检察组邀请,王冷斋于1946年8月6日出庭。

王冷斋向法庭出示他亲笔撰写的《卢沟桥事变》。他首先肯定了秦德纯的证词:

> 关乎日本侵略华北与"卢沟桥事变"的史实,前北平市长秦德纯先生已对此作了事实报告。彼时,秦先生是当时华北的高

衔军官之一。在战争初期,冀察政务委员会委员长宋哲元正在
他的老家,于是秦先生代表宋主席处理外交和军事方面的一切
事务,他亲自参与并主导了所有的谈判以及军事防御战。因此,
他的记录是真实的、确凿的。

接着,王冷斋亮明自己的身份:"彼时,我是河北第三区的行政督
察专员兼宛平县县长。日军最初攻击的卢沟桥是在我的管辖区内,
因此我亲自参与了所有谈判及军事防御工作。"

然后,王冷斋分析了日本的野心:

> 日本试图重复他们在东三省成功施行的策略,希望能兵不
> 血刃占领华北。为此,他们开始"和平侵略"。在占领丰台并在
> 那儿驻军以后,他们企图同样占领卢沟桥。倘占领成功,他们便
> 只需一钳形攻势便可致北平于股掌,且第二十九军亦可在其监
> 视之下。……"卢沟桥事变"的起因是因为日军在没有条约权利
> 规定,且并未事先知会当地中国政府的情况下,擅自在中国疆土
> 上演习。自我任职至卢沟桥事变爆发,日本的演习不下 6
> 次。……。这显示他们必然精心算计了侵略计划,且计划在一
> 段时间内逐渐加速侵略,直至开战时机成熟。

王冷斋详细描述了"卢沟桥事变"发生前后的过程。下面引用其
中若干证词:

> 在"七七事变"前,日军在未告知中国当局的情况下,便已进
> 行了数次军事演习。1937 年 7 月 7 日 23∶00,宛平城近郊听到
> 了几记枪声。调查报告显示日军那时正在演习。我密切注意着
> 此事。不久,我便接到了秦市长的电话,称日本特务机关长松井

提出了抗议，指称宛平的中国驻兵向日本的演习军队开火，使一名日兵失踪，他要求日军入城搜查。我被指示立即研究细节并做出报告。我向我的一众部下细述了经过，并派遣他们到城内外调查。然而他们并未发现失踪的士兵。我便立时去北平向秦市长汇报……由于松井机关长施压要求和解，我于是接到命令，在外交委员会主席魏宗瀚先生，委员会专员林耕宇先生和交通处处长周永业先生的陪同下，到保安队本部与日方代表谈判。松井机关长坚称真的有名日兵失踪，并坚持要求日军自己入城搜索。我断然拒绝，且记得南京的日本总领事藏本先生也是被报失踪，实际却是藏了起来，责任推到中国政府身上。我暗示这名失踪的日兵可能是在模仿日本总领事之所为。松井机关长否认了此事。谈判的结果则是中日当局皆遣人去宛平在当地联合调查，如此即可达成双方均满意的和解。……入城后，我们在我的办公室作了商讨。我才下令警局局长写一份搜查报告，便听到数记枪声，接着流弹便从我们头顶飞过。无疑，日军已然开火了。几分钟后，城墙上的守卫亦开始回击。双方的交战持续了约一个小时。……日军再次开火，我们亦同样回击。这场突袭至16:00方止，双方均损失惨重。17:00，他们又用迫击炮攻打我们，并完全炸瘫了我的办公室。所幸的是，我已在此前几分钟将我的所有物什挪到了一个安全之所。18:00后，炮火才渐息。一名唤河边正三的日本指挥官也给我发了张便条，要我出城议和。倘不如此，我将会看到所有百姓流离失所，因为他们将用重型大炮轰炸全城。我拒绝了这个要求。正在此时，长辛店的援兵到了。那晚，我们的大刀队与日军在龙王庙短兵相接。我们这支连队受过良好训练，英勇异常，因此杀了许多日兵。他们还收复了此前被日军占领的铁桥。日军溃不成军，于是偃旗息鼓。……自那以后至7月22日，时有战争陆续发生。……26日，他们突然发出最后通牒，要求我方第三十七军在 24 小时内撤离北平,我们陷入如此绝境。

王冷斋还简略提及了中国军队英勇抗敌的过程:

在卢沟桥和八宝山的我方军队进行了猛烈反击,且反击一直延伸到了丰台。27 日,我们收复了丰台火车站。然而在 28 日,日军在军在飞机及大炮的帮助下,集中兵力向南苑附近猛攻,战斗直至 14:00 方止。师长赵登禹将军和第二十九军副军长佟麟阁壮烈牺牲。宋哲元委员长奉最高司令官之令前往保定指挥战斗,而师长张自忠将军奉命留守北平,协助并协调不同军队的防守工作,而我亦奉命前往保定。观上述陈词集中兵力并出动战机和坦克,在南苑向我方发动猛攻。战斗持续到 14:00,第 132 师师长赵登禹将军和第 29 军副军长佟麟阁将军不幸殉国。根据蒋委员长指示,宋哲元主席前往保定,而师长张自忠将军则按指示留在北平,指挥各部协同作战。而我也根据命令去往保定。

王冷斋的结论是:"观上述陈词,我们易看出日本的侵略行径是经过精心策划,并非一夜而成。他们应对战争承担全部责任。"[13]

除了两名中国官员出庭作证外,紧接着一位美国证人登场。他就是美国驻华大使巴雷特(David D. Barrett)上校。"卢沟桥事变"发生时,他任美国驻北平使馆副武官,是史迪威(Joseph W. Stilwell)将军的部下。1937 年 7 月 9 日,"卢沟桥事变"刚发生不久,史迪威就指示他到宛平县实地调查,并报告形势。从 7 月 9 日到 25 日,巴雷特至少去了宛平五次。他回忆说:

1937 年 7 月 9 日早上,史迪威上校命我前往宛平县。史迪威上校得知日军已在宛平县左近演习了数日,且一日前与中国第二十九军在宛平发生了冲突，于是命我前去调查并汇报那儿的情况。……我在城中拜访了县长办公室。在那儿警官向我展示了显然是由城外迫击炮造成的损伤。警官告诉我县长正在北平与市长商洽，并告诉了我自 7 月 7 日和 8 日后发生了何事。这份陈述与我所读的秦德纯将军和王冷斋先生的宣誓证词大致相同。然后我回到了北平。

根据他的见闻，开始他和史迪威都认为：

　　回北平后，我便向史迪威上校大致报告了上述所见，并说在我看来，我可以确信冲突规模甚小，且并不似 1931 年 9 月 18 日以来的多次冲突那样严重。我又说倘日方衷心希望调停，我认为事件是能够轻易和解的，因为我发现中方完全没有任何要进攻的势态。

但是，日军出尔反尔，步步紧逼，巴雷特指出，这是"对中国主权的侮辱和直接挑衅"，巴雷特比较了日本当年在东北的行径，从而得到如下结论：

　　1832 年 1 月的头几日，日军攻占了山海关。日方称他们攻击是由于当时驻扎在山海关的中国军队有进攻举动。我在日本占领城市的两三日后去了山海关，并仔细调查了情况。我无法找到确凿的证据表明中国军队引起了这起事件。我再一次感到无论事件起因为何，日方的所为又有些小题大做，夸大其词。我私以为，1937 年 7 月第一周日军在宛平左近进行夜间演习，这一举措乃蓄意挑衅。日方定知当时中日的紧张关系，且亦知这种演习定会造成误解与摩擦。日军袭击宛平 24 小时以后，大量驻于满洲的日军便移师长城以南，这无疑揭示了宛平事件是个经过精心策划的借口。日本借此机向中国大举不义之师开展侵略的第二阶段,而第一阶段则始于 1931 年 9 月 17 日和 18 日的奉天。[14]

这三名中外证人的证词完全呼应,充分说明,"七七事变"及后来日军的侵略都是有计划的阴谋。

检方宣读总结

1948 年 2 月 12 日,向哲濬等代表检方宣读关于日本侵略阴谋的第二部分,题目是"从对'满洲国'的控制和占领扩张到整个中国"[15],其纲要如下:

A. 1937 年 7 月 7 日之前取得对华北的控制[向哲濬宣读。——笔者注]
1. 在华北建立自治政府
2. 1936 年 2 月 26 日事件
3. 1936 年 3 月至 1937 年 7 月对中国的侵略政策[萨顿宣读。——笔者注]
B. 1937—1945 年侵华战争
1. 1937 年 7 月至 1938 年 1 月期间
2. 1938 年 1 月 16 日至 1945 年 9 月 2 日期间
C. 独霸中国[倪征燠宣读。——笔者注]
1. 政治上
2. 毒品[布朗(Smith N. Brown)宣读。——笔者注]

　　本书不准备细述检方总结的内容。有兴趣的读者可以阅读相关的参考书目。总之,"卢沟桥事变"开启了中国人民全面抗战的大幕,开辟了世界反法西斯战争的东方主战场。中国人民为挽救民族危亡,争取世界和平,做出了彪炳史册的贡献;另一方面,史实充分表明,日本军国主义者的贪婪和狂妄,"蛇吞象"的寓言是他们妄图称霸世界的写照。

　　历史是最好的教科书,也是最好的清醒剂。纵观世界历史,依靠武力对外侵略扩张最终都是要失败的。这是历史规律。国无论大小强弱,坚持走和平发展道路,让和平的阳光永远普照人类生活的星球,是人类共同的愿望。

注释

〔1〕胡德坤:《中日战争史(1931—1945)》(修订本),武汉大学出版社,2005年,第26—27页。

〔2〕楚云:《中日战争内幕全公开》,时事出版社,2001年,第80—81页。

〔3〕《中外约章汇要1689—1949》,黑龙江人民出版社,1991年,第592—593页。

〔4〕复旦大学历史系:《中国近代对外关系资料选编》上卷,第2分册,上海人民出版社,1977年,第151页。

〔5〕胡德坤:《中日战争史(1931—1945)》(修订本),第103页。

〔6〕楚云:《中日战争内幕全公开》,第144—145页。

〔7〕魏宏运主编:《中国现代史资料选编》第4册,黑龙江人民出版社,1981年,第586—587页。

〔8〕向隆万:《向哲濬东京审判函电及法庭陈述》,上海交通大学出版社,2014年,第13—14页。

〔9〕程兆奇、向隆万主编:《远东国际军事法庭庭审记录·全译本(第一辑)》第2卷,上海交通大学出版社,2017年,第413—510页(英文庭审记录2295—2541页)。

〔10〕中国驻日代表团政字发文第172号。

〔11〕国民政府外交部发文东临字314号。

〔12〕向隆万:《向哲濬东京审判函电及法庭陈述》,上海交通大学出版社,2014年,第19页。

〔13〕程兆奇、向隆万主编:《远东国际军事法庭庭审记录·全译本(第一辑)》第3卷,第318—323页(英文庭审记录3317—3332页)。

〔14〕同上书,第336—339页(英文庭审记录3355—3364页)。

〔15〕向隆万:《东京审判·中国检察官向哲濬》,上海交通大学出版社,2010年,第85—94页(英文庭审记录39391—39218页)。

第八章

唇枪舌剑

法律顾问加盟

　　本书第一章在中国代表团组成中,提到四位检察官顾问加盟;前面几章中还多次提到中国检察官顾问倪征燠和桂裕在法庭陈词,发挥了重大作用。实际上,战后百废待兴,人才紧缺,能聘请到四位法学精英,并非易事。

　　按照计划,从1947年2月24日起,法庭进行"辩方反证阶段"。在"检察审理阶段",法庭的主角是检方证人;而在"辩方反证阶段",法庭的主角成了被告或辩方证人,对于被告或者辩方证人,检方必须相当熟悉,否则反诘便无从谈起。如果拿不出有力的理由驳斥辩方的无理举证,那就会影响最终法庭的量刑和判决。而在1947年初,翻译任务基本完成,五位翻译将调到中国驻日军事代表团,中国检察组只有向哲濬检察官和3名秘书裘劭恒、刘子健和朱庆儒。另一方面,从开庭到1946年年底,美籍检察人员多达20余人,他们协助中国检察官调查取证和法庭询问,起了很大作用,这时也已先后回美国。加上裘劭恒因病辞职回国,人手更加紧缺了,中国检察官捉襟见肘的困境不言而喻。向哲濬不得不为增加生力军而努力。

　　首先,经外交部同意,聘用翻译高文彬担任秘书。1947年4月3日向哲濬致电外交部:

　　　　本处秘书裘劭恒因病辞职,曾转请照准;并请准予就近以前经美陆军部派在国际检察处服务期满亟宜回国之东吴大学法学士高文彬候补。久未奉批,诚恐邮呈遗失。查东条等已开始积极辩护,本处人少事繁,高君成绩优良,深资臂助。拟请分别照准。[1]

更重要的举措是回国聘请顾问。

早在1946年9月12日向哲濬就致电外交部和司法行政部求援:

> 关于日本侵华案件,经于七月一日起至九月十日止,分别就日本在我国东北及其他各地之军事政治经济侵略及暴行与毒化各方面,先后向远东国际军事法庭提出各种证据,并传讯中美英日四国证人,刻已初步告一段落。被告方面现正搜集资料,准备俟检察处提出日本侵略苏联、海防、新加坡、珍珠港及南洋各地之证据后,竭美籍日籍两国律师六十余人之力,并得日本政府多方协助,大兴辩护。我国在日办理检察事务人员过少,亟待选派精通英文、法律及熟悉中日情形之政治经济专家来日襄助。加以办理侵华案件之美籍助理检察官廿余人,先后离职返美,我国检察人员更有充实之必要。[2]

10月3日他再度致电外交部和司法行政部:

> 日本侵略我国证据,业向远东军事法庭初步提完报告,东条英机等廿七名竭美籍日籍辩护律师六十余人及日本朝野之力,行将大举答辩,而检察处办理侵华案件职务之法律专家二十余员已离职返美。我国亟应添派精通法律英语及中日情形专家数员,来日襄助,准备反驳。[3]

向哲濬利用法庭审理日本侵略苏联案件的空隙,回国搬兵。正好他的莫逆之交倪征噢从欧美考察归来,一拍即合。倪征噢勇挑中国检察官首席顾问的重担。另外三位法学家,在第一章中已作简单介绍，即倪征燠的东吴法学院校友鄂森、桂裕，以及精通日语的吴学义，他们都慨然允诺担任中国检察官顾问。

倪征燠自幼酷爱中国戏曲。不论是昆剧还是京剧，其中不少剧目都有执法审判场面和平反冤狱的情节，对少年倪征燠具有很大的吸引力。他在晚年的回忆录《淡泊从容莅海牙》中曾有生动描述：

> 昆剧中的《十五贯》，突出地批判剧中无锡县丞，在审案中的主观定谳，几乎造成冤狱，幸经苏州府台况钟突破难关，经过私访和现场察勘，才真相大白，找到了真正的杀人凶犯。京剧中这类戏也不少，其中表演审判场面的有"三堂会审""审头刺汤""法门寺""谢瑶环""望江亭""六月雪""贩马记"等，不胜枚举。我受小说和戏剧的影响，对清官十分向往，这对我后来选择要学法律，有很大影响。[4]

倪征燠尤其通精昆曲，和俞平伯、俞振飞、"传"字辈、侯永奎父子等南北昆曲大师都很熟识。年轻时昆曲老师送的手抄昆曲曲谱，他保留了七十多年。晚年他还登台演唱"林冲夜奔"中的"折桂令"。在他出征东京之前，曾约向哲濬夫妇一起欣赏几位昆曲大师的演唱。其中有一折描写关公单刀赴会的"刀会"，唱词充满着壮怀激烈的英雄气概：

> 大江东去浪千叠；趁西风，驾着这小舟一叶。才离了九重龙凤阙，早来到千丈虎狼穴。大丈夫心烈，觑着这单刀会，一似那赛村社。凭着你三寸不烂舌，休恼我三尺无情铁。这剑饥餐上将头，渴饮仇人血。端的是龙在鞘中蛰，虎向山间歇。

触景生情，两位法学家听了不禁热血沸腾，由衷共鸣。

倪征燠、鄂森等先在国内做调查（见图8-1）。他们先到北平，在

图 8-1 倪征燠(中)鄂森(右3)赴华北调查

第一监狱探访几名大汉奸。没有料到几名汉奸非常狡猾。曾任伪中华民国维新政府行政院长和汪伪政府"监察院长"的梁鸿志和曾任伪华北防共委员会委员长的王揖唐装病不出;曾任伪满洲国的"立法院长"和伪华北政务委员会法律顾问的赵欣伯则出尔反尔,将写好的交代材料投入火盆之中。他们还拜访了吴佩孚将军的遗孀,她讲述了日本特务装作牙医,以"治牙"为名,为吴注射毒剂致死的情节,成为日后作为土肥原贤二和板垣征四郎罪证的一部分。

他们原计划东北一行,由于国共谈判破裂,东北战事已起,只得作罢。

由于时间紧迫,1947年1月24日,向哲濬致电外交部,催促顾问组早日到东京:

南京外交部:数日后国际军事法庭将休假两周,以便被告及辩方、检方准备答辩。查截至今日为止,检方提出文件达二千三百余件，法庭审判笔录达一万六千余页。文证繁多，程序复杂，倪首席顾问等四员须赶速前来准备，请饬于 2 月 1 日以前乘 ATC 飞日。职向哲濬。[5]

4 位顾问到东京后很快投入紧张的战斗。

从 1947 年 9 月 10 日开始的"被告个人辩护"，是"辩方反证阶段"中最激烈的战役。中国检察组面临的最大挑战是如何反驳土肥原贤二、板垣征四郎和松井石根这 3 名被告的辩护。这 3 名被告的主要罪行都发生在中国，舌战的重担自然落在中国检察组的肩上。关于对松井石根的反诘，我们将在第十章介绍。本章将着重描述，中国检察组对土肥原贤二和板垣征四郎这两名被告的反诘。

摆在中国检察组面前，有两个问题必须立即解决。一是如何在对这两名被告反诘时提出有力的新证据；二是争取反诘的主动权。由于中国检察组势单力薄，对土肥原和板垣的起诉任务，曾一度被分配给菲律宾检察官洛佩兹。上述两个问题密切相关。如果找不到有力证据，即使把起诉任务争取回来，在法庭上仍可能落入放空炮的尴尬境地。

倪征燠一行几乎通宵达旦地阅读法庭审判记录和各种书证材料，抓紧熟悉审判进程和特点。在准备期间，由于倪征燠在司法行政部还有参事工作未了，谢冠生部长曾催促他回国办理。为此向哲濬又于 5 月 7 日致电外交部："侵略我国本部之答辩工作繁巨，本处司法人员过少，仅有倪首席顾问一人与职出庭答辩，分担重任。此部分工作完成以前，倪参事万难回国。司法部已两电促归，乞商谢部长准其暂缓返京，并祈电复。"[6]

向哲濬的请求得到了谢冠生的同意。

与此同时，向哲濬告诉季南，中国检察组已充实力量，可以主导对土肥原贤二和板垣征四郎的反诘。由于土肥原和板垣在太平洋战争后期先后在东南亚地区担任日军指挥官，犯有残害当地军民的严重罪行,菲律宾检察官洛佩兹已经作了反诘的准备。季南希望中菲双方协商,向哲濬和倪征噢便向洛佩兹建议进行分工,关于东南亚地区对该两被告的反诘,由菲律宾检察官负责;而在这两名被告个人辩护时,则由中国检察官负责反诘。洛佩兹对此建议欣然同意。个人辩护在区域性辩护之后,中国检察组赢得了一段宝贵的时间。

在土肥原和板垣征四郎的个人辩护阶段,中国检察组全力以赴。向哲濬检察官运筹帷幄,亲自上阵;倪征噢首席顾问作为反诘主力,桂裕顾问作为生力军,熟谙日语的刘子健和吴学义则从日本档案中找到有力证据,为法庭辩论提供"炮弹"。由于准备充分,应对机敏,中国检察组在法庭辩论中表现非常出色。倪征噢晚年曾回忆当时的决心:

> 中国检察组决心要在被告个人辩护阶段中奋战,以便严惩侵华主要战犯,当时已为整个法庭所注视。这里必须着重指出,审判日本战犯,从国际法的意义来看,主要在于维护世界秩序、主张国际正义。而不是"以牙还牙"的单纯复仇主义。但是日军侵华战争所造成的死亡人数达三千万,财产损失难以胜计,若对主要战犯不予严厉惩处,还能说什么维护世界秩序、主张国际正义?我们还有何面目回国见江东父老? 明乎此理,我们必须尽量揭露被告的阴谋诡计和暴戾罪行,为持久的世界和平扫清道路,为受了严重创伤的民族感情回复尊严而披挂上阵,奋斗巨奸![7]

"谈虎色变"之辩

从 9 月 16 日至 18 日,土肥原贤二进行个人辩护(见图 8 - 2)。

土肥原是一名"中国通"，早在
1913 年就到中国，在特务机关"坂西公
馆"当特务头子坂西利八郎的助理，开
始了他在中国长达 30 余年的间谍特务
生涯。

图 8-2　闭口不言的土肥原贤二

1931 年初，日本在天津设立特务
机关，由土肥原任特务机关长，以后又
出任沈阳特务机关长。"九一八事变"
爆发后，隶属于关东军司令部的奉天
特务机关成为事变的指挥中心。9 月
20 日，土肥原被任命为奉天市市长。

当日本军部批准关东军建立伪满
洲国的方案后，土肥原接受关东军的指令，于 10 月 25 日前往天津，
对溥仪软硬兼施，并通过制造骚乱的办法，将他挟持到了东北。

1932 年 1 月 26 日，土肥原被调往哈尔滨出任特务机关长，主要
任务是稳定北满局势，镇压东北抗日武装力量，为侵占北满地区作准
备。1933 年，土肥原第二次出任奉天特务机关长，在《塘沽协定》划
定的非军事区内策动叛乱，制造事端。

1935 年 6 月，他又被关东军派往华北，协助中国驻屯军司令官
多田骏，策动各派军阀进行所谓自治运动，企图制造第二个"满洲
国"。土肥原到华北后，先是逼签了《土肥原—秦德纯协定》，攫取
了察哈尔大部主权；接着在停战区炮制了以汉奸殷汝耕为主席的
"冀东防共自治政府"；以后，又逼迫宋哲元在北平成立了"冀察政
务委员会"。由于中国人民的强烈反对，土肥原分离华北的阴谋最
终遭到了失败。

1937 年"卢沟桥事变"后，他率军侵入华北，直接介入屠杀中国
人民的侵略战争。

1938 年 6 月，土肥原奉调回国，参加由陆军省、海军省和外务省代表组成的"对华特别委员会"，负责筹建中国占领区内统一的伪政权，并在上海设立了新的特务机构——土肥原机关。1940 年后，他调回日本，曾任参谋本部军事参议官、陆军士官学校校长、航空总监等职，1944 年一度被派到新加坡任驻军司令官。

有"东方劳伦斯"之称的土肥原，非常狡猾。这个特务头子深谙英美法，他知道被告有权选择沉默，所以他放弃个人自辩。但是，他的证人和辩护团队却有相当规模。

土肥原的第一个证人日本人爱泽诚（见图 8-3），是土肥原主持沈阳特务机关时的部下。他的证词大意是，土肥原掌握的沈阳特务机关只是收集情报，并无其他秘密活动；土肥原为人忠厚坦白等。倪征燠问他，土肥原曾于 1935 年阴谋在华北组织"华北五省自治"，外国报纸均有报道，证人作为关东军特务机关新闻课长，难道一无所知？爱泽诚悖然不答。倪征燠进而取出一件物证，是当年爱泽诚自己签署的文件，内容是向上级报告外国报纸关于此事的报道。爱泽诚无法否认，只得垂头丧气地认输（见图 8-4）。

图 8-3　爱泽诚出庭辩护

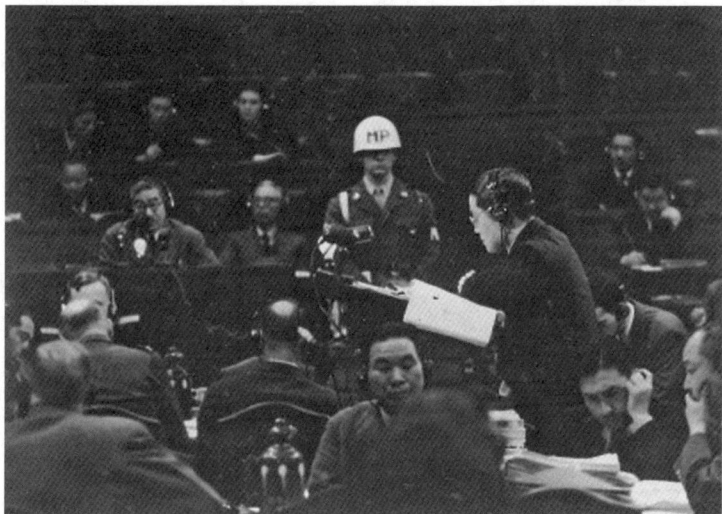

图 8 - 4　倪征燠反诘爱泽诚出庭辩护

倪征燠乘胜追击，又取出一件编号为 3177 的物证，即 1935 年《奉天特务机关报》的一则报道。这张报纸的首页盖有土肥原的印章，里面大量记载了该机关在中国许多城市的阴谋活动。其中有一页，载有"华南人士一闻土肥原、板垣之名，有谈虎色变之慨"的话。

倪征燠说，这是土肥原和板垣两人残害中国人民凶狠如虎的真实写照。土肥原在报告中引用中国成语，不愧是"中国通"，可惜弄巧成拙。这两个人的名字出现在同一个文件之内，可以说是自投罗网，而且为中国检察组造成"一箭双雕"的机会。

这期间还有一个笑话。眼见爱泽诚默认一切，美籍律师沃伦竟然跳出来质问（见图 8 - 5）："庭

图 8 - 5　美籍律师沃伦出庭辩护

长阁下：我当然读不懂日文，但是我的随行顾问告诉我，翻译中提到了'老虎'，而没有说少将土肥原和板垣。我不知道它的意思是什么。"

这种辩护不是缘于无知，就是别有用心，令人啼笑皆非。倪征燠冷静地解释说："'谈虎色变'是中国谚语，就是说土肥原、板垣两人凶狠如虎，人们听到他们的名字，就像提到老虎一般，害怕得脸色都变了。"在座的法官们哄堂大笑。[8]

接着，土肥原的另外3名证人登场。他们是土肥原介绍给张学良当顾问的柴山兼四郎、曾任日本驻天津总领事的桑岛主计和土肥原昔日的部下矢崎勘十。

这三个人大多避重就轻，证言软弱无力，经倪征燠诘问，证言均未被法庭采纳。其中比较狡猾的是桑岛主计。1931年，当土肥原到天津活动，企图劫持溥仪到东北做傀儡时，日本外务省担心外交上被动，曾指示桑岛就地劝阻。当时，桑岛给外务大臣币原喜重郎多次发送密电，其主要内容在第四章中曾经介绍过。可是为了给土肥原辩护，在倪征燠对他反诘时，竟出尔反尔，前后矛盾。

桑岛在法庭上说："至于我与被告土肥原的个人联系，我记得我见过他两次，每一次我们仅互致问候。"

倪征燠抓住其中破绽，赶紧问他："在你给币原男爵的电报中，你提到你与土肥原本人有几处谈话，属实吗？"

桑岛答："我从来没有在电报中提到我与土肥原的任何一次会见的谈话。"

倪征燠立刻取出两件证据，其中一件就是1931年11月17日桑岛发给币原的电报。他对桑岛说：

"让我帮你恢复一下记忆。在第287号证据中，你说你与土肥原交谈过，并向他表达了你的个人看法。在第300号证据中你特别说道'我刻意与他说过几次不要犯下这种暴行'。"

桑岛还想抵赖,竟然说:"我手头没有这份电报的原件,因此除非向我出示那份文书,我难以回答,可以向我出示吗?"法庭执行官立即递上第 300 号证据,并且由语言仲裁官摩尔少校宣读了其中一段话:

"我与他彻底谈过两次不要犯这种鲁莽行为,但是似乎他一直继续他的推翻张学良的计划。有一种担心,他不久可能在平津地区发起另一次事变。"

桑岛无辞以对,面对倪征燠最后一次追问:"你有什么要回答吗?"不得不说:"没有。"灰溜溜地走下证人席。[9]

三英舌战六儒

如果说,前面所说的较量是倪征燠一个人面对多名被告证人的车轮大战,那么 1947 年 10 月 6 日关于板垣征四郎罪行的辩论,就是多人对多人更为激烈的车轮大战。向哲濬检察官、倪征燠首席顾问和桂裕顾问代表检方,轮番和被告的日籍辩护律师山田半藏、阪埜淳吉、加藤隆久以及美籍辩护律师坎宁安(Owen Cunningharm)、马蒂斯、布鲁克斯等人进行激烈辩论。按庭审纪录统计,检方 3 人共发言 122 次,辩方 6 人共发言 123 次,持续了整整一天![10]

整个辩论分三个回合。

第一回合是 9∶00 到 10∶45,马蒂斯首先长篇发言。针对检方起诉板垣征四郎的 41 项罪行,他都予以否认;接着由向哲濬和山田对阵(见图 8 - 6)。

美国国家档案馆保存有这场辩论开场的纪录片,影片中出现向哲濬和山田抢话筒的罕见场景,辩论的激烈程度可见一斑。

图 8‐6 向哲濬驳斥山田半藏

　　山田首先出示一份证据说："我们呈上辩方文件第 2528 号作为
证据。这是一份对中国政治问题的列表，表明满洲事件之前就有种
种反日运动和抵制日本的事实。这份文件材料根据大阪株式会社收
集的材料编撰，并于 1931 年出版。"

　　向哲濬立即走上讲台，在山田身旁发言予以反对："尊敬的法庭。
检方基于种种立场反对提出这份文件，文件所提的种种事情据称发
生在早至 1908 年、1909 年等等那样大跨度时期，不应在本阶段介
入。"他接着陈述理由："我们主张即使此文件要被接受，也应在总结
阶段，即满洲阶段。为支持我方观点，只需提及法庭在 9 月 11 日的
裁决，副本第 28 247 页，内容如下：'在个案审理中，提出之证据或许
会被接受作为总体案情之证据，如无说服力之理由，不应在个案中接
受作为证据。'"

　　向哲濬的观点为韦伯庭长接受。庭长指出："此商会显然不具备

资格陈述日中争端问题，因为另一个商会也可能提出相反的观点，并提供不同的材料来争辩。"并对向哲濬说："我们已经充分了解了你的反对，向法官。"

山田并不服输，他争辩说："提出此文件是为了显示'南京事件'——'满洲事件'发生的原因。为了准备一份可被认为是全面、准确的单子，大阪商会作了相当详尽的调查。"

庭长认为："你首先得证明这是个完善的调查。那只是个托辞。"最后多数法官意见是"反对成立，文件驳回。"

接着，山田又提出多个辩方证据文件，包括外务大臣币原喜多郎、首相若槻礼次郎的三次演讲，表明当时日本政府对中国的外交政策，它极大关注日本在满洲和蒙古之权益。

值得提到的是，有一项证据由一名出庭证人带来。这名证人叫岛本正一，"九一八事变"发生时，他是在柳条沟指挥日军的联队长。岛本在经宣誓的证词中，竭力为板垣当时的阴谋活动洗刷。听到岛本证词中说到 9 月 18 日晚上他出席酒宴，向哲濬立即予以驳斥：

> 检方根据下列原因拒绝这一证词：
> 第一，证词应当涵盖一般阶段的事物，但是仅在第 4 页偶尔提到被告板垣征四郎。
> 第二，由一名醉酒军官提出许多活动的证词不是最好的证据。
> 第三，证词中提到的许多事物早已在一般阶段的证据中提出过，因此这一证词不过是重复。按我们的看法，应全部拒绝这一证词。

尽管山田为岛本辩护，但是韦伯庭长支持向哲濬的观点。他说："在一名自称当晚喝醉酒的人提供的证据中，得不到什么信息。

而且许多适于一般阶段的证据早已在一般阶段得到。"最终,岛本的这项证据被拒绝。

辩方还提出许多证据,经向哲濬的批驳,除一项外,都没有被法庭采纳。

第二回合由 11:00 到 12:00,以及 13:30 到 14:45,主要由倪征 燠和阪埄淳吉对阵。

阪埄带来多名证人出庭,可谓来势汹汹。这些证人包括板垣在关东军的部下国分新七郎中佐、日本同盟社社长古野伊之助、陆军副大臣山协正隆。

对于国分新七郎空洞无物的宣誓证词,倪征燠驳斥道:"这份证据是在混淆视听,检方反对这份证据。原因是这份宣誓书里面的内容大多是观念和结论性的东西,而不是事实。这里面提供的大都是被告的品格证据,或者被告发布的命令以及指令等,没有出处。"

古野伊之助在他的宣誓证词中,引用 1938 年 4 月他在山东应县作战前线和板垣的谈话记录,为板垣评功摆好:"我与板垣进行了数次推心置腹的长谈。他很诚恳地表示,日方必须以和平方式解决这场争端,日本应该撤退所有在中国的部队,而且是越快越好。"

倪征燠立刻用一张当年同盟社的报道诘问古野:

你还记得 1938 年 6 月 26 日板垣担任了陆军大臣之后去视察同盟社的事情吗?他当时发表了讲话。他在讲话中声称,日本要做好中日战争可能还要打十多年的准备,他还呼吁日本民众支持对中国进行战争的行为。

古野支支吾吾地说:"我印象不太深了,他当时可能说过这样的话。如果要证明的话,需要调阅一下当时的记录。"

倪征燠随即出示这份编号为第 2197 号的法庭证据,古野的谎言不攻自破。

山协正隆在他的宣誓证词中更是将板垣打扮成和平天使。其中说：

> 板垣中将担任陆军大臣时我是他的副手。所以我和他非常熟悉。……以下是他对我说过的一些话：日本和中国不应该彼此对抗，而应该合作。我们必须尽最大可能尽快促成中日之间的和平，我们应该尽快消除中日两国之间的敌对状态。……对于在中日之间实现和平的问题，板垣的解决方案是充分尊重中国的主权和领土完整，在文化和经济领域与中国展开全面合作。

针对山协的言论，倪征燠接连发问：

> 你刚才在证词中表达，板垣热切的盼望与中国实现和平。你对于他那些实现和平的方法熟悉吗？"你是否知道在五相会议中有一个关于中国事变的特别委员会，专门策划与中国相关的重要事务？""日本方面派出头面人物去与唐绍仪和吴佩孚接洽，这些重要的头面人物是军方派出去的吗？""是不是陆军大臣板垣征四郎派他去的？""与退休的政客和将军们接触，就像唐绍仪和吴佩孚那样的人物接触，是不是一个战略行的举动，目的是把他们拉下水，然后组织傀儡政府？""这些秘密行动是与日本的军事行动平行运行的吗？"

山协只能以"我不知道""我记不清了"来搪塞，依然败下阵来。

第三回合由 16:00 到 17:00，主要由桂裕和阪埜淳吉对阵。

阪埜以蒋介石撰写的《中国之命运》作为证据，为板垣洗刷。他说：

"卢沟桥事变之后,蒋介石明确宣称全面抗击日本,并勾结共产党军队使日本坠入看不到结束的战争之中,这就使板垣和其他人的和平努力注定失败。"

桂裕针锋相对地指出:

首先,原文以中文书写而非日文。现在提出的英文是由日文转译,意义不确。应直接由中文翻译成英文。即使这本英文书译自中文,我们仍然反对,因为错误实在太多。其次,这本书中既未提到板垣的名字,也未提到与他有关的活动。

桂裕最后说:"因此,这个文件如果还有价值的话,也应在一般阶段提出,而不是在个人辩论阶段提出。"

尽管阪埜仍然争辩,韦伯庭长宣布拒绝这个文件作为证据。

《三国演义》中有"诸葛亮舌战群儒"的精彩故事,东京审判的法庭上,中国检察官团队与被告及其辩护律师的唇枪舌剑要激烈得多!

"大战三百回合"

此后接连四天,双方继续辩论。10月7日,检方由桂裕出战辩护律师阪埜淳吉和佐佐川知治以及他们带来的证人[11];10月8日到10日,则由倪征燠和板垣征四郎直接交锋[12]。板垣征四郎是中国人民的老对手,从青年时代起,他就是一名狂热尚武、嗜血好战的军国主义分子。

"九一八事变"时,他是关东军高参,和石原莞尔等人精心策划和执行了那次阴谋;他又是策划成立傀儡政权"满洲国"的急先锋。1933年2月,关东军大举进犯热河,板垣披挂上阵,从沈阳奔赴天津,建立"板垣"机关,负责北平和天津方面的"谋略"工作,企图策动华北"自治",炮制一个和"满洲国"相似的傀儡"华北国",但未成功。1934年8月,板垣征四郎调任"满洲国"军政部最高顾问,并晋升为关东军副参谋长,兼驻"满洲国"武官。1936年3月,升任参谋长。在关东军任职期间,他一方面继续强化日本对"满洲国"的统治;另一方面,伙同土肥原策动内蒙独立,苦心孤诣地策划所谓"华北自治"。

1937年"卢沟桥事变"之后,日本发动全面侵华战争。板垣征四郎又率军进犯华北。1938年和1939年,板垣先后被近卫文麿和平沼骐一郎两届内阁任命为陆军大臣。1939年2月,板垣以陆军省的名义,下达《限制自支返日军人言论》的命令,禁止日军士兵返国后谈论日军在华暴行。6月间,他与汪精卫进行过两次会晤,策划扶植成立汪伪政权。他还极力主张与德国、意大利缔结三国同盟。

1939年9月之后,板垣被赶出日本最高决策层。先后被派往中国、朝鲜、新加坡等地指挥作战。1945年9月板垣在新加坡率军向英军投降。

和土肥原"死猪不怕开水烫"缄口不言的态度不同,板垣刚愎自用,以攻为守。除找到15名证人为他遮掩解脱之外,他亲自殿后,出庭为自己辩护,扬言"与中国检察官大战三百回合",气势不可谓不盛(见图8-7)。中国检察组同仇敌忾,准备予以迎头痛击。他们认为,板垣其实很傻,他越是嚣张,越是吹嘘,漏洞也就越多。他们用上海话念"板垣"为"扳完",即"一定完蛋"的意思,正气豪情溢于言表。

10月8日、9日和10日三天中,倪征燠直接诘问板垣(见图8-8),其激烈程度绝不亚于在战场上拼刺刀!

10月8日上午,倪征燠以揭穿板垣两个自相矛盾的言论开始反诘。

图 8-7　板垣征四郎出庭自我辩护

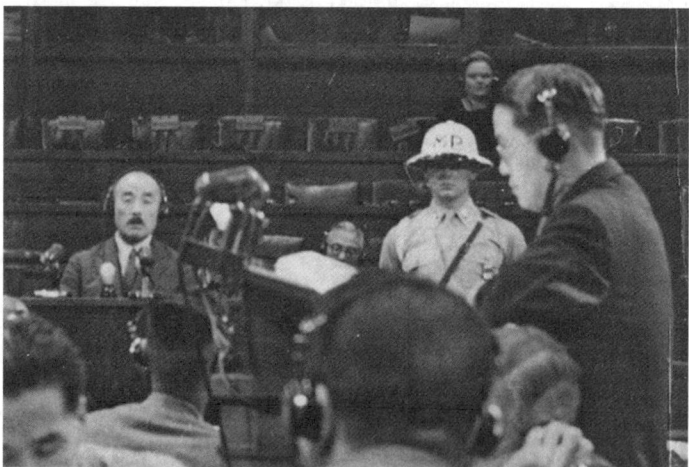

图 8-8　倪征燠反诘板垣征四郎

第一个矛盾是关东军关于"沈阳事变"爆发前的行动计划是否经东京批准。

倪问："在'沈阳事变'爆发前,关东军制定了行动计划,你参加了吗?"

板垣答非所问："你应当先向我解释行动计划的内容。"

倪问："现在就是问你，你参加了起草没有？是还是不是？"

板垣答："行动计划是有关官员在他的上级指令下制定的，我和行动计划的起草无关。"

倪问："你说的上级领导，是在东京吗？"

板垣答："按照惯例，所有的国家行动计划都由大本营确定。"

倪征燠立即引用板垣的辩护词，犀利地指出："在你的辩护词中，你说起草这个计划并没有中央权威机构的帮助；现在你又说是按中央官员的指示起草的，岂不是矛盾？"

第二个矛盾是板垣和"国粹会"的关系。"国粹会"成立于1919年，是一个宣扬"国家主义"的狂热团体，逐渐演变为黑社会性质的团伙。

倪问："在沈阳事变爆发前，你是否和国粹会的成员紧密联系？"

板垣答："你真是提了一个奇怪的问题，我很难回答。我从来没有听过国粹会，当然对此组织完全不了解。"

倪征燠早就胸有成竹，他说："让我清醒一下你的头脑。我读一段币原外交大臣给林总领事的电报：'我们听说板垣大佐和你们这里关东军的某些人有充足的资金，近来正投身于各种活动，并操纵日本在中国的冒险行为和操纵国粹会的成员。'这是1931年9月5日的电报。能帮助你记忆吗？"

板垣竟然回答："对你刚刚读的电报内容一无所知。"无赖嘴脸，暴露无遗。

从庭审纪录中统计，在这三天板垣以"我忘了""不在我记忆中""我记不起详情""我没听过""我不知道"等语句回答倪征燠反诘的次数达到90次之多。下面就引用其中一段对话。

战时日本的"五相会议"是内阁中最有实权的五名大臣，即首相、外交大臣、海军大臣、陆军大臣和大藏大臣举行的会议，对日本政策有重要的影响。板垣征四郎作为陆军大臣参加了1938年7月8日的五相会议。当时"卢沟桥事变"已发生一年多。那次会议对于日本下一步侵华战略做出了重要决定。

10月9日下午,倪征燠就1938年7月8日五相会议的决定反诘板垣。

倪问:"板垣先生:今天早上你告诉我们,五相会议的多项决定和你的观点一致。请问,1938年7月8日的五相会议是否做出了一旦中国政府投降后的举措?"

板垣答:"我不记得。"

倪问:"是否决定,日本应坚持1月11日御前会议的决定。威胁中国政府作为一个地方政权参加新的亲日政府?"

板垣答:"我不记得。"

倪问:"是否决定,在谈判期间日本不再制造新的事件?"

板垣答:"不可能。"

倪问:"什么叫'不可能'? 到底决定还是没有决定?"

板垣答:"我的意思是,我记不起当时究竟有些什么内容,也记不起我们中有谁提过什么建议,所以我说'不可能'。"

倪问:"当时是否还设定了中国投降的条件,比如蒋介石委员长必须退职?"

板垣答:"这也不在我的记忆中。"

倪问:"7月8日五相会议是否也决定了,如果中国政府不投降日本采取的举措?"

板垣答:"不,并非如此。"

倪问:"你记不起来了?"

板垣答:"在我的记忆中,并没有发生这类事情。"

倪问:"是否决定,如果中国政府继续拒绝投降,各亲日政权还是要联合起来建立一个亲日的中央政府?"

板垣答："我没有这样的记忆。"

倪问："你是否听清了我的问题?"

板垣答："我很仔细地听你讲的一切。"

倪问："1938 年 7 月 8 日的五相会议,是否决定日本对华战略和当前一致?"

板垣答："我记不起 7 月 8 日是否有五相会议,甚至当时是否有五相会议的存在。我记不起我们的决定。"

板垣接连 9 次答复,居然没有一句实质性内容,最后干脆否定五相会议的存在!五相会议的记录存于文档之中,板垣的否认或"忘记"完全是徒劳的,不过是一场丑恶表演而已。

板垣本人的辩护词长达 48 页,内容不仅累赘空泛,不少地方更是颠倒是非,不堪一驳。例如他扬言"卢沟桥事变"后,作为陆军大臣,他始终主张撤军言和。对此,倪征燠对板垣有如下反诘:

"日本占领广州、汉口,是否在你任陆军大臣之后才完成?"

板垣答："是"。

倪立刻追问："这是'撤军'还是'进军'?"

板垣无言以对。

在反诘中,倪征燠不仅对板垣答辩词中所提到的事情一一仔细盘问,而且还"念念不忘"板垣的同伙土肥原。为了使法庭不因土肥原未上证人台而对他有所忽视,倪征燠在对山协正隆以及对板垣征四郎的反诘中,针对板垣的罪行,多次提到作为共犯的土肥原贤二。10 月 9 日下午,倪征燠采用"声东击西"的策略,指着被告席中的土肥原质问板垣:

"你在陆军大臣任内,派往中国去拉拢吴佩孚、唐绍仪合作的土肥原,是不是就是当年借充沈阳市长、扶植傀儡溥仪称帝、勾结关东日军、阴谋华北自治、无恶不作,而今危坐在被告席右端的土肥原?"

这一串罪状虽然直指土肥原,但每件都和板垣有直接联系。板垣的嚣张气焰顿时被打下,只能承认,赧然走下证人台。倪征燠达到了"一箭双雕"的目的。

在这三天中,倪征燠诘问板垣征四郎的次数分别达到 122、202、168 次,总数超过 490 次! 总之,由于中国检察组发挥团队精神,使辩方证人哑口无言,刚愎自用的板垣和顽固对抗的土肥原不得不低头认罪。1948 年 2 月 24 日,向哲濬代表检方对被告板垣征四郎做总结发言,其中引用的证据高达 190 件!

倪征燠晚年曾感慨地回忆:

> 这场战斗,对我来说,是一场殊死战。因为我受命于危难之际,当时已把自身的生死荣辱,决定于这场战斗的成败。事后追忆,历历在目,既有酸辛苦楚,亦堪稍自告慰,有不可言喻之感慨。我写到这里,已泪水盈眶,不能平静下来。[13]

向哲濬对倪征燠的卓越表现赞誉有加。1948 年 7 月 16 日在给外交部长王世杰的电报中特别指出:"倪君在检方工作成绩卓著,法学才识经验俱优,为各方所推重。"[14]

倪征燠在东京审判中的经验,也为他以后在国际法领域做出重大贡献打下基础。20 世纪 80 年代他已古稀高龄,仍然代表中华人民共和国参加《联合国海洋公约》的制定;特别是 1984 年他被遴选为海牙国际法院法官,一任就是 9 年,1994 年以米寿高龄光荣退休。倪征燠曾赠一张大法官照片给向哲濬,照片背面的题词是"宁为明公所赐",体现了两位法学家终生不渝的战斗友情。

注释

〔1〕向隆万:《向哲濬东京审判函电及法庭陈述》,上海交通大学出版社,2014 年,

第 37 页。

〔2〕同上书,第 23—24 页。

〔3〕同上书,第 25—26 页。

〔4〕倪征燠:《淡泊从容莅海牙》,法律出版社,1999 年,第 14—15 页。

〔5〕向隆万:《向哲濬东京审判函电及法庭陈述》,第 33 页。

〔6〕同上书,第 40—41 页。

〔7〕倪征燠:《淡泊从容莅海牙》,第 115 页。

〔8〕东京审判文献丛刊委员会:《远东国际军事法庭庭审记录》(英文版),国家图书馆出版社、上海交通大学出版社,2013 年,第 46 册第 568—569 页、第 47 册第 1—17 页(英文庭审记录 28602—28626 页)。

〔9〕同上书,第 47 册第 39—58 页(英文庭审记录 28647—28666 页)。

〔10〕同上书,第 49 册第 337—454 页(英文庭审记录 30039—30152 页)。

〔11〕同上书,第 49 册 447—449 页(英文庭审记录 30144—30146 页)。

〔12〕同上书,第 50 册 1—266 页(英文庭审记录 30292—30549 页)。

〔13〕倪征燠:《淡泊从容莅海牙》,第 126 页。

〔14〕向隆万:《向哲濬东京审判函电及法庭陈述》,第 69 页。

第九章

经济掠夺

全面掌控满洲

日本侵华期间，进行经济掠夺是重要罪行之一；其特点是，经济掠夺、政治统治和军事镇压"三位一体"，更显疯狂和残酷。《远东国际军事法庭判决书》指出："1933 年 8 月 8 日，日本内阁决定'把满洲发展成一个独立的国家，并且这个独立的国家和日本帝国有着不可分割的关系。'对'满洲国'的控制'要在关东军司令官的管辖下由日本官员来执行。'满洲经济的目标是'联合日本和满洲的经济，以便向世界扩张帝国的经济实力建立牢固的根基。'"[1]

《判决书》的第五章曾经提到，早在 1906 年日本在东北建立的"南满铁路株式会社"，就是一个企图全面掠夺和掌控东北经济和政治的实体。《远东国际军事法庭判决书》中多次提到这家"三位一体"的公司：

> 公司的股东只限于日本政府或日本国民。……此公司不仅有权管理从俄国取得的铁路及其附属事业，并且有权管理日本在满洲新设的铁路或企业，实际上新设的铁路或企业都归它管理。此外，将租借地后人铁路附属地带属于政府的某些行政权页交给了它。总之，它的设立，是为了管理在满洲的日本政府的权益，成为日本政府的机关。该公司违反朴茨茅斯条约[指1905年 9 月 5 日日俄战争结束后签订的条约。——笔者注]的规定，在章程中竟规定租借地日军司令官关于军事事项有对公司发布命令和指令的权限，如军事上有必要时，有对公司业务发布命令

的权限。

所谓关东军，就是根据朴茨茅斯条约，来保护包含南满铁路在内的日本利益而驻守满洲的日本部队。

松冈洋右当时是南满铁路株式会社的一名职员，他和大川周明一样，曾著书支持这种众所周知的论调，即满洲无论在战略上或经济上，都是日本的生命线。[2]

《判决书》还引用了《国联调查团报告书》对这家公司的评价：

> 日本在事实上是以完全的主权统治满洲的租借地，通过南满铁路会社在管理铁道地区的行政，该铁道地区包含着几座城市以及如沈阳及长春之类的人口众多的城市的广大地区。在这些地区中，日本管理着警察、征税、教育和公共事业。……这种情形，恐怕在世界上任何地方也是无可比拟的。[3]

国联调查团成立于 1932 年 1 月 21 日，由英、美、法、德、意大利五国代表组成，英国人李顿爵士为团长。应当指出，其调查报告深受当时英美等西方大国对日本绥靖政策的影响；并且，正如本书第六章所说，国联调查团处处受到日本人的监视和干扰，连溥仪都无法揭露真相。虽然《报告》揭示了一些史实，指出东北是中国领土，对日本的侵略行为却没有严厉谴责，甚至在"九一八事变"的原因分析中，采取了"各打五十大板"的模糊态度。尽管如此，日本仍不能接受。1933 年 2 月 24 日，国联大会以 42 票赞成，日本 1 票反对，决议通过《国联调查团报告书》，重申不承认伪满洲国。日本于 3 月 28 日以抗议该报告书为由，宣布退出国际联盟，致使国联的调查报告书实际上成了一纸空文。事实证明，国联的活动和调查报告并没有制止日本帝国主义对中国东北的侵略，日本的侵华战争在迅速扩大，并准备进一步升级为全面侵华战争。

日本侵占东北之后,加快了经济掠夺的步伐。1934 年末,日本政府设立了"对满事务局",全面掌管"满洲国"的外交、经济、文化、舆论宣传等事务。远东国际军事法庭的许多被告都曾涉足。例如板垣征四郎、畑俊六和东条英机担任过"对满事务局"的总裁;冈敬纯、佐藤信义、贺屋兴宣、重光葵、梅津美治郎担任过"对满事务局"的委员等。

1935 年初,为了进一步掠夺资源,日本又与"满洲国"成立"联合经济委员会",该委员会颁布的首批法案就是"日满货币一体化"。1935 年 11 月,成立日元集团,"满洲国"的货币不再以白银为基础,而是以日元的票面价值为依据。1936 年 6 月,"联合经济委员会"颁布了第二个经济法案,即《日满条约》。该条约公然宣称:"日本公民在'满洲国'的领土范围内可以自由居住、旅行、务农、从事工商业及各种专业职业,并享有土地权。"[4]

1937 年 10 月,日本内阁进一步成立"满洲重工业开发株式会社",其唯一目的就是将满洲变为日本生产战争物资的车间。通过这一系列举措,中国的东北地区快速沦为日本殖民地。

溥仪出庭的证词中也包含了对日本经济掠夺的控诉。

1946 年 8 月 19 日,季南检察长直询溥仪有如下对话:

季南问:关于星野直树控制下的满洲产业,你能向法庭回忆任何重要的事件吗?

溥仪答:星野直树负责满洲的产业开发和经济控制。这就使"满洲国"蒙受巨大损失。

季南问:这样的开发对"满洲国"起什么作用?请予以解释。

溥仪答:他们控制了所有行业:农业、商业,以及比如渔业、电信等其他领域。他们把一切置于日本人的掌控之中,不允许

中国人涉足。结果是,没有一个中国人被允许经商,他们中许多
人都破产了。当时的情况只能用凄惨和可悲来形容。所谓的工
业开采,他们只强调采矿业。我认为这么做只是为了扩大他们
的军备工业。

季南问:你能否告诉我们,出于这个目的,设立了多少大型
特殊产业的日本公司?

溥仪答:大概有64个特殊产业公司。

季南问:这些公司是小、中或者大资本?

溥仪答:这些公司资本相当巨大,有时候会注入数十亿美
金。换句话说,他们的这个计划是使中国破产,也是在向外扩大
自身影响。

季南问:你担任皇帝期间,"满洲国"的银行受谁控制?

溥仪答:也在日本人掌控之下。

季南问:中国人或者满洲人是否可以在这些银行自由
存款?

溥仪答:是的,他们允许自由存款,但他们不允许向银行
借钱。

季南问:那都是谁向银行借钱?

溥仪答:日本人。

季南问:谁把大多数的钱放在银行作为一种储蓄方式?

溥仪答:当然是中国人。银行试图吸走中国人所有积蓄,
主要是劳动者。他们设立一个中央银行,在不同的地区设有分
行。还有另一家叫做工业发展银行,主要是用来处理与借款有
关的事项。

季南问:这些银行的类型是什么?由谁起名?受谁控制?

溥仪答:所有银行都受日本人控制。

季南问:中国人或者满洲人是否允许经商?或者,他们是

否可以经过其他人许可之后进入某种类型的商业？

　　溥仪答：我们并不自由——我们不被允许自由从事商业。

　　季南问：谁允许中国人和满洲人从事某种商业？

　　溥仪答：日本人发放许可。因此所有这些依旧还是在日本人掌控之中。中央银行的董事中有一个中国人。但他还是什么权力都没有。[5]

8月20日，溥仪继续回答季南的直询，揭露日本对满洲的经济掠夺和对中国老百姓的压榨：

　　季南问：你是否能告诉我们垄断法律规制的主体和内容范围及日本人施加控制的不同商品种类？

　　溥仪答：毒品是一项主要的垄断商品。根据星野的五年计划，经济需要被严格控制。很多货物被垄断，比如棉花、布和食物。经济控制的结果是，所有过去曾归属于中国的货物都被日本人控制了，各种各样的工厂和商业都被日本人控制着。

　　季南问：《棉花统制法》通过了吗？

　　溥仪答：是的，通过了并且每一个人都需熟知内容。政府公报中可以找到该法案。

　　季南问：该法案执行了吗？

　　溥仪答：所有这些管控相关的法案都执行了，使得中国人冬天不能得到任何棉花和布匹，因而在冬天很多中国人都饿——冻死了。我个人所了解的情况是中国人之间甚至私下买卖大米也是被禁止的，被认为是对控制法案的违反。

溥仪进一步揭露了日本在金融领域的垄断和对中国老百姓的压榨。

季南问:"满洲国"的国家货币是纸币还是硬币?

溥仪答:都由日本印刷和铸造。

季南问:按你所言,谁实际控制在日本印刷的"满洲国"国家货币的数量?

溥仪答:实际由"满洲国"总务厅——日本人掌控。

季南问:你能否告诉我们是否存在任何强制性——任何向你之前描述的银行存款的要求吗?

溥仪答:有储蓄法,它要求所有的人必须向银行存钱。在学校、在街上,不管他们在哪里,不管是被政府还是银行雇佣,他们都被要求存钱。(汉语监督官插话:学校、政府办公室也被要求存款)存款数量的要求逐年增多。日本投降之前,银行存款总量大概有60亿美元。平均来说,一个人被要求存150美元——每个人。[6]

二战后期,日本资源捉襟见肘。日本军方竟然要求所有满洲人,包括溥仪在内,捐献各种金属。溥仪在8月21日的证词中揭示了这一赤裸裸的抢劫罪行:"太平洋战争爆发之后,日军强迫满洲平民、军人包括我本人捐出我们所有的铂、有色金属、铜、钢还有其他各种金属给日本人。但是有一件我能向你肯定的事情是,我和我的人民都反对这个事情。但是在日本关东军的压迫下,我们真的无能为力。如果那时候我们被发现私藏金属,会被判很严重的罪行。"[7]

在日本对满洲经济掠夺的过程中,5名日本高官起了至关重要的作用。除东条英机外,还有担任满铁总裁的松冈洋右、满洲重工业开发株式会社总裁鲇川义介、"满洲国"总务厅厅长星野直树,以及"满洲国"实业部总务司长岸信介,他们5人被称为操纵"满洲国"的"五虎",其中东条英机、松冈洋右和星野直树3人是东京审判的被告。

《远东国际军事法庭判决书》第五章第二节中特别指出了被告星

野直树所起的作用：

> 星野的"功劳"无人能比。他说日本洗劫了满洲的一切。因为中国商人不准进入重要工业，也不准贷款，大部分惨遭破坏；中国农民的土地也落入日本移民手中；储蓄法让中国劳工的工作目的纯粹为了生存。日本人垄断了大米与棉花，剥夺了中国人原本充足的食物和衣服，以向日军提供最好的大米与棉花。[8]

松冈洋右在"满铁"任职时，全力支持关东军的立场。他坚决主张实施干涉中国内政的政策，积极进言日本政府对中国应采取两面派的手法，他主张表面上标榜不干涉中国内政，但在实际操作中，不要搞小型干涉行动，而是应确立进行大规模干涉的方针。"满铁"本身就是日本经济掠夺的主要载体之一。其主要收入来源，是通过运输满洲特产大豆以及每年在抚顺煤矿对近 10 万名采煤华工进行非人道的、残酷压榨的劳工制度而赚取的不义之财。在"满铁"成立之初的 1907 年，其利润仅为 200 万日元，其后则逐年增长，到 1921 年时，利润已增加到 1 000 万日元，1929 年的利润则创纪录地高达 4 500 万日元。"满铁"从榨取的巨大经济利益，不断强化并扩大"满铁"在满洲的地位；也使松冈洋右把持的情报调查机构获得更多的资金支持，从而更加有恃无恐、肆无忌惮地在中国展开情报活动。

鲇川义介是一名新兴财阀。"九一八事变"后，他将经营重点转向中国。他在中国东北建立满洲重工业开发株式会社，自任总裁，接管满铁在东北经营的重工业；之后发展钢铁、煤矿、汽车、机器、飞机制造等产业，成为日本侵略中国的国策机构之一。日本投降后，他一度被列为甲级战争嫌犯。

岸信介曾任伪满洲国政府实业部总务司司长、总务厅次长等职。1941 年在东条英机内阁任商工大臣，曾在东条英机的对美宣战诏书上副署。日本投降后，他也曾被列为甲级战争嫌犯，被盟军逮捕，关入巢鸭监狱。

扩展经济掠夺

日本全面侵华之后，经济掠夺也从满洲扩展到全中国。1937年12月24日，日本内阁会议通过"处理中国事变纲要"，规定了"以上海为据点，确立帝国向华中方面经济发展的基础"的经济侵略目标。为了实现上述计划，1938年日方决定设立两个经济实体：华北开发公司和华中振兴公司。

华北开发公司的目的使统一华北的各种企业，经营范围包括运输、港湾建设、电力、矿山、盐的生产及贩卖等。这个公司在日本政府的监督下经营。一切重大决定，例如募集股款、改变规章、合并、解散、分配利润等，必须经日本政府批准。被告梅津美治郎是这个公司的筹备负责人；另一名被告贺屋兴宣长期担任该公司的总裁。

华中振兴公司和华北开发公司的目的极为相似，实际上也是在日本政府的支配之下。

1940年11月5日，日本内阁的情报局进一步提出"日满华经济建设提要"。然而，这些计划的提出和实施，完全由日方单方面制定。贺屋兴宣曾经赤裸裸地放言，在华北的物资动员计划主要有三点，第一是供给日本军需品；第二是扩充日本军备；第三才是满足和平时期经济发展的需要。

与此同时，日本在控制占领地区的公共事业和金融也煞费心机，例如接收上海的各种公共事业公司；设立"中国联合银行"，发行纸币在占领地区流通；等等。本书不多赘引。

摆在中国检察组面前的主要任务是调查罪证，特别是寻访出庭证人。和杀人放火、强奸妇女这样的暴行相比，经济罪行更为隐蔽，取证也更艰难。为此，在庭审期间，向哲濬专门派裘劭恒秘书回国取证。

裘劭恒每天早出晚归，带着证件拜访各有关机关和部门。功夫不负有心人。有一天，他到南京国民政府资源委员会做调查，秘书长童受民义愤填膺地列举了大量日本人掠夺中国资源的案例。

鲸吞浦东电气

童受民本人就是上海电力事业从起步、发展、受难到再兴的历史见证者。

1919 年，童受民的四叔童世亨联合黄炎培、穆藕初等人创建浦东电气公司（见图 9－1），并自任总经理。同年，童受民从江苏商业学校毕业后即进入该公司，1933 年出任副经理，并任华商电气公司经理。

经过童氏家族的悉心打理，1936 年，浦东电气公司股本总额达到 150 万元，发电和购电容量达到 4 900 千瓦，供电面积 1 450 平方公里，其营运业务包括发电、购电、配电及供电等各个部门，是上海最重要的电力企业之一，连年获得政府颁发的荣誉奖状。

但是 1937 年——这个中国近代史上的"狰狞之年"，彻底改变了这家民族企业的发展轨迹。淞沪会战开始后，9 月的一天，日本飞机向在建的浦东黄家渡电厂投弹，霎时爆炸声震耳欲聋，整个厂区陷入火场，办公建筑仅存躯壳，货栈屋顶不翼而飞，瓦砾遍地。

图 9‑1　浦东电气公司外景

　　浦东电器公司被迫停业,不久被日本人控制的华中水电公司强行接收。这一时期,浦东电器公司的厂房和设施遭受重大破坏与劫掠,损失惨重;当时这家公司刚刚建起一座新电厂,全套设备都从英国进口。

图 9‑2　童受民出庭作证

日本兵占领浦东后,把所有进口设备都拆运到日本去了。童受民在自传里曾说过:"新厂计划全成画饼,数年心血,尽付东流,迄今回思,不胜感慨"[9]。

　　童受民有国恨家仇的切身体会,他的英语水平也不错,是一个难觅的高层次证人。裴劻恒当即邀请童受民到东京法庭作证,童受民欣然同意。

　　1946 年 8 月 28 日上午,童受民出庭作证(见图 9‑2)。裴劭恒作为检方代表首先进行直接询问。以下是他们的问答片段：

裴问：1937 年 10 月中日敌对后，你的公司发生了什么？

童答：我们一直试图在敌对期间保持电力供应，但是 8 月 14 日，我们停止了供电，浦东居民的用电受到影响，我们联系上海其他电力公司并作出安排。1937 年 11 月 10 日，中国军队撤退后，浦东的供电被彻底切断。

裴问：战争在上海爆发之后，你的公司被什么人或者什么公司接管了吗？

童答：1937 年 11 月日本人占领了公司，1938 年 3 月日本人恢复营业。同年 6 月，华中水电株式会社接管了浦东电气公司，由日本人经营。公司原有资产总额 180 万元（中国元），却被日本人评估为 47 万日元，并将之作为对华中水电株式会社的投资。由此所得的股权份额由傀儡维新政府实业部以所谓"股权人缺席"为借口而占据。

裴问：谁经营和控制您所提到的华中水电株式会社？

童答：就我所知，华中水电株式会社是华中振兴株式会社的子公司之一。名义上，它是中日合办商行，实际上由日本人一手经营和控制，由日本人制定政策，所有负责人——所有的上层职位都由日本人垄断。

裴问：当日本人 1937 年 11 月接管的时候，您的工厂整体情况如何？

陈答：在日本人占领以前，公司的工厂经营状况良好。

裴问：1937 年或之后，工厂是否受到中日军队在上海及其周边地区战事的直接影响？

童答：应当说，上海中日敌对期间工厂并没有受到损害。

裴问：日本投降后，你接管了该公司吗？

　　童答：是的，是这样。

　　裘问：你接手时间为何时？权限多大？

　　童答：时为 1945 年 9 月 18 日之后，我按照中国政府的指示从日本人那里接管公司。1945 年 9 月 30 日，在所有日本职员被辞退后，我完全接管。

　　裘问：当你从日本人那里接收工厂时，发现那里的情况怎么样？

　　童答：发电厂情况非常糟糕。我们原来在工厂安装了一台瑞士布朗鲍威尔公司制造的汽轮发电机，600 千瓦，2 300 伏，3 相，60 赫；另有两台英国巴布科克和威尔克斯公司制造的水管锅炉，每一台的蓄热面积大约 1 400 平方英尺，蒸汽压力 250 磅。在从日本人那里接收的时候，发现汽轮发电机、水管锅炉和其他附属设施都无影无踪了。[10]

　　童受民后来从华中水电公司副社长、日本人青木节处了解到，这些设备被兴亚院华中联络部以大约 12 万日元的价格卖给了华中矿业公司；还有些丢失的设备则被转移安装在湖北省大冶煤矿公司。

　　同日下午，童受民继续出庭作证[11]。

　　童受民在浦东电气公司任职时，同时兼任上海南市中国电力公司经理。他在法庭上也控诉了日本人对这家公司的掠夺：

　　战前，该公司经营电力供应和有轨电车业务。1937 年 8 月 14 日，公司停止了有轨电车业务，并且在 8 月 20 日停止发电。其后，向南市居民的电力供应也受影响，由法商电力公司继续供电。大约在 11 月 10 日，当日本军队占领南市时，切断了供电。1938 年 6 月，日本人管理下的中国电力公司由华中水电公司接收。日本人评估公司的固定资产大约为170万日元,而原先的价值为大约850万中国元。这些资产均被华中电力公司的日本人所占有,股份同样在所谓的"所有者缺失"的借口下,被傀儡维新政府所持有。

我们在发电厂曾安装10台水管锅炉和3台汽轮发电机,功率超过1.6万千瓦。从日本人手中接收的时候,我们发现这10台锅炉和3台汽轮发电机都不见了。

童受民还参与了南市有轨电车公司的接收工作。他在作证时也揭露了日本人的疯狂掠夺:

公司原有长达22公里的电车轨道,用以承载电车电缆的大约630根铁柱和50根水泥柱。我们接收的时候,发现这些轨道和柱子全部不见了,对这些物资迄今为止只恢复到20%。还有54节电车车厢、27辆牵引车和3个总功率2 100千瓦的转换器,3个变压器和3个配电盘,至今没有恢复工作。许多建筑严重损坏。公司还曾有一个宽敞的车棚,可以容纳大约100节电车车厢与牵引车,发现完全被日本人拆毁了,只留下一块空地。

童受民对日军占领期间上海其他的电力公司的状况同样有所了解。他在证词中也予以揭露:

中国公司——闸北水电公司在中国军队撤走以后也立即被日本人接收。该公司的总发电能力为3.6万千瓦。它遭到严重破坏,以至目前不能发电。该公司的输电与配电设备及其他设施也蒙受惨重损失。美商上海电力公司在太平洋战争爆发后,也被日人占领接管。该公司的总发电能力为 18.3 万千瓦,现在仅剩下 13.6 万千瓦,降低了 4.7 万千瓦,约为战前发电量的 45%。六分之一的输电和配电线路被毁坏,仅从日本人那里接收了仓库中的一小部分设备。其他公司——法商电力公司——日本人并没有接收,但是战时其经营当然在日本人的操纵之下,发电能力从 2.8 万千瓦降低到 1.6 万千瓦。

童受民最后指证了日军占领期间,上海民用及工业用电严重匮乏。他说:

> 对上海的家用电力供给一再缩减,直到最后每个家庭——无论成员多少,每个月只准用 7 度电。显然,这对于一个任何规模的家庭都是不够的。超额用电量要承担很重的罚金,违反规定两次或三次,就要断电。对工厂的供电同样被一再削减,直到最后除了少数生产日本军需品的工厂外,所有属于中国人的工厂都不准用电。

同日,童受民还接受了美籍辩方律师布鲁克斯和列文的反诘。由于准备充分,童受民的临场发挥极佳。每讲一桩案件都能当庭拿出照片,面对辩护律师咄咄逼人的问题,他牢记裘劭恒告诉他的应付办法,以事实说话。

例如列文提出,按照日元和中国元 4∶1 的比值,日本以 47 万日元收购价值 180 万中国元的不动产,应该是合理的。童受民立即以具体数字作答:

> 我已经说过,当 1937 年日本人接管的时候,浦东电气公司的资产大约是 180 万中国元,而中国电力公司被日本人接收时

的资产价值大约是 850 万中国元。战前中国元比日元是 1 比
1——中国元相当于 95 分日元。当时估计为 47 万日元,我认为
只代表了 25%。

童受民言之凿凿地将日本人在中国土地上怙恶不悛的野蛮行
为曝光,赢得法庭内外的好评。作为企业家,他在法庭上用具体而
充满说服力的案例,向世界展示了上海——中国的经济心脏,在日
本侵华期间所遭受的劫夺和苦难。那些证言,成为不可磨灭的历
史见证。

破坏华北钢铁

关于控诉日本的经济侵略,还有一名从中国请到东京的证人,名
叫陈大受。1915 年,他于天津北洋大学获理学学士学位,随后以实
习工程师和助理工程师的身份在南洋钢铁厂和扬子江钢铁厂工作,
1920 年去往美国加州大学攻读硕士,并于 1921 年拿到冶金学硕士学
位。之后,在伊利诺斯大学继续学习煤矿开采、选煤、炼煤。1922 年
秋回国,在安徽馒头山煤矿公司任煤矿工程师和煤矿经理。1928—
1930 年,任浙江建设委员会的煤矿工程师。

1931—1938 年,陈大受接连出任国民政府国家建设委员会煤矿
工程师、矿区科长、淮南煤矿主任、企划部部长。1933 年出访欧洲,
学习法国、比利时、英国和德国的煤矿和钢铁技术。1938 年夏,加入
国民政府自然资源委员会。受任为广西省平桂矿务局总经理。1940
年,国民政府自然资源委员会任其为云南锡矿公司副总裁及首席工

程师。1946年2月,奉命前往北平视察华北钢铁业的发展状况;同年3月,任职华北钢铁公司筹备委员会执行会长,准备接管日本人经营的华北钢铁公司和铁矿。

1946年9月9日,法庭审理日本的经济侵略。检方传唤陈大受出庭作证。陈大受以流利的英语、厚实的技术底蕴和翔实的数据,揭示了日本人的经济掠夺。以下是美国助理检察官霍克赫斯特(Henry A. Hauxhurst)和陈大受在法庭的部分问答记录:

> 霍问:陈先生,为什么要建立华北钢铁公司,其主要业务是什么?
>
> 陈答:华北钢铁公司是一个中国公司,它的组建是为了接管日本在华北控制的铁和钢。
>
> 霍问:据您所知,其子公司在哪里,请简单描述。
>
> 陈答:这家公司有钢铁以及融化生铁的工厂。这些公司包括:华北钢铁生产公司、青岛制铁公司、天津制铁公司、在天津的伊藤制铁公司、唐山钢铁公司以及三个煤矿、铁矿石矿业公司。铁矿公司包括龙烟铁矿公司、华北矿业公司。为了熔铁,华北钢铁生产公司在建的包括11个20吨高炉、200吨高炉,1个380吨高炉和1个600吨高炉。天津制铁公司有两个高炉,每个重250吨。天津铁钢公司有1个25吨平炉和2个轧钢机。唐山钢铁公司有2个8吨的电炉和2个小轧钢机。龙烟铁矿司在烟筒山有10个20吨高炉,在庞家堡有2个铁矿,金岭镇铁矿公司靠近胶济铁路。华北矿业公司在河北涞县有铁矿,在山东省有煤矿。
>
> 霍问:陈先生,根据您的观察,上述工厂在被这家公司接管后的情形如何?
>
> 陈答:日本投降时,高炉暂时用不了了,但是大火炉有大致

100 吨的容量，不是被冻住敲打不出模子或材料，就是正在进行整修或重建。小火炉有 20 吨的容量，仅用于战争，现在不用了。此外，在青岛的 250 吨的火炉，其高炉只使用木质框架，2 个火炉中有 4 个热高炉。

霍问：您是否得到了所说的那些公司从被占领到日本投降期间的簿册和记录？

陈答：我不仅仅检查了所有的登记和记录，而且亲自造访了一些钢铁公司。

霍问：您能讲述一下在日本占领期间，那些记录中都揭露了多少煤和生铁消耗量？

陈答：在日本占领期间，430 万吨生铁矿中，只有大约 70 万吨被用于精炼——生产生铁。它们大致消耗 2 吨铁和 2.2 吨焦炭、生产 1 吨生铁。

霍问：陈先生，您作为钢铁生产专家，能否说一下制造钢铁时，您对于使用焦炭和铁矿石生产铁有什么经验？

陈答：铁矿石使用量不等，要根据铁矿石的组成比例而定。对于焦炭，每生产 1 吨生铁要消耗 1 吨焦炭。

霍问：您说大约使用 435 万吨铁，并且已经消耗了一部分。您是自己通过检查登记和记录以确认在操作中矿石怎么样的吗？

陈答：是的。我检查了所有的登记，我发现大约 140 万吨被出口至满洲，100 万——大约 103 万吨生铁被出口至日本。

霍问：那个时候，在占领区使用矿石产对矿石储存产生了何种影响？

陈答：在这些区域中消耗了略多于 4% 的总储存量。

霍问：您和中国的其他矿有联系吗？如果有的话，您能否说一下它们的名字并描述一下它们的操作情况？

陈答：我和馒头山煤矿以及淮南煤矿以及铁路公司有联系。这个矿曾经日产 400 吨煤。它离扬子江很近，附近有一条几千米长的铁路，用的是轻轨火车，每天搬运 400 吨煤。它有一个 540 千瓦的设备，由电发动。所有的采矿机械，例如泵、起重机、压缩机等都由电力发动。它在煤层中有 4—12 英尺那么厚。它能够产生优良的半无烟煤，只有 11% 的灰尘，产出 1.2 万英国热单位。1945 年 12 月我去看了那个矿。当我到了那里时，除了一块平地我什么都没看到。所有的建筑都被毁坏了，所有的机器、铁路和设备，那些当地人说过的东西，都被毁掉、掠走了。所有笨重的物体都被切成小块带走了。淮南煤矿有 212 公里的铁路，平均每天可以产 2 000 吨煤。在其旁边还有一个煤矿，叫大屯煤矿。这个煤矿和淮南煤矿共同组成了新的淮南矿业公司。大屯煤矿曾经每天生产 1 500 吨煤。现在，这两个煤矿合并后，日产量总共才 1 100 吨。煤矿公司董事长告诉我，日本军队占领时期，他们已经有开采过的矿，并不需要进行开发，所有超过 180 米的矿，不是被开挖过的就是现在不能使用的。因为他们并不注意维护坑道，而且他们已经挖掘完了坑道上煤柱的一部分。如果没有下沉新的井穴，这些煤矿不可能恢复到原来的产量。[12]

以上仅是日本对华经济侵略的两个案例。

《远东国际军事法庭判决书》第五章"日本对华侵略"专设两节，揭示日本对中国的经济侵略。

第二节的标题是"统一和开发满洲"，在英文记录中占 300 页之多，明确指出："日本在军事占领之初就开始抢夺满洲经济的控制权。"这一节包括"攫取满洲经济""关东军指导'满洲国'经济的计划""'满洲国'经济建设方案""日满联合经济委员会""组织成立日元集团"'"满洲国'工业银行""第二阶段建设计划""控制工业""满洲重工业发展公司"'"满洲国'沦为日本车间"和"鸦片和麻醉品"等小标题,详细阐述了日本对中国东北地区经济掠夺的过程。[13]

第七节的标题是"日本对满洲及整个其他地区的经济支配",在英文记录中占 18 页,揭示了日本在满洲和华北、华中、华南采用同样的经济掠夺政策:

日本的满洲政策是将该地区统一在一个服从日本的政府之下,然后通过与该政府缔结协定或用其他方法来获得日本施行既定计划所亟需的基本原料,以及获得交通及产业主要方面的支配权。这些对于日方今后的军事行动都有重大的价值。在华北,日方出于同样目的,特别是为了获得当时不能从国外市场获得的物资,也采取了同样的方式。这类物资既对在中国作战极为必要,也为日方整个计划所必需。当战争发展到了华中和华南的时候,也采取同样政策。接着,通过"一般经济问题""各类产业""运输和通讯""自然资源""公共事业""金融"和"中国的麻醉品"等小标题显示日本对华经济掠夺的进程。[14]

种植贩卖毒品

本书第六章曾提到日本在东北大肆种植和贩卖鸦片(见图 9-3~图 9-6)的卑劣行径。实际上,在日本侵略中国的 14 年中,毒品交易自始至终是军国主义者极其阴险毒辣的手段。这一点并不为人所熟知。

图 9-3　日本人在东北种植的鸦片田

图 9-4　东北的一个鸦片专卖署

图 9 - 5 东北大街上的鸦片商店

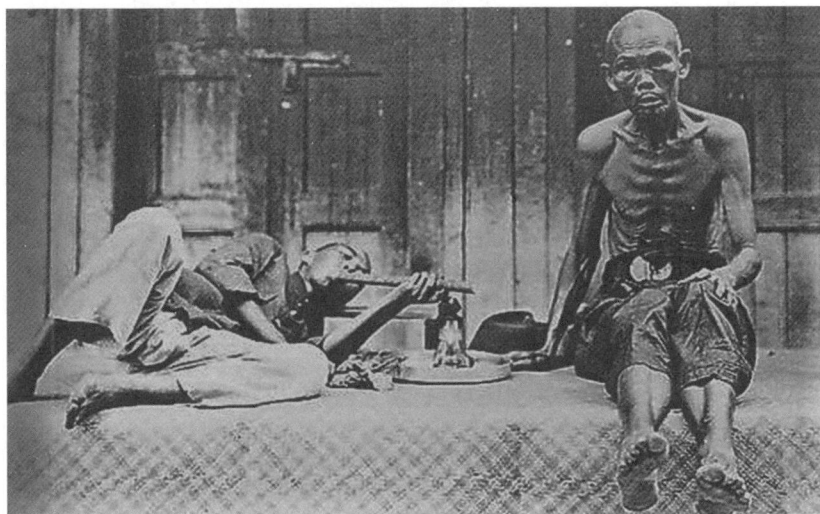

图 9 - 6 鸦片吸食者

1946 年 8 月 15 日中国检察官向哲濬的开场陈词中，专门起诉"关于针对平民和其他人士的暴行，以及在中国使用鸦片和其他麻醉毒品"他指出：

作为他们征服中国计划的一部分，日本领导人把鸦片和其他麻醉毒品作为准备和深入侵略中国的武器。这违反了规定关于禁止鸦片和毒品的三个公约，参见 17、18 和 19 号证据，日本也是签署国之一。

我们的证据表明，在日本武装侵略任何地方之前，日本军方以及民间的机构，就开始大肆从事非法的鸦片和毒品交易，不仅在日租界，而且在中国各地。这些机构将海洛因、吗啡和其他鸦片衍生物的生产引入中国以前并不流行的地方。因为当时日本在中国享有不受法律管辖的"治外法权"，他们肆无忌惮地运作。这种非法活动的意图和结果就是压制甚至完全击败中国人尝试控制毒品威胁的努力。毒瘾对身体的影响是如此鲜明，日本妄图使数以百万计的中国人民放弃或无力抵抗侵略的野心昭然若揭。

日本驻华领馆当局从不采取任何积极措施阻止日本国民从事毒品交易，或者充分惩罚因毒品犯罪而被中国或其他警察逮捕的日本国民，显示了这些非法活动的官方性质。他们的不作为，与日本当局对出卖毒品给日本人民的日本国民采取严厉处罚形成鲜明对比。

证据显示，一旦日本在占领中国每个地方之后，那里就成为向下一个地方进行毒品攻势的据点，这种形式的武装侵略日本人称为"平定"。关于这一点，证据显示，从满洲国傀儡政府的建立开始，到后来的华北、华中和华南，日本控制的傀儡政府遵循了同样的模式，都废除了中国关于鸦片和其他毒品的法律，并且建立鸦片垄断，表面上作为鸦片控制机构，其实却成为在他们领地的鸦片和毒品的唯一贸易商。接踵而来的，就是在日本占领区出现的越来越多的鸦片烟馆，越来越多的土地被用作生产罂粟，大量的鸦片和毒品的进口，而却没有采取任何与鸦片垄断的初衷相一致的鸦片控制措施。

在控制和严禁鸦片意图的伪装下，日本控制的傀儡政府从鸦片和毒品交易中获取了巨额的利益。证据显示，在"满洲国"，作为资助傀儡政府运作的日本贷款，是以得到以鸦片贸易利益保证为担保的。

简而言之，证据显示，日本扶植的鸦片和毒品交易有如下两个目的：

（1）削弱中国人民抵抗的毅力和意志；

（2）为资助日本军事和经济侵略提供巨额的收益来源。[14]

《远东国际军事法庭判决书》第五章"日本对华侵略"中有两处集中揭示日本在这方面的罪行。

在第二节"统一个开发满洲"中，专设一小节，标题是"鸦片和麻醉品"。开宗明义地指出："为了保障日本在满洲的活动并削弱中国人的抵抗力量，日本批准发展鸦片和麻醉品交易。"接着指出：

在中国，凡日本所到之处，朝鲜和日本的鸦片商们都紧跟而来贩卖鸦片，而日方当局却不作任何取缔。有时，日本把这些鸦片商派到侵略军前方，进行阴谋、间谍及破坏行为，为侵略军的军事行动铺平道路。……日本之所以卷入毒品交易，其真正险恶目的要远远超过对中国人的毒害与腐蚀。日本曾经签署并批准禁烟公约，有不得从事毒品交易的义务。现在，凭借"满洲国"实质上虚假但名义上的独立，在世界范围内进行毒品交易，却方便地把罪名加在这个傀儡政权头上。在朝鲜出产的鸦片大多输往满洲。把满洲种植以及从朝鲜和其他地方输入的鸦片,在满洲加工后运往世界各地。1937年国联曾经指出,世界上90%的非法白色毒品源于日本,并在日本人监督下,在天津日租界、大连和满洲、热河以及中国其他城市加工而成。[15]

在第七节以"中国的麻醉品"为标题进一步揭示日本的罪行:

> 随着战事在华北、华中和华南的推进,与满洲类似的政策也不断被采纳。依靠与军事行动和政治发展密切相关的毒品交易,为日本设立的各级政府获取了大量基金。顺便值得一提的是,中国人在吸食了数量如此巨大的麻醉品之后,对国民士气的影响就可想而知了。……自1937年开始,中国的鸦片贸易就与日本军队、日本的外务机构和兴亚院脱不了干系。[16]

有时傀儡政权也会做些表面文章,成立禁烟机构,其实是欲盖弥彰,《判决书》举出了证据:

> 这从1937年至1939年在上海的陆军武官原田熊吉的神秘证言中可以得到解释。他说:"在我担任特务机关长官时,我收到来自军方的指示,通过设立禁烟董事会给中国人提供鸦片"。……1937年天津被占领以后,使用麻醉品的人数明显上升。位于天津的日本租界成为著名的海洛因制作中心。租界有不下200家海洛因工厂,1937年国联鸦片交易委员会声明,全世界接近90%的非法白色毒品是由日本人在天津、大连以及满洲和华北的其他城市制造的。……1937年后,在上海,在华南的福建省、广东省,在其他地区,在日本所占领的任何省或大都市,

一经占领之后，毒品买卖就与上述中国各地一样的规模而迅速增加。[17]

　　总之，日本在种植、制造和贩卖毒品的数量和规模上，为今日之毒枭所望尘莫及。当时全世界竟然有"90%的非法白色毒品"在日本人控制下生产，恐怕创造了空前绝后的世界纪录！

　　为了侵略中国和亚洲太平洋地区各国。日本陆续炮制形形色色的"理论"，如"八纮一宇""大亚细亚主义""满蒙生命线""中日经济提携"等。1940年7月，第二届近卫内阁上台后，又推出"大东亚共荣圈"计划，狂妄地把日本、中国、东亚、东南亚、南亚、大洋洲以及俄罗斯远东地区都包含在内。1942年11月11日，所谓的"大东亚省"成立，首任"大东亚大臣"是日本人青木一男。1946年9月9日，就在陈大受出庭作证之前，检方宣读了青木一男的《就职声明》：

　　　　我们的帝国是建立在伟大的"八纮一宇"这一基本原则基础上的，在整个大东亚实现这一原则将有助于确保每一个以日本为中心的大东亚范围内的人能够生有所养，老有所依。……就这一点而言，我希望能够依据条约继续与大东亚共荣圈中和日本亲善的国家保持团结，包括："满洲国"、中国、泰国和法属印度支那。同时，我诚心地希望，这些国家能够明白战争真正意味着什么，能够拓宽合作，实现大东亚新秩序。[18]

　　可见所谓的"大东亚共荣"不过是"以日本为中心"的借口。其中也有"和亲善国家保持团结"的漂亮言辞，却和日本的疯狂经济掠夺形成鲜明对照；日本的所作所为，是对"大东亚共荣圈"最具有讽刺意义的诠释。

　　1943年11月5日，日本首相东条英机主持"大东亚会议"。伪

"满洲国"、汪伪"国民政府"及泰国、菲律宾、缅甸、"自由印度"临时政府的代表奉命参加,进一步为"大东亚共荣圈"涂脂抹粉。

这一虚假面具连日本学者也嗤之以鼻。早在 1948 年 4 月,东京帝国大学的戒能通校在《历史评论》中发表短文《战争审判的法律理论》,尖锐指出:

> 大东亚共荣圈实质上究竟代表什么意味,这一点战时日本占领区下的居民再清楚不过了。而且参与当地行政的官员们只要摸着胸口稍微想一想就会明白,自己做过的事情是否真心为了当地原住民的"自主独立""主权尊重"以及"共存共荣"。可想而知,东条对于大东亚共荣圈虚情假意的申述当然会激起以中国为首的直接遭受日军侵略的亚洲各地巨大的激愤了。[19]

注释

〔1〕《远东国际军事法庭判决书》,张效林节译,向隆万、徐小冰等补校译,上海交通大学出版社,2015 年,第 309 页(英文庭审记录第 49136 页)。

〔2〕同上书,第 25—30、49、51 页(英文庭审记录第 48462—48463、48516、48523 页)。

〔3〕同上书,第 255—256 页(英文庭审记录第 49008—49009 页)。

〔4〕同上书,317 页(英文庭审记录第 49153 页)。

〔5〕程兆奇、向隆万主编:《远东国际军事法庭庭审记录·全译本(第一辑)》第 4 卷,上海交通大学出版社,2017,第 111—112 页(英文庭审记录第 4021—4022 页)。

〔6〕同上书,第 118—120 页(英文庭审记录第 4028—4032 页)。

〔7〕同上书,第 158 页(英文庭审记录第 4121—4122 页)。

〔8〕《远东国际军事法庭判决书》,张效林节译,向隆万、徐小冰等补校译,第 319 页(英文庭审记录第 49158—49159 页)。

〔9〕吴宇桢:寻找东京审判的失落历史,《文汇报》第 9 版(2014.11.12)。

〔10〕程兆奇、向隆万主编:《远东国际军事法庭庭审记录·全译本(第一辑)》第 4 卷,第 291—293 页(英文庭审记录第 4425—4429 页)。

〔11〕同上书,第 294—299 页(英文庭审记录第 4432—4448 页)。

〔12〕程兆奇、向隆万主编:《远东国际军事法庭庭审记录·全译本(第一辑)》第 5 卷,第 85—86 页(英文庭审记录第 5196—5201 页)。

〔13〕《远东国际军事法庭判决书》,张效林节译,向隆万、徐小冰等补校译,第

309—321 页(英文庭审记录第 49135—49164 页)。

〔14〕向隆万：《东京审判·中国检察官向哲濬》第 15—16 页(英文庭审记录第 3889—3892 页)。

〔15〕《远东国际军事法庭判决书》,张效林节译,向隆万、徐小冰等补校译,第 320—321 页(英文庭审记录第 49159—49164 页)。

〔16〕同上书,第 383—390 页(英文庭审记录第 49309—49326 页)。

〔17〕同上书,第 388—390 页(英文庭审记录第 49322—49326 页)。

〔18〕程兆奇、向隆万主编：《远东国际军事法庭庭审记录·全译本(第一辑)》第 5 卷,83—84 页(英文庭审记录第 5191—5193 页)。

〔19〕户谷由麻：《东京审判——第二次世界大战后对法与正义的追求》,赵玉蕙译,2016 年,第 227—228 页。

第十章

浩劫惊世

兽兵"杀人竞赛"

东京审判揭露出大量日本侵略罪行,其中最令世人震惊的是惨绝人寰的南京大屠杀。

从 1937 年 8 月 13 日至 11 月 2 日,在上海地区,中日双方进行了长达三个月的"淞沪会战"。虽然以上海沦陷告终,但是中国军民的顽强抗击,使日军侵华战争速战速决的狂妄计划成为泡影。

日军恼羞成怒,8 月 15 日,日本政府竟然颠倒黑白,悍然发表声明:"为了惩罚中国军队之暴戾,促使南京政府觉醒,于今不得不采取之断然措施。"[1]

上海派遣军司令官松井石根则多次提出进军南京的计划。他在 8 月 15 日的《阵中日记》中说"痛感应该举起铁锤使支那当局觉醒"。次日,他向陆军大臣杉山元进言:"宜举全力以中支那特别是南京政府为目标,通过武力的和经济的全面压迫,向全局迈进。……我军应以攻略南京为目的,向中支那派遣所需兵力(五个师团),一举覆灭南京政府。"9 月 17 日,松井向陆军参谋次长上书,他在"我的个人意见"中提出战争的第三阶段就是"攻略南京"。9 月 23 日他在日记中记述:"此日陆军省中山少佐归京,我托交杉山大臣书信,其要旨为:……三、江南地方作战的目标无论如何应是南京……"[2]

11 月 14 日,日军攻陷太仓;17 日,突破苏州外围昆山;19 日,苏州、常熟失陷;27 日,无锡陷落。

11 月 28 日,东京参谋本部下令"向南京追击。"12 月 1 日,参谋本部再次下达命令,命令华中方面军、上海派遣军等部队从陆上和水面夹击，"协同攻克南京。"

经过激烈战斗，日军于 12 月 2 日占领江阴、金坛、丹阳、溧阳、溧水；12 月 5 日占领句容；12 月 8 日占领镇江。中日两军开始在南京城垣四周激战交锋。

日军铁蹄从上海杀向南京，一路烧杀淫掠，愈演愈烈，制造了一系列暴行。许多日本士兵战后回忆中，以亲身经历揭示了许多日军的暴行。略举几例：

田所耕三的回忆："去南京之前，可以说是没吃没喝的两星期。开始还有米，但补给跟不上，看到农民吃红米饭，反正语言也不通，就用枪砸他们的脑袋，然后抢红米饭吃。头一旦被砸基本都死了。……一路烧光一座又一座村庄啊。"

曾根一夫在《私记南京大屠杀——战史中没有记载的战争故事》中则记载了他们如何逐渐丧失人性、烧杀奸淫的过程："随着对战场的适应，恶魔心也逐渐增强，偶尔会将俘虏来的敌兵以斩首方式处死""自以为有人性的我，进军到南京附近的句容时，却杀害了无辜的村民"，他还描述了他们奸杀句容村庄一名妇女的经过。[3]

图 10 - 1　日本报刊《日日新闻》对"百人斩"的连续报道

第四章提到高文彬先生发现"杀人竞赛"的报道，就是发生在日军向南京进击的过程中。十六师团的两名下级军官向井敏明和野田毅，从 11 月 27 日日军攻陷无锡开始，进行这场灭绝人性的比赛，以先用军刀杀死 100 名中国人为胜。日本报刊《日日新闻》竟然进行跟踪报道（见图 10 - 1）。

11月30日，该报首次登载了浅海、光本、安田特派员的报道，标题是"百人斩竞赛！两少尉早已超过80人"："据说向无锡出发后，一人早已斩杀了56人，另一人斩杀了25人。"

12月4日，该报第二次登载浅海、光本特派员题为"急速跃进，百人斩竞赛的经过"的报道："自出兵常州，加倍奋战，于2日18:00攻占丹阳城前，向井少尉已斩杀86人，野田少尉则斩杀了65人，两人展开了激烈的竞争。"

12月5日，浅海、光本、铃木特派员从紫金山麓发出题为"'百人斩'大比赛，勇壮！"的第三次报道："两少尉在攻陷句容城时，冲在最前线，勇猛奋战，直至攻陷前，两人取得了势均力敌的成绩：向井少尉斩89名，野田少尉斩78名。"

12月13日，这三名特派员进行第四次报道，标题是"斩百人竞赛'超纪录'"："片桐部队的勇士——向井敏明、野田毅两少尉于南京前开创了'百人斩竞赛'这种比赛的先例。二人在10日紫金山攻略的忙乱中，创出了106：105的百人斩纪录。……两人马上达成一致的意见：'那么就算我们平手吧。但是我们再杀到150人，怎么样？'11日果真开始了斩150人的竞赛。"[4]

这样的杀人狂，这样的新闻报道，在人类文明史上可谓空前！这两名兽兵没有逃脱法律的惩罚。1948年1月28日，经南京军事法庭审判，他们被执行枪决。

面对来势汹汹的日军，11月20日，国民政府发表《移驻重庆宣言》，宣示了迁至"陪都"重庆的目的和坚持抗战的决心。

然而，南京在法理上还是"首都"，孙中山先生的陵寝也在紫金山上。因此，南京是守是弃，引起了国民政府决策层的争论。蒋介石当时非常矛盾，他在11月26日的日记中写道："南京不能守，然不能不守，对上对下对国对民无以为怀矣。"当时"九国公约会议"正在比利时首都布鲁塞尔举行。蒋介石寄希望于英美等西方国家在会上对日本制裁;德国驻华大使陶德曼也在暗中向中方传达日本的停战条件。所以,蒋介石制定了"短期固守"的方针,任命主张坚守的唐生智将军为南京卫戍司令长官。[5]

尽管南京保卫战非常激烈,日军付出了重大伤亡的代价,但是南京卫戍部队兵力不足,防守战线过长,加之指挥有误,最终未能阻止南京陷落。12月11日,蒋介石两次下达撤退令,12日,唐生智召开军官会议,宣布撤退。当时南京三面被日军围困,只能从长江突围。但是江边人多船少,秩序极为混乱,以致大批无组织的部队滞留江边或退还城内,不少成为日军俘虏。

惨绝人寰浩劫

12月13日,日军攻入南京。此后长达六周中,南京经历了惨绝人寰的浩劫,日军的暴行真是罄竹难书。主要有以下几类:

第一类暴行是集体屠杀。

12月13日,日军进抵下关时,部分中国军民正在渡江。日本即以装甲车、机枪、大炮等武器向正在渡江和困在江边的中国军民猛烈扫射轰击,大量中国军民死于江中或岸边。日军攻占南京前曾下达"扫荡令",从12月13日起,日军在南京城内反复扫荡,在下关集体屠杀了大批放下武器的中国军人及普通平民(见图10-2)。尽管日军禁止军人把恶劣行为外传,许多日本兵在日记或家信中还是留下了真实记录。下面仅列举几段。

12月14日,日军十六师团步兵第三十三联队士兵高岛市良在日记中写道:"第一小队抓到了两百多残兵。大岛副官说:'不管是200

图 10 - 2 日军拍摄的扬子江岸下关的死难平民

还是 500，随便拖到什么地方都杀了！"于是将他们装入了车站的空置车厢。决定由小队协助重机枪队在扬子江边处理俘虏。……把人从仓库拉出来，共 1 200 人，让他们面朝江水，坐站在没膝盖的泥土中。命令一下，躲在后面战壕里的重机枪就一齐开火。他们便像骨牌一样倒下去，血肉横飞。"

12 月 16 日和 17 日，日军南京第二碇泊场司令部军曹梶谷健郎在日记中，连续描写令他恐惧的场面："凌晨 2 时左右，听到密集的机枪声，枪毙了大约两千名残兵。这是在扬子江边的下关进行的。……其中还有个看上去 15 岁左右的孩子。有无数具尸体，其景难以名状。""我亲眼看见凌晨 1 时左右开始枪杀 2 000 名残兵，持续了约一个小时。"[6]

在日军攻陷南京之前，留在南京的 20 余名西方人士，自发成立了"南京安全区国际委员会"，在南京城内西部划定一个区域作为中立的"安全区"，供无辜市民及难民躲避战火。但是日军照样到"安全区"肆虐。美国传教士费吾生（George A. Fitch）（即乔治·菲奇）在12 月 15 日的日记中这样记载："日军将离我们总部很近的一个难民

营 1 300 人全部抓去枪毙。……我们很难想到,我们将亲眼目睹当代
无与伦比的残暴与野蛮。"[8]

图 10 - 3 《拉贝日记》

"安全区"国际委员会主席、德国人拉贝(John H. D. Rabe)的大量日记(见图 10 - 3)对日军暴行作了充分的描述。例如他在 1938 年 1 月 5 日的日记中说:"昨天开启的汉西门今天又关闭了。克勒格尔看到大门外一条干涸的沟里躺着约 300 具尸体,都是被机枪枪杀或处死的平民。"[9] 1 月 22 日的日记中则引用了德国侨民施佩林(Edward Sperling)致德国驻华使馆秘书罗森(George F. Rosen)的信函:"在汉西门外,约有 500 个平民也遭到类似方式的枪杀。我估计被这样残暴杀死的有 5 000—6 000 人,全都是走投无路、手无寸铁的人。"[10]

日军第二类暴行是零散屠杀。

这方面的事例不胜枚举。美国传教士约翰·马吉(John G. Magee)从 1937 年 12 月 12 日至之 1938 年 2 月 5 日,向他的妻子福斯特(Irving H. Forster)写了许多信件,揭露了大量他亲眼目睹的日军暴行,至今作为档案保留在他的母校耶鲁大学神学院图书馆。他在 1 月 30 日的信中,提到一名 8 岁小姑娘一家的悲惨遭遇:

> 日本兵来到城东南的一座房子里。房子里共 13 人,除了一名 8 岁和一名 3 岁或 4 岁的小女孩外,全被日本兵杀死。8 岁的小女孩背上和侧面被刺了三刀,但没有死。死者中包括 76 岁的

老头和 74 岁的老太、母亲和三个女儿。三个女儿年龄分别是 16 岁、14 岁和 1 岁。两名姑娘被强奸三次，然后日本兵以最残忍的方式将她们杀死，那个 1 岁的小孩也被一刀刺死。[11]

这个小女孩名叫夏淑琴（见图 10 - 4），她侥幸活了下来，直到耄耋之年还多次向人们控诉当年日本鬼子对她家的血债。

图 10 - 4　幸存者夏淑琴老人

东史郎当时是日军第十六师团步兵第二十联队上等兵，他在日记中记载了 1937 年 12 月 21 日目睹的日军暴虐兽行：

这时不知从哪里拉来了一个支那人。……桥本提出了一个残酷的方案，就是把他装进袋子里，浇上汽油在点火。又哭又叫的支那人被装进了邮件袋里，袋口被紧紧地打了结。他在袋子里大哭大叫。战友们把袋子像足球一样踢来踢去，然后又往上面小便，像浇蔬菜一样。桥本从破烂不堪的汽车中弄来了汽油，泼到了袋子上，然后给袋子加上了一根长长的带子，拽着转来转去玩。有良心的人都皱着眉头在旁边看着这残酷的一幕。没有良心的则在旁边拍手加油。桥本点上了火。汽油一下子燃了起来。这时袋子中发出了惊恐的叫声,支那人用尽全身力气跳着,袋子也就跳着、翻滚着。牵着袋子的桥本说:"喂! 你那么热的话我让你凉快凉快吧!"说着把三个手榴弹连在带子上,又把袋子抛进了塘里。火熄灭了,袋子沉下去了,正当波纹快要归于平静时,手榴弹在水中爆炸了。水花一翻,就归于了平静,游戏结束了。[12]

东史郎(见图 10-5)是一位他所说的"有良心的人"。1987 年 12 月,他以 75 岁高龄,把在中国期间写的日记整理为《阵中日记》和《手记》,在日本出版,即著名的《东史郎日记》[13](见图 10-6)。他以此向中国人民谢罪,无情地揭露日军当年的残暴行径。他先后访问中国 7 次,不顾日本右翼势力的围攻、责问和恐吓,他到南京、北京、沈阳、上海等地作证,反省和讲述日军加害中国平民和俘虏的罪行,并到当年中国人被集体屠杀的实地指证。

图 10-5 东史郎

图 10-6 《东史郎日记》

南京大屠杀期间,南京市约有一二十家慈善机构,开展救济、医护、埋葬等慈善活动。以世界红卍字会南京分会为例,他们专门成立了掩埋组,从 1937 年 12 月 22 日起,开始掩埋尸体(见图 10-7)。1945 年该会公布了自 1937 年 12 月至 1938 年 10 月间掩埋尸体的详细统计:"总共四万三千零七十一名",统计表原件保存在南京市档案馆中。[14]

图 10-7　国际红卍字会掩埋大量尸体

南京崇善堂也是一家收埋尸体的私人慈善团体。战后在南京审判中,崇善堂董事长周一渔的证言中指出:"我当时统计掩埋尸体共十一万二千二百六十六具。"[15](见图 10-8)仅以这两家的统计,南京大屠杀的非正常死亡人数已超过 15 万!

1954 年 8 月 3 日,在中国抚顺法庭上,被告太田寿男曾作了日本部队掩埋尸体的供述。在列举了各处他经手或目睹的掩埋状况后,他的结论是:"南京事件中处理尸体的总数:南京碇泊场承担数约 10 万,进攻南京部队处理数约 5 万,估计共 15 万。"[16]

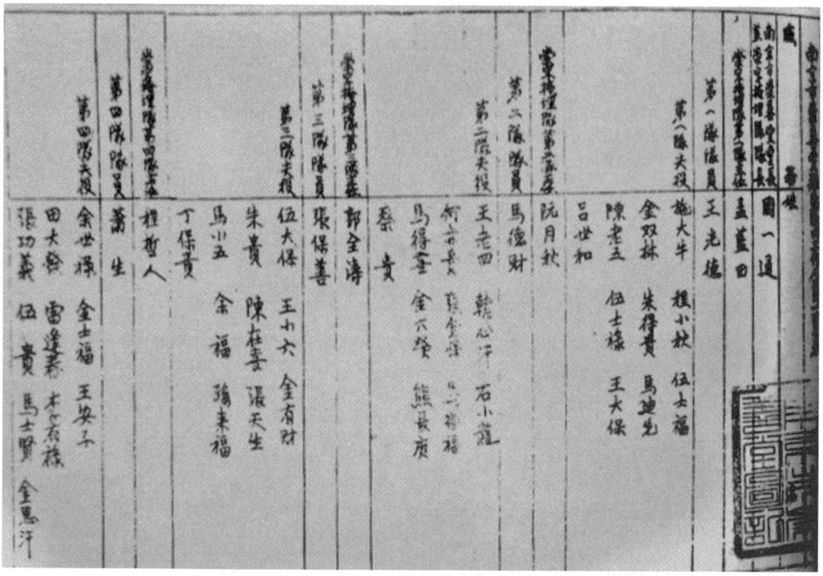

南京市崇善堂掩埋隊長 周一道
崇善堂掩埋隊第一隊主任 孟藍田
第一隊隊員 王光德
第一隊夫役 施大牛 賴小秋 伍士福 金双林 朱得貴 馬迪光 陳老五 伍士祿 王大保 呂世和
崇善堂掩埋隊第二隊主任 阮月秋
第二隊隊員 馬德財
第二隊夫役 王老四 韓必汗 石小龍 金六發 熊長庚 馬得奎 秦貴
崇善堂掩埋隊第三隊主任 鄒全濤
第三隊隊員 張保善
第三隊夫役 伍大保 王小六 金有財 朱貴 陳在喜 張天生 馬小五 余福 孫來福 丁保貴
崇善堂掩埋隊第四隊主任 程哲人
第四隊隊員 蕭生
第四隊夫役 余世祿 金士福 王安子 田大發 雷達泰 張功義 伍貴 馬士賢 金馬汗

图 10 - 8 南京南崇善堂掩埋尸体的部分记录

日军的第三类暴行是大规模的性暴行(见图 10 - 9)。

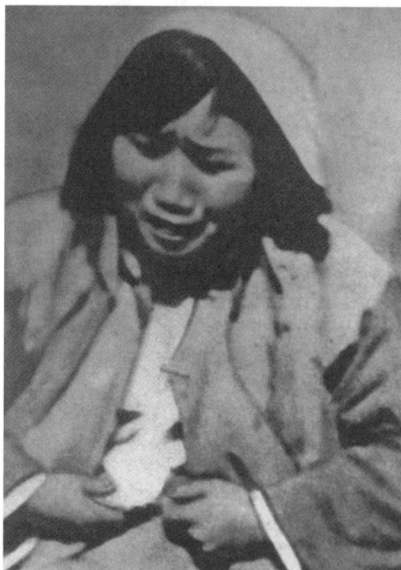

图 10 - 9 日军性暴力受害者

在日军占领南京期间,对中国妇女,不分年龄、职业、身份,甚至对孕妇、病妇,进行惨无人道的性暴力。数万中国妇女被强奸、轮奸,其中许多被蹂躏致死。其暴虐程度,骇人听闻。前面提到夏淑琴一家的悲惨经历,被杀死的 10 个人中,就有 2 名妇女和 1 名幼女遭到先奸后杀的兽行。

从受害人和西方见证人的控诉、日记、函电和媒体报道中,大量案例被公之于世。比如家住双闸乡的陈女士，在家中被强奸时年仅 12 岁；家住宝塔山的金女士有孕在身，却多次遭日军强奸；14 岁的回族马姑娘躲在防空洞也未能幸免，她被日本兵轮奸，她的母亲也被强奸。

日军还多次侵入安全区，或将大批妇女掳去奸淫，或夜间翻墙而入，摸索强奸。拉贝在 1937 年 12 月 17 日的日记中写道：

> 有一个美国人这样说道："安全区变成了日本人的妓院。"这话几乎可以说是符合事实的。昨天夜里约有 1 000 名姑娘和妇女遭强奸，仅在金陵女子文理学院一处就有 100 多名姑娘被强奸。此时听到的消息全是强奸。如果兄弟或丈夫们出来干预，就被日本人枪杀。耳闻目睹的尽是日本兵痞的残暴罪行和兽行。[17]

1938 年初，拉贝在呈交德国外交部的一份报告中估计："南京陷落后一个月内，2 万多名妇女被日军强奸。"[18]

除大规模强奸外，日军性暴行中充斥着种种变态和虐待狂。如先奸后杀、强迫南京同胞之间互奸、强迫僧侣强奸俗家妇女，甚至伤天害理地强迫家庭成员乱伦。大量案例简直难以卒读，本书实在无法引用。

日军之所以如此残暴，与其当局怂恿有关。日本兵曾受到训示："为了避免引起太多的问题，或者是给以金钱，或者事后将其杀掉。"

日军的第四类暴行是抢劫和掠夺（见图 10 - 10）。

日军攻占南京之前，早已军纪涣散。日军命令前线的粮食供应依靠"就地征发"，实际上就是命令部队从当地平民中抢劫。南京陷落后，日军更是肆无忌惮。官兵全员参与的大规模洗劫遍及市内每个角落。上至国民政府高官府邸，下至平民百姓住宅，都难逃劫难。日军第十六师团长中岛今朝吾曾闯入将蒋介石私邸，将古董、美术品

图 10 - 10　日本大肆抢劫

据为己有。他将这些物品连同其他各处抢来的赃物打成 32 个包裹寄往东京。

繁华的商业街道更是日军洗劫的重点。1938 年 1 月 15 日德国驻南京大使馆秘书罗森在"南京局势及日本暴行"的报告中描述了他在太平路和新街口广场目睹的惨状:

"日本人数周的恐怖统治使得城里的商业区,即太平路地区和所谓'波茨坦广场'以南的整个地区在肆无忌惮地掠夺之后变成一片瓦砾,只零星可见一些建筑物的残垣断壁。日本军队放的大火在日军占领一个多月之后,至今还在燃烧"[19]

1938 年 1 月 27 日,拉贝在日记中表示了对未来的忧虑:

今天上午,我和罗森博士[G. F. Rosen,德国驻华大使馆秘书。——笔者注]去了趟城东,一路上经过北门桥、国府路等地,所有房子被抢劫一空,其中约三分之一被烧毁。怎样振兴商店,目前对我们还是个谜。[20]

　　抢红了眼的日本兵，完全不顾外交规则，竟然闯入并未和日本宣战的各国驻华使馆进行抢劫。

　　1937年12月14日，日军攻入南京的第二天就首先闯入英国大使馆，将使馆内物品抢劫一空。之后，美国、法国、西班牙等国使馆都被日军抢掠和破坏。作为日本的盟国，德国和意大利使馆人员也未能幸免。例如1937年12月30日，意大利大使馆一名官员的住宅被两名日本兵闯入，偷走钱财；1938年1月8日，德国大使馆秘书罗森和行政官员沙芬贝格(Scharffenberg)的住宅遭受严重抢掠等。[21]

　　战前西方教会兴建的一批教会建筑也遭到抢劫和严重破坏。例如，日军进入南京第二天，就抢掠了位于太平路的美国圣公会；12月17日，抢劫了位于莫愁路等地属于美国长老会所有的房屋。

　　南京是著名的六朝古都，保藏了大量珍贵图书和文物。掠夺图书文物，是日军自上而下的决策。早在全面侵华战争之初，日本就成立了"中支占领地区图书文献接收委员会"，专职负责搜集中国图书。攻占南京后，9名日本特务人员从上海赶赴南京，对南京图书收藏状况作了大规模调查。他们调查了国民政府行政院、文官处、外交部、考试院、中央党部、交通部、教育部、省立图书馆、编译馆、紫金山天文台、中央研究院等70多个单位，然后大肆掠夺。1941年，日本公布的《中支建设资料整理委员会业务概要》披露了日军在南京掠夺图书的规模：

　　　　每天向调查所搬入十几辆卡车的图书。在调查所主楼的一、二、三层楼房间里，堆起了二百多座书山。

　　1938年8月，前述委员会将抢劫的图书分类统计，把"洋书单行本""欧文定期刊物""中国、日本定期刊物""汉籍""杂志"等相加，总数近90万册。而当时日本最大的东京图书馆藏书仅85万册。

另外,日军还从南京科研单位抢劫了十几万件科学标本,至于抢劫私人珍藏的古董文物更是不计其数。[22]

日军的第五类暴行是纵火破坏。

前面已经提到,日军在南京城内外抢劫的同时,伴随着纵火焚烧。这并不是个别日本军人所为,而是还有组织的暴行。日军向南京进攻途中已经一路纵火。日军第16师团步兵第33联队士兵高岛市良1937年11月14日的日记记载:"由于大队长命令:'发现可疑的村落就给我放火烧了它!'本部的士兵到处放火作乐。"日军占领南京的当天,根据第10军司令官柳川平助下达的命令:"应尽一切手段歼灭敌军。为此,如有需要,烧毁城区"。日军将许多劫掠一空的商业街区焚毁,大量街区建筑及民宅化为灰烬。

1937年12月21日,拉贝在日记中记载:"毫无疑问,日本人正在纵火焚烧城市,可能仅仅是为了抹去他们洗劫掠夺的痕迹。"

同一天,美国医生威尔逊(Robert O. Wilson)在日记中也有类似叙述:"到目前为止,超过一半的城池被烧光了。整个商业区都被点上了大火。"

特别严重的是,作为宗教文化名城,南京大量的寺庵、道观等建筑,也在日军纵火破坏之下成为废墟。例如1937年12月10日,日军攻占南京郊区。城南牛首山上的仙窟寺、幽栖寺以及文殊洞、观音洞,连同满山古树,都被日军放火全部烧毁。又如下关、西街、西葛和小西门等地,多处伊斯兰教清真寺也全部被毁。[23]

还有许多古典建筑和文物也遭毁坏。这些都是无法弥补的损失。

总之,南京大屠杀中日军暴行真是罄竹难书。梅汝璈认为:"南京大屠杀无疑地是第二次世界大战日军暴行中最突出的一件,它的残酷程度在整个第二次世界大战中或许仅次于纳粹在奥斯维辛对犹太人的大屠杀。"[24]

南京大屠杀发生之时,中外媒体都有报导。

日本攻陷南京后的第二天，即 1937 年 12 月 15 日，美国《芝加哥每日新闻报》（见图 10 - 11）就在头版登载了记者斯蒂尔（A. T. Steele）在撤离南京的美国军舰"瓦胡"号上写的报道，大标题是"Nanking Massacre Story（南京大屠杀纪事）"："'地狱中的四天'是形容攻占南京的经过最恰当的字眼。离开南京之际，我们最后见到的场面是一群 300 名中国人在临江的城墙前井然有序地遭处决。那儿的尸体已有膝盖高。南京城陷落的过程也是困在城中的中国城防军人难以言说的惊恐、混乱的过程，以及接踵而至的日本占领军造成数以万计的生灵，其中许多都是无辜老百姓遭屠杀的恐怖统治的过程。"

图 10 - 11 《芝加哥每日新闻报》

12 月 18 日，美国《纽约时报》（见图 10 - 12）也登载了记者德丁（F. T. Durdin）从"瓦胡"号军舰发出的专电，通栏标题是"南京的陷落标志着屠戮"，并加上"所有俘虏均遭屠杀""日本人在南京散布恐怖,平民也遭屠杀""美国大使馆官邸遭侵袭""南京陷落的灾害""老百姓伤亡惨重"等小标题。[25]

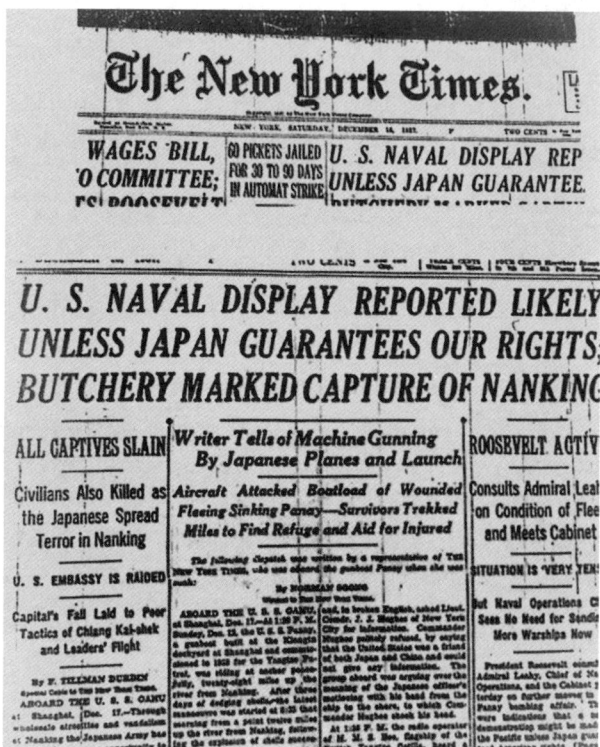

图 10–12 《纽约时报》

中外证人出庭

但是,由于日军封锁消息和销毁罪证,世人对南京大屠杀的规模和程度并不了解;作为检方举证,仅凭媒体报道是难以成立的。因此，如何为法庭提供充分的人证物证，便成了中国检察组的关键任务。

国际检察局对南京大屠杀的调查非常重视。

早在 1946 年 3 月，裴劭恒随向哲濬和两名美国助理检察官莫罗、萨顿到中国实地调查，历时 5 个星期，期间会晤了 31 名证人，他们共同撰写了题为《来自中国的报告：对平民的暴行》的调查报告。东京审判开庭后，他们再次到南京等地取证。从 1946 年 5 月 31 日到 6 月 12 日，他们搜集了大量证据，并邀集若干证人到东京出庭作证。裴劭恒还对 6 个典型案例进行了专门核对。

裴劭恒晚年曾回忆那一段亲身经历：

> 1946 年 3 月至 6 月，为了使侵华日军南京大屠杀的审判工作能够顺利进行，让战争罪犯受到应有的惩处，两度到南京寻找证人证据。因距开庭只有两个月时间，任务紧急，我顾不上顺道回上海家里探望父母，乘飞机直飞当时的中国首都南京，找到了司法部刑事司杨兆龙司长，要求配合取证，特别是对南京大屠杀的取证工作。当时，中国最高法院门口曾出了各布告，号召幸存者、目睹者、受害者及其亲属前来递交控诉材料。听说远东国际军事法庭派人来南京搜集证据，惩办日本战犯，为受害同胞申冤，一时间，中国最高法院门前挤满了愤怒投诉的人群，哭骂声不绝于耳。我们通宵达旦地翻阅登记了上万份控诉材料，从中挑选了 10 多份书面材料，按国际上通用的英美法律程序做了"誓证"，即证人、本国律师和外国律师一起在书证上签字画押。[26]

中国朝野也非常重视，1946 年 6 月各界成立"南京大屠杀案调查委员会"，共 51 名委员，由南京市临时参议会陈裕光议长和副议长陈耀东负责。委员中包括伍崇学等 16 位参议员、外交部司长杨兆龙和杨云竹,以及法律、新闻等各界贤达;并聘请了17位顾问,包括立法院副院长魏道明、文官长吴鼎昌、教育部长陈立夫、军政部长陈诚、外交部长王世杰、国防委员会秘书长王宠惠、最高法院院长夏勤、检察长郑钧等。

6月23日,调查委员会举行首次会议。9月12日,由陈裕光和陈耀东具名发出致外交部的公函,报告了初步成果:

> 迄现时止,已经调查有确实之证据而足为敌人罪行之证明者,计有一千八百四十余案。其中有柏鸿恩、殷有余二人系于敌人实施集体屠杀时,从九死一生中逃出,而已身受重伤者。又有陆李秀英一人,系被数敌人欲实行强奸而与之拼力格斗,身受刀伤三十三处之多,几濒绝命,卒赖鼓楼医院医师施救而能幸存人世者。此三案情形极为惨重,而证据亦极确凿。业经本会驻会委会决议,先将柏鸿恩等三案连同调查表照片等件,电请中国驻日代表团上海通讯处姚更生先生转我国驻日检察官向哲濬先生,提向东京战犯法庭,征调作证。至其余案件类此情形者固多,现正在整理审查之中。当再陆续检送作证。[27]

1946年8月21日,委员会把《男女死伤统计表》《敌人罪行种类统计表》《可提供作证被害人姓名、住址表》以及《南京大屠杀惨案述要》等文件,转送已在东京的中国检察官向哲濬。

经过四个月的调查,在《敌人罪行种类统计表》中,共列举日军暴行材料2 784件。其中包括:枪杀1 159件、刺刀刺杀667件、集体屠杀315件、拉夫285件、烧杀136件、打死69件、先刑后杀33件、先奸后杀20件、炸死19件、强奸16件、集体刑罚14件,等等。

1946年7月中旬至8月中旬,法庭审理日军南京大屠杀的暴行。

检方证人有11名,其中有8名跟随裴劭恒从中国专程到东京出庭。

7月25日，出庭的证人是前面提到的美国人威尔逊（见图10-13）。他是金陵大学医院的外科医生。1937年南京陷落后，医院收留的不少病人都是日军暴行的受害者或幸存者，包括老人、妇女和儿童。许多伤重者就死在医院。他以亲身经历控诉了日军罪行：

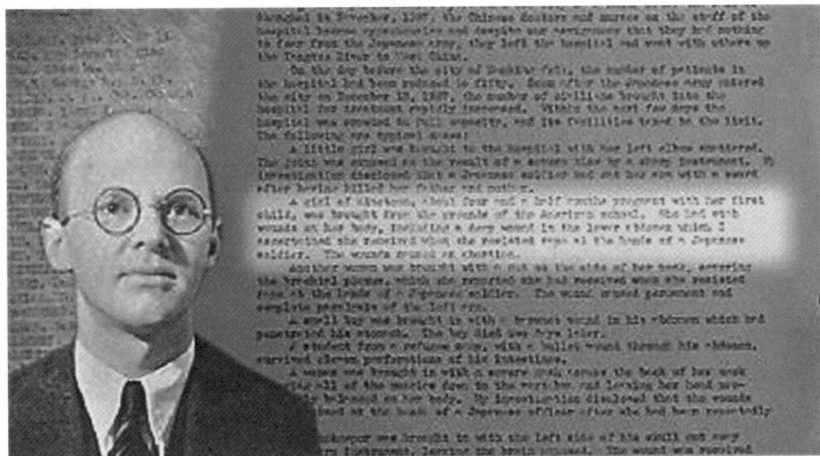

图10-13　威尔逊医师

我能想到的案例之一是一个40岁的女人。她被带到医院的时候，脖子后的肌肉全部被撕裂了，头摇摇欲坠。从她自己的叙述和带她来医院的人的叙述中，我们毫不怀疑地认为这是日本士兵所为。……一个八岁的小男孩被带到医院时，腹部被刺伤，胃被撕裂。一个男人来到医院，他的下巴被子弹打穿了，几乎无法说话。他身上有三分之二被烧伤。我们能回想起他的经历：他被日本兵抓住了，开枪，浇上汽油，点火。两天之后，他死了。另一个收治的男人，他的整个头部和肩膀被严重烧伤，但是还能说话。他告诉我们他是一大群人中的唯一幸存者，他们被绑在一起，浇上汽油烧。我提到的这些案例，我们都有照片。我们收治的一个60岁的老人，胸口被刺刀刺伤。他的经历是：他离开难民区回到城市的其他地方找一个亲戚。他遇到了一个日本兵,刺伤他之后把他扔到排水沟里自生自灭。6 小时后,他醒过来,他恢复了意识然后回到医院。自南京 1937 年 12 月 13 日沦陷后,如此的案例每天都有发生,持续了六七周。[28]

另外,日本占领南京前,出售鸦片是重罪,威尔逊从未在南京见过挂牌出售鸦片的商店。南京陷落后的一年间,他发现在一条主干道上竟然有 21 处公开售卖鸦片的商店。威尔逊作证一直延续到 7 月 26 日。

7 月 26 日,4 名中国证人出庭。

第 1 位是"南京安全区国际委员会"住房委员会负责人许传音博士(见图 10 - 14)。他是美国伊利诺大学博士,从 1928 年起一直住在南京。日军占领南京时,他是南京安全区国际委员会住房委员会的主要负责人兼红十字会会长。

南京陷落的第三天,他在南京城街头看到尸横遍野。他试图数清主干道两侧的尸体,很快就数到了 500 多具,以致他再也数不下去了。还有一天,许传音看到日本兵闯进安全区,用绳子把难民的手捆

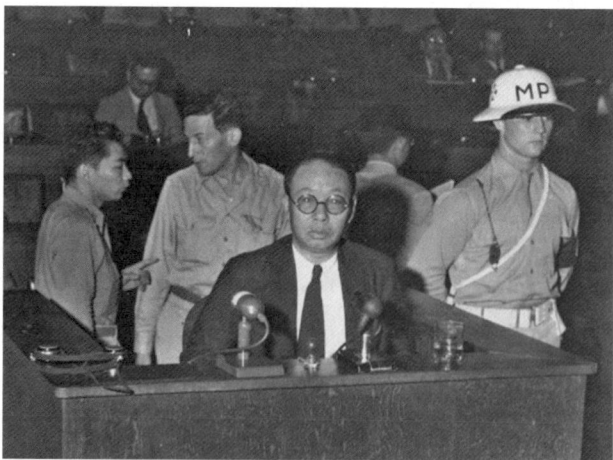

图 10 - 14　中国出庭证人许传音

在一起拖走;第二天早上,他在国际委员会总部附近听到机枪声,才知道那些难民已经被机枪打死,而尸体被抛入池塘。许传音还控诉了大量日军强奸、杀戮妇女的暴行:"日军对中国妇女的行为更为恶劣,我们简直难以想象这是在文明世界发生的事。""有一日,在其中一个营地,日兵开来了三辆卡车,企图将该营地内的女孩全部载走,把她们带到其他地方以便施暴。我赶了去——试图阻止他们,但却无果。这些女孩、女人,从 13 岁至 40 岁不等。"

许传音也讲到红十字会掩埋尸首的经历(见图 10 - 15)。他说:

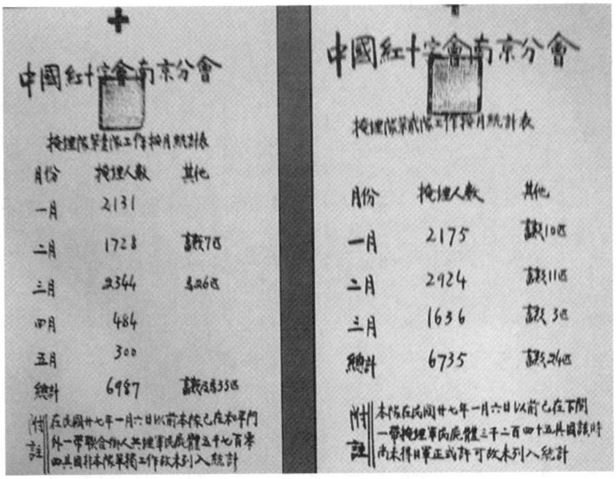

图 10 - 15　中国红十字会掩埋尸体的部分记录

约有200名常规的工作人员在做这种工作。我们收葬了43 000 多具尸体,但这个数字实在太小。因为他们不允许我们透露所收葬尸体的真实数目。起先,我们不敢给出数字,也不敢作任何记录。之我们后我们只是私自记录。这个数字仅仅代表我们收葬的人。他们皆是平民不是士兵。[29]

接着是 3 名南京居民作为受害者出庭作证,他们是尚德义、伍长德和陈福宝。

尚德义是一名零售商人。他在难民营被日军抓捕,和1 000多名男性平民被捆绑到长江边,日军集体机枪扫射前,他侥幸倒在地上,压在许多尸体身下,免于一死。

图 10 - 16　贝茨教授

伍长德是一名警察,陈福宝是南京市民。他们和尚德义相似,都被日军抓捕,几乎被机枪打死和被刺刀刺死。[30]

7月29日,金陵大学历史系美籍教授贝茨(Miner Searle Bates)(见图 10 - 16)(曾用贝德士、裴志等译名)作为检方证人被传到庭。他是"南京安全区国际委员会"的创始成员,委员会的宗旨是保护中国平民。他列举大量目睹的日军暴行。他说:

大量中国士兵放下武器投降了。在最初的72小时内,他们很快被押到南京城墙外,被机枪射杀,大部分的屠杀事件发生在长江边。我们国际委员会雇用劳力埋葬了3万多具中国士兵的尸体。

当他被助理检察官萨顿问及"日本兵对南京城内妇女的行为如何"时,他回答说:

这是整件事最粗鲁悲哀的一部分。在与我相隔最近的3户邻居家中,有妇女被淫辱,包括大学教师的妻子。有5次我遇到士兵正在行奸。我把他们从女人身上拉开了。就之前所述的安全区事件报告,和我自己所作的难民记录来看,总共有数百起奸淫事件。当时我已将具体细节附上交给了日本当局。我作的记录包括了3万名在不同地点、不同金陵大学大楼中的难民。南京攻陷一个月后,国际委员会主席拉贝先生向德国当局作了报告,称他和他的同事相信有不少于2万起的强暴事件发生。不久前我只根据安全区的报告作了保守估计,奸淫事件有差不多8 000起。每个白天黑夜,有大量不同的士兵团伙,通常15至20人一组,在城中游荡,闯入房子里搜寻女人。在金陵神学院,就在我一位朋友眼皮子底下,一名中国女子被17名日兵快速轮暴。我不愿重复个案中那些残虐变态的淫行,但我想说仅在大学内就有一名9岁的女孩儿和一名76岁的老妪被强暴。[31]

贝茨还就日本抢劫私人财物、烧毁建筑物和推销鸦片等罪行作证。8月7日,中国军医梁庭芳上尉出庭作证。

南京陷落前,他和医疗队奉命留在南京照顾中国伤员。他们穿上平民服装,住在一个难民营中。他叙述了日军把他们从难民营押到长江江边后集体屠杀的情景:

　　日军占领城池时,我们正住在难民营。16日,我们接到日军指令,要求前往南京境内长江沿岸的下关。我估计有5 000多人分为四列行进,且队伍长达3/4英里。当我们到那儿时,我们在江岸上排成一列。在队列两侧及队列前方排着机关枪和日兵。机关枪正对着队伍。有两辆卡车装载着绳子。日兵把人五个一组捆在一起,将他们的手腕绑到腰后。我瞧见这些小组中第一个人被日兵用来复枪射死,并被抛到了江里。……射杀持续4小时后,我和我的友人决定逃跑。于是约23:00的时候,我与我的友人冲向江边跳了进去。日兵朝我们开机关枪,但并未射中。江上有一陆岸。我们发觉水只没腰,于是便藏在陆岸下。借着阴影,日兵才未发现我们。然而,他们冲我们扫射机关枪,射中了我的肩。射杀犯人直至凌晨 2:00 方止。我因失血过多而昏了过去。[32]

这样,梁庭芳也侥幸逃生。

8 月 15 日和 8 月 16 日,检方最后一名证人,即前面提到的美籍牧师约翰·马吉出庭(见图 10 - 17)。从 1912 年到 1940 年,他一直在南京新教圣公会教堂任职。他列举了大量亲历的日军暴行,使人震惊。例如:

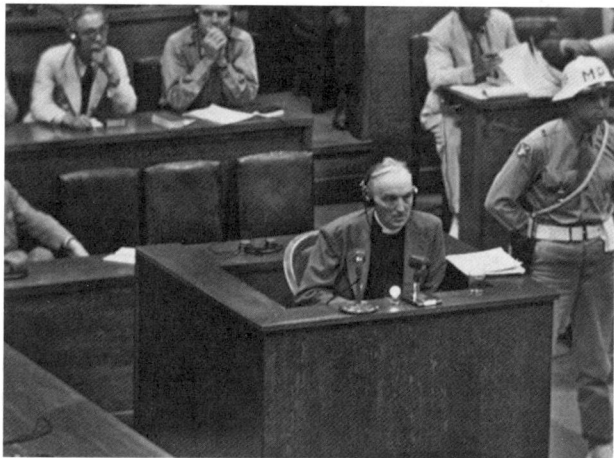

图 10 - 17　马吉牧师

我曾在一列被带出来杀死的人身边走过。这些人主要被步枪和机枪射杀。我们也知道几百人被聚集在一起然后被刺刀捅死。有一个女人告诉我,就在她面前,她的丈夫双手被绑住,然后被扔进池塘,当时她就在那里,他们并不让她救他。只是让他当着她的面沉下去。12 月 16 日,他们去了一个我非常熟悉的难民营,因为那曾是我们基督教教会的一部分,并从那个教会中带走了 14 个人,包括那个中国牧师的 15 岁儿子。4 天之后,14 个人中有一人,一名苦力回来了,告诉了我们剩下人的命运。他们和其他 1 000 多人被聚在一起,赶到长江边,用交叉火力机枪从各个角落进行扫射。……强奸每一天都在持续发生。很多女人甚至小孩被杀害。如果一个妇女抵抗或者拒绝,她会被杀死或者刺伤。我给其中的很多受伤妇女拍了照片和视频——妇女脖子被切开,浑身被刺伤。如果这些妇女的丈夫试图以任何形式帮助她,他就会被杀掉。[33]

极为难得的是,马吉牧师冒着生命危险,用 16 毫米电影摄影机摄下了长达 105 分钟的胶片,记录了日军烧杀抢劫强奸的真实场面,留下铁证,给世人留下了不可磨灭的印象。其第 4 号纪录片的说明中详细记录了夏淑琴一家遭受的暴行。不久前,马吉的儿子遵从父亲的遗愿,把当年使用的电影机连同所摄胶片,捐献给侵华日军南京大屠杀受难同胞纪念馆(见图 10 - 18)。

图 10 - 18　侵华日军南京大屠杀遇难同胞纪念馆——"和平之舟"

整个军队施暴

除出庭证人外,检方提供了多份书面证据,其中最令人注意的是南京市安全区国际委员会提供的档案。

安全区国际委员会的成员共 15 人,包括 7 名美国人、4 名英国人、1 名丹麦人和 3 名德国人。主席约翰·拉贝是德国人,在中国工作了 30 年。在日军占领并血洗南京期间,他和一些国际人士在艰难环境下,尽其所能地阻止日军疯狂施暴。他们设立的安全区为大约 25 万中国平民提供了暂时避难栖身的场所。他以特殊身份,通过西方人的视角,逐日记载了人类历史上极为罕见的一页。1942 年,他把 1937 年至 1938 年在南京所记日记,整理成书稿,命名为《轰炸南京》。尘封 60 年后,该书在德国问世。2009 年,其中译本以《拉贝日记》为书名在南京出版。前面已经多次引用其中的相关内容。

秘书斯迈思(Lewis S. C. Smythe)博士是美国人,金陵大学社会学教授。日军占领南京期间,他和拉贝主席几乎每天与日本驻华大使馆交涉。1938 年春,他在南京地区作了一番战争损害调查。调查结果以《南京地区战争灾祸——1937 年 12 月至 1938 年 3 月》为书名,由南京国际救济委员会于 1936 年 6 月出版。

1946 年 8 月 29 日至 30 日,由美籍助理检察官萨顿(见图 10 - 19)在法庭宣读《安全区国际委员会成员与档案》,包括 1937 年 12 月 16 日至 1938 年 1 月 4 日的 10 件档案,其中有拉贝和斯迈思以及 20 多名外国居民致日本驻南京使馆的信,严厉控告日军在安全区的胡作非为。

萨顿还宣读了其他书面证据,包括:《南京地方法院首席检察官

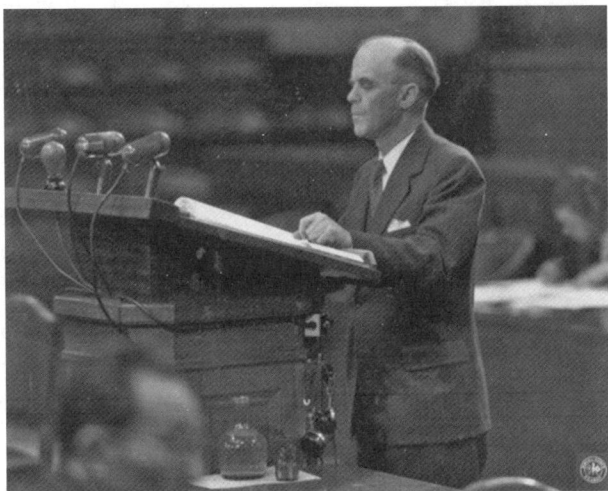

图 10 - 19　萨顿助理检察官宣读证据

的报告》《美国驻华大使馆 1938 年电报》《美国外交官阿利森（John Moore Allison）致美国大使的信》《德国驻华大使陶德曼（Oskar P. Trautmann）致德国外交部秘密电报》和《审问被告松井石根与武藤章的记录》，以及其他 18 名检方证人证词。这些证人中有 3 名美国见证人和 15 名南京受害市民代表。[34]

　　前面已经引述过部分证词，这里不一一列举。这里仅引用 1938 年 2 月 16 日德国驻华使馆陶德曼从汉口致德国外交部的绝密电报片段，他以日本盟国外交官的身份，报告了 1937 年 12 月 8 日至 1938 年 1 月 13 日南京发生的情况：

　　　　日军粗野的行径彻底改变了城市形象，每一天都在发生新的纵火事件。现在轮到了太平路、中山东路、国府路、九江路。整个南城和夫子庙被烧毁和掠夺殆尽。用百分比表述的话，城市的大约 30%—40% 都被烧光。整个这座城市完全变了。……尽管城里并没有中国人对日本人放一枪一弹，但日军还是射杀了超过5 000名无辜市民。这些被枪杀者有市政工作者、电力工厂的工人、水厂工人,他们都是无辜的。另一种悲惨事件是许多妇女被强暴,甚至对小孩也经常实施野蛮残暴行为。

这份绝密电报还表明,连德国外交官对日军的暴行都难以容忍。他的结论是:"缺乏纪律、犯下残暴罪行的不是某个士兵个人,是日本整个军队。"[35]

松井"兄弟"谬论

尽管日军在南京大屠杀中的暴行铁证如山,根据英美法,法庭仍然给被告及其辩护律师以自辩和举证的机会。

从1947年5月2日到1947年10月22日,先后有17名辩方证人出庭作证。他们是:日军海军陆军联络官青木武、日军海军第二联合舰队司令官三并贞三、日本驻华大使馆参赞日高信六郎、上海派遣军法务部部长冢本浩次、华中方面军参谋中山宁人、第十三野战重炮联队队长小幡实、外务省东亚局局长石射猪太郎、被告之一内大臣木户幸一、日军第三师团炮兵联队侦察队队长大杉浩、日军第十六师团参谋长中泽三夫(见图10-20)、上海派遣军第九师团第九山地炮兵队第7炮兵小队代理队长大内义秀、日军第九师团第三十六联队队长胁坂次郎、上海派遣军第十九步兵联队第一大队队长西岛刚、上海派遣军参谋长饭诏守、日军第十军法务部部长小川关治郎(见图10-21)、日军上海派遣军军事参谋榊原主计和松井总部非正式官员冈田尚(见图10-22)。

图 10‑20　中泽三夫

图 10‑21　作伪证的小川关治郎

图 10‑22　冈田尚

　　这些证人中,除木户和冈田之外,都是日军军官。他们的证词无非是本人未见暴行,或为松井石根涂脂抹粉,根本无法否定检方的各项证据。

　　有的证人还蓄意隐瞒真相,例如饭诏守在他的日记中多次提到,松井石根是进军南京的鼓吹者。"八一三事变"后,日本组成上海派遣军时,作为司令官的松井就说过:"应断然地用必要的兵力,以传统的精神,速战速决。比起将主力使用于北支,更有必要使用于南京","应在短时间内攻占南京。"但是在法庭上,饭沼守(见图 10 - 23)却只字不提。

两名被告武藤章(见图 10 - 24)和松井石根(见图 10 - 25)也做了

图 10 - 23　饭沼守

图 10 - 24　武藤章

自我辩护。

　　1947 年 11 月 13 日，美籍律师科尔(Roger F. Cole)宣读了武藤章的自我辩护词。篇幅不长，首先为松井石根辩护，说他曾下令维持严格的军纪；同时为自己洗刷，说他当时职务是华中方面军参谋长助理，没有决定权。武藤的自我辩护起了一定作用。结合其他证据，远东国际军事法庭虽对武藤判处绞刑，但是在罪名中剔去了南京大屠杀中的责任。《判决书》指出："1937 年 11 月至 1938 年 7 月期间，武藤是松井的参谋军官。在南京及其附近由松井所属部队犯下的骇人听闻的暴行，就是发生在这个时期。……

图 10 - 25　松井石根

武藤既居于下属地位，他自不能采取制止的措施。所以对于这一骇人听闻的事件，他没有责任。"但是，武藤章之后在菲律宾任山下奉文的参谋长时，日军不断对和平居民进行屠杀、拷问和杀害。《判决书》认为"关于这类极端违反战争法规的行为，武藤是责任者之一。"[36]他因之被判处极刑。

　　和武藤章不同，松井石根的辩护词长得多，1947 年 11 月 24 日，美籍辩护律师马蒂斯用了半天时间宣读松井的辩护词。

　　松井的辩护词首先把责任推在中国方面：

　　　　在中国军队撤退前，他们采用了所谓的"焦土策略"。他们炸毁或烧毁主要的运输设施和建筑。一些中国士兵将军装换成便装，变成游击队向我们士兵打冷枪，威胁到我们的后方。当地居民也与他们的军队合作。剪电话线,或安排信号火,不断破坏日本军队行动。有一个事实是毋庸置疑的。即在战争期间,中国军队和一些社会违法分子几乎总是会借混乱之机,进行抢劫和施暴。

接着,他尽量推卸自己作为最高指挥官的责任:

> 在南京战役中,有大量中国老百姓和士兵遭到炮击和子弹的袭击而身亡或受伤,这种情况是有可能的。但我对于检方文件中所说的"南京之战中的有计划的屠杀"之说不敢苟同。很显然,文件中所述的"关于日军下令并放任屠杀的行为"只能是诽谤。……日军攻占南京时,我正在苏州卧病在床;而且我只在南京呆了五天就离开了;作为华中方面军的司令官,我对前线官兵没有直接的指挥权。

更为荒唐的是,松井抛出"兄弟论":

> 我总是坚信中日两国之间的冲突是所谓"亚洲家庭"兄弟间的争吵。对日本来说,通过武力来营救日本侨民,保护我们受到威胁的权利和利益是不可避免的做法。这就像是兄长在长时间忍耐后痛打其年轻而又桀骜不驯的弟弟一样。[37]

从11月24日下午到25日,由加拿大籍检察官诺兰准将主持对松井的反诘。松井理屈词穷,频频以"没有""这是传言""我记不起确切的日期了""我根本没有听说过此事"等回答来搪塞。

世界共同记忆

由于中国检察组和美国检察人员的努力,日军南京大屠杀惨绝人寰的暴行公之于众,惊心动魄,震惊世界。法庭共接受了 37 件检方证据和 23 件辩方证据。在此基础上,《判决书》第八章"违反战争法规的犯罪"中专列一节"南京大屠杀",长达 9 页。详尽描述了日军暴行,节选如下:

> 1937 年 12 月 13 日早晨,当日军进入市内时,完全没有遭遇抵抗。日本兵云集在市内并且犯下了种种暴行。
>
> 日军单独地或者以二三人为一个小集团在全市游荡,实行杀人、强奸、抢劫、放火。当时是任何纪律也没有的。
>
> 在日方占领南京市的最初两三天内的期间,至少有一万二千人的非战斗员的中国男女和儿童被害了。
>
> 在占领后的一个月中,在南京市内发生了二万起左右的强奸事件。
>
> 据后来估计,在日军占领后最初六个星期内,南京及其附近被屠杀的平民和俘虏,总数达二十万人以上。[38]

在法庭定罪时,作为南京大屠杀日军部队司令的松井石根难辞其咎。《判决书》中这样定案:"中国军队在南京陷落前就撤退了,因此所占领的是无抵抗的都市。接着发生的是日本陆军对无力的市民长期持续的最恐怖的暴行。尽管日本籍的证人否认曾大规模进行残虐行为,但是各种国籍的、毋庸置疑的、可以凭信的中立证人的相反证言是压倒性且确凿的。在这六七个星期中,数以千计的妇女被强奸,10 万以上的平民被屠杀,无数的财产被盗劫与焚毁。当这些恐怖的突发事件达到最高潮时,即 12 月 17 日,松井进入南京城,并停留了五天至七天左右。本法庭有充分证据证明松井知道发生的事情。对于这些暴力行为他置若罔闻,或没有采取任何有效办法来缓和它。由于他怠忽这些义务的履行,不能不认为他负有犯罪罪责。"法庭最终以第 55 项诉因,即"怠于防止违约行为"罪,判决松井石根有罪,并处绞刑。[39]

另一名涉及南京大屠杀罪状的被告是广田弘毅,《判决书》中这样定案:"关于第 55 项罪状,他与这类犯罪有关的唯一证据,就是 1937 年 12 月和 1938 年 1 月和 2 月的南京暴行。日军进入南京后,他以外务大臣的身份,很快接到关于这类暴行的报告。至少一个月中仍继续有关此类暴行的报告。广田没有在内阁会议上主张立即采取措施停止暴行,以及他未采取其他可能的任何措施来停止暴行,这是他对本身义务的疏忽。他明知上述保证没有实行,并且每天都进行着数以百计的杀人、强奸妇女,以及其他罪行,他却以此种保证为满足。他的疏忽已达到了犯罪的程度。"法庭最终根据第 1 项、第 27 项和第 55 项罪状,判决广田有罪,并处以绞刑。[40]

远东国际军事法庭对日军南京暴行的起诉和审理,不仅是正义的审判,为几十万受难同胞申冤;又是一场遵循文明和法理原则的审判;还是一场真正的国际审判。受害人和见证人不仅有中国居民还有许多外国居民和外交人员,参加审理的检方辩方以及法官也都有不同国籍的人员。正是这些白纸黑字的档案,以及国际性质的审判,东京审判以铁的事实,将日本军国主义者的暴行,书写在人类历史的长卷上,永远无法涂改和抹杀。

然而,有些日本学者闭眼不看史实,竟然认定南京大屠杀是"虚构"的,例如吉本荣的《粉碎南京大屠杀的虚构》、富士信夫的《南京大屠杀是这样被编造出来的——东京审判的欺骗》、田中正明的《南京虐杀的虚构》、松村俊夫的《对南京大屠杀的大疑问》，等等，真是是可忍，孰不可忍！

实际上，中国政府部门和学者从未停止对南京大屠杀的追踪调查和学术研究。20 世纪 80 年代，南京曾进行多次抢救性调查。1984 年，曾在南京市 6 个城区、4 个郊县调查幸存者 1 756 名；1991 年暑假，侵华日军南京大屠杀受难同胞纪念馆和南京市教育局组织高中学生对这些幸存者进行回访，发现有 1 300 多名仍健在；1997 年，14 000 名大学生和高中生再次在南京 15 个区县 520 万人口中调查，发现仍有 1 213 名幸存者，并对对幸存者的证物和口述资料进行了系统整理；到 2017 年 12 月，幸存者尚有 100 名。

南京地区的学者在发掘整理和编辑出版南京大屠杀资料做了大量工作，包括张宪文主编的《南京大屠杀史料集》(72 册，江苏人民出版社，2005—2011)、《南京大屠杀史》(南京大学出版社，2014)、《南京大屠杀史料精选》(江苏人民出版社，2014)、《南京大屠杀重要文证选录》(凤凰出版社，2014)，朱成山主编的《南京大屠杀史研究与文献系列丛书》(31 卷，南京出版社，2007—2014)，张宪文、张建军主编的《人类记忆——南京大屠杀实证》(2 册，人民出版社，2016)等等。本章许多档案资料引自上述文献。

进入 20 世纪后期，海外学者逐渐关注南京大屠杀。1997 年，美籍华裔青年学者张纯如用英文写了专著《The Rape of Nanking——The Forgotten Holocaust of World War II》(见图 10 - 26)，引起西方主流媒体和普通民众的震动，很快再版 10 次，被《纽约时报》评为年度最受读

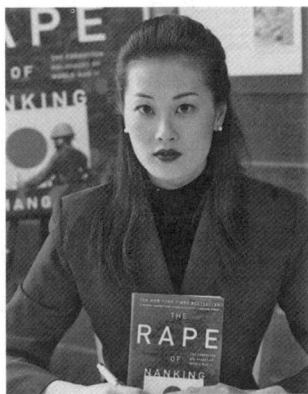

图 10 - 26　美籍华裔青年学者张纯如

者喜爱的书籍,其中译本也于 2004 年问世[41]。

美国麻省理工学院数学物理教授郑洪和英国作家大卫·戴维斯(David Michael Davies)则以小说形式分别撰写了《南京不哭》[42]和《雪中血,南京,1937》[43]。郑洪在书末题诗:"书成国恨心犹烈,唱罢梅花意未休"。戴维斯也说:"要用小说的形式来反映这段历史,让全世界的人知道南京大屠杀不仅是南京人的伤痛,不仅是这座城市的伤口,甚至不仅是中国人的历史记忆,也是全人类血腥耻辱的历史,人类都应该铭记和反思。"

2015 年 10 月 9 日,联合国教科文组织发布公告,所属世界记忆工程国际咨询委员会第 12 次会议决定,中国申报的《南京大屠杀档案》列入《世界记忆名录》的新增项目。至此,《南京大屠杀档案》和《耶路撒冷大屠杀证人档案》《安妮日记》以及《华沙起义》这三份档案一起,成为世界人民对二战期间德国和日本法西斯暴行的共同记忆。

2017 年是在南京大屠杀发生 80 周年。中国学者程兆奇教授的专著《南京大屠杀研究——日本虚构派批判》问世。这本书基于史实,包括松井石根和当时日军军官的作战日志及日记,对日本右翼谎言逐一批驳。本章已经引用过该书的论述。这里再引用该书披露的一项研究成果。1937 年 9 月被任命为日军第十军法务部长的小川关治郎,于 1947 年 11 月 7 日在东京法庭作证。他的宣誓证词中曾说:"1938 年 1 月 4 日,我在上海总部见到了松井将军。当时司令官强调:'要公正而严厉地惩处犯罪'。我严格按他的命令办事,履行我的职责。"时间、地点、人物都很具体,当时检方很难置喙。但是程兆奇在小川日记中发现,1 月 4 日他根本不在上海,而是在杭州和日军第十军司令官柳川平助中将商谈工作,并参加了一个欢送会。直到 1 月 7 日离开杭州到上海,1 月 15 日才在上海见到松井石根。程兆奇还指出:"15 日日记中详记了和松井见面的情况,松井大谈对中政略,如何推翻蒋介石政权,如何建立亲日派政权,如何实现'大量日本人移民支那的百年计划'等等,就是没有一字谈到军风纪。"这就清楚表明,小川在法庭做了伪证[44]。

2014年2月27日,中华人民共和国第十二届全国人大常委会第七次会议决定:将每年的12月13日确定为"南京大屠杀死难者国家公祭日"。当年12月13日,首次国家公祭仪式在"侵华日军南京大屠杀受难同胞纪念馆"举行(见图10-27)。习近平主席参加了仪式,并发表重要讲话。他说:

图10-27 国家公祭仪式

1937年12月13日,侵华日军野蛮侵入南京,制造了惨绝人寰的南京大屠杀惨案,30万同胞惨遭杀戮,无数妇女遭到蹂躏残害,无数儿童死于非命,三分之一建筑遭到毁坏,大量财物遭到掠夺。侵华日军一手制造的这一灭绝人性的大屠杀惨案,是第二次世界大战史上"三大惨案"之一,是骇人听闻的反人道罪行,是人类历史上十分黑暗的一页。

远东国际军事法庭和中国审判战犯军事法庭,都对南京大屠杀惨案进行调查并从法律上作出定性和定论,一批手上沾满中国人民鲜血的日本战犯受到了法律和正义的审判与严惩,被永远钉在了历史的耻辱柱上。

我们为南京大屠杀死难者举行公祭仪式，是要唤起每一个善良的人们对和平的向往和坚守，而不是要延续仇恨。中日两国人民应该世代友好下去，以史为鉴、面向未来，共同为人类和平做出贡献。[45]

2017 年 12 月 13 日，习近平主席再次出席南京大屠杀受难者公祭仪式。公祭仪式结束后，他亲切会见 89 岁高龄的夏淑琴等南京大屠杀幸存者，以及威尔逊之子、拉贝之孙等国际友人亲属代表。习近平说，无论历史的美好，还是历史的灾难，都需要真实。我们要擦清历史的镜子，抹去灰尘，以史为鉴，走好未来的路。

注释

〔1〕张宪文、张连红、王卫星：《南京大屠杀史》，南京大学出版社，2014 年，第 39 页。

〔2〕程兆奇：《南京大屠杀研究——日本虚构派批判》，上海交通大学出版社，2017 年，第 89—90 页。

〔3〕张宪文、张连红、王卫星：《南京大屠杀史》，第 319、387、402—405 页。

〔4〕张宪文、崔巍、董为民：《南京大屠杀重要文证选录》，凤凰出版社，2014 年，第 99—104 页。

〔5〕张宪文、张连红、王卫星：《南京大屠杀史》，第 45—46 页。

〔6〕〔7〕同上书，第 93—94 页。

〔8〕同上书，第 100—101 页。

〔9〕约翰·拉贝：《拉贝日记》（本书翻译组译），江苏人民出版社、江苏教育出版社，2009 年，第 295 页。

〔10〕约翰·拉贝：《拉贝日记》（本书翻译组译），第 397 页。

〔11〕张宪文、吕晶：《南京大屠杀史料精选（西方史料）》，江苏人民出版社，2014 年，第 103 页。

〔12〕张宪文、崔巍、董为民：《南京大屠杀重要文证选录》，第 49 页。

〔13〕东史郎：《东史郎日记》（张国仁、汪平等译），江苏教育出版社，1999 年。

〔14〕张宪文、张建军：《人类记忆 1——南京大屠杀实证（中方日方）》，第 56—57 页。

〔15〕张宪文、崔巍、董为民：《南京大屠杀重要文证选录》，第 327 页。

〔16〕孙宅巍：南京事件中处理的尸体，《南京大屠杀史料集》（张宪文主编）第 5 册，江苏人民出版社、凤凰出版社，2005 年，第 337—348 页。

〔17〕约翰·拉贝：《拉贝日记》(本书翻译组译)，第 156 页。

〔18〕张宪文、张连红、王卫星：《南京大屠杀史》，第 132 页。

〔19〕张宪文、吕晶：《南京大屠杀史料精选(西方史料)》，第 566 页。

〔20〕约翰·拉贝：《拉贝日记》(本书翻译组译)，第 425 页。

〔21〕张宪文、张连红、王卫星：《南京大屠杀史》，第 191—199 页。

〔22〕同上书，第 199—204 页。

〔23〕同上书，第 204—207 页。

〔24〕梅小璈、梅小侃：《梅汝璈东京审判文稿》，上海交通大学出版社，2013 年，第 405 页。

〔25〕张宪文、张建军：《人类记忆 2——南京大屠杀实证(第三方　战后审判)》，第 105—111 页。

〔26〕朱成山主编：《侵华日军南京大屠杀暴行日志》，南京出版社，2004 年。

〔27〕国民政府外交部档案 172-1-0899，第 28—32 页。

〔28〕程兆奇、向隆万主编：《远东国际军事法庭审记录·全译本(第一辑)》第 2 卷，上海交通大学出版社，2017 年，第 505—510 页(英文庭审记录 2527—2541 页)。

〔29〕同上书，第 3 卷，第 11—14 页(英文庭审记录 2561—2570 页)。

〔30〕同上书，第 25—30 页(英文庭审记录 2598—2610 页)。

〔31〕同上书，第 42—48 页(英文庭审记录 2634—2651 页)。

〔32〕同上书，第 340—342 页(英文庭审记录 3369—3374 页)。

〔33〕同上书，第 4 卷，第 55—59 页(英文庭审记录 3893—3905 页)。

〔34〕同上书，第 307—373 页(英文庭审记录 4458—4604 页)。

〔35〕同上书，第 370—373 页(英文庭审记录 4597—4604 页)。

〔36〕《远东国际军事法庭判决书》，张效林节译，向隆万、徐小冰等补校译，上海交通大学出版社，2015 年，第 607—608、623 页(英文庭审记录 49820—49821、49856 页)。

〔37〕东京审判文献丛刊委员会：《远东国际军事法庭庭审记录》(英文版)第 55 册，国家图书馆出版社、上海交通大学出版社，2013 年，第 344—377 页(英文庭审 33784—33881 页)。

〔38〕《远东国际军事法庭判决书》，张效林节译，向隆万、徐小冰等补校译，上海交通大学出版社，2015 年，第 510—514 页(英文庭审记录 49604—49612 页)。

〔39〕同上书，第 604—606、623 页(英文庭审记录 49814—49817、49856 页)。

〔40〕同上书，第 595—596、622 页(英文庭审记录 49791、49855 页)。

〔41〕张纯如：《南京浩劫——第二次世界大战中被遗忘的大屠杀》(*The Rape of Nanking — The Forgotten Holocaust of World War Ⅱ*, Public Affairs, 1997)，杨夏鸣译，东方出版社，2004 年。

〔42〕郑洪：《南京不哭》(中译本)，译林出版社，2017 年(*Nanjing Never Cries*, MIT Press,2016)。

〔43〕大卫·戴维斯：《雪中血，南京，1937》，凤凰文艺出版社，2018 年。

〔44〕程兆奇：《南京大屠杀研究——日本虚构派批判》，第 239—246 页。

〔45〕《人民日报》(2014.12.14)。

第十一章

青史留迹

法庭慷慨陈词

中国检察官团队在东京审判期间，留下了大量语言文字，成为坚持法理的历史见证。

除了和国际检察局同仁共同撰写的《起诉书》之外，最直接昭告世人的是：在法庭的起诉、直询、反诘与辩论。从《远东国际军事法庭庭审记录》中，可以找到中国检察官团队的法庭讲话记录。其日期、主题和篇幅列如下表：

中国检察团队出庭一览

年	月	日	出庭者	主　　题	册数	英文页码/页数
1946	5	14	向哲濬	补充关于管辖权的看法；对被告律师山冈关于中日宣战前无战事的驳斥；指出日本领导者也欺骗、愚弄和毁灭了日本人民	1	272-277/6
	7	22	向哲濬	关于提供中文翻译的意见；反驳辩方关于美国法官克拉默少将无权参加审判的提案	4	2350-2351/3
	8	15	向哲濬	开场陈述，关于日军针对平民的暴行以及在中国使用鸦片等毒品的罪行		3885-3892/8
		26	向哲濬	对法庭翻译的评价与建议		4299-4302/4
		27	向哲濬	反对辩方律师藤井五一郎对溥仪的反诘；宣读日本绑架诱导溥仪到东北的证据		4324-4326；4360-4369/10
		28	裘劭恒	直询童受民关于日本经济掠夺罪行	8	4423-4442/20

续　表

年	月	日	出庭者	主　　题	册数	英文页码/页数
1947	1	17	向哲濬	宣读笔迹专家对溥仪信件的鉴定	26	15543－15554/12
		20	向哲濬	宣读笔迹专家张风举的宣誓书		15707－15712/6
	2	27	向哲濬	拒绝将 1915 年中日条约作为书证文件	29	17432/1
	4	23	倪征燠	反诘被告桥本欣五郎	34	20637－20667/31
		28	倪征燠	反诘被告证人古山胜夫		20945－20959/15
	5	1	倪征燠	反诘辩方证人冈本季正	35	21200－21241/42
	5	7	向哲濬	无意反诘辩方证人益田兼利		21634/1
		8	向哲濬	对三名辩方证人书证的态度	36	21804－21807/4
	6	11	倪征燠	反诘辩方证人影佐祯昭（向哲濬宣读）	39	24007－24149/143
			向哲濬	宣读日本策划转移汪精卫的密电		24151－24162/12
	9	16	倪征燠	反诘辩方证人爱泽诚	46	28607－28608/2
		17	倪征燠	同上	47	28609－28626/18
			向哲濬	无意反诘辩方证人服部卓四郎		28709/1
		18	倪征燠	无意反诘辩方证人河边虎四郎，要求了解土肥原接受德国政府勋章的原因		28747－28749/3
			向哲濬	对辩方证人辰已荣一进行反诘，质问土肥原贤二在战俘营的作为		28755/1
	10	6	向哲濬	驳斥为板垣征四郎辩护的多项证据与证人	49	30047－30071 30144/26
			倪征燠	反诘辩方证人国分新七郎、古野伊之助、山协正隆、满所信太郎		30078－30142/65
			桂裕	提供检方证据文件		30144－30145/2
		7	桂裕	无意反诘辩方证人泽田茂	50	30157/1
			倪征燠	反诘被告板垣征四郎		30252/1
		8	倪征燠	同上	50	30338－30383/46
		9	倪征燠	同上		30385－30459/75
		10	倪征燠	同上		30461－30519/59

续　表

年	月	日	出庭者	主　　题	册数	英文页码/页数
1948	1	13	向哲濬	以日方电报驳斥板垣征四郎的辩护	60	37306－37307/2
		14	向哲濬	宣读沈阳事变的若干证据；与被告律师就板垣征四郎的罪行辩论		37311－37341/31
			倪征燠	同上		37341－37401/61
		15	倪征燠	以德国外交文件驳斥板垣的谎言	61	37403－37412/10
	2	9	倪征燠	反诘辩方证人宇垣一成	63	38801－38833/33
		11	向哲濬	宣读检方总结"沈阳事变及其后果"	63	39083－39111/29
			桂裕	同上		39111－39120/10
		12	桂裕	宣读检方总结"日本对满洲的统治"		39122－39135/14
			倪征燠	同上		39135－39165/31
			向哲濬	宣读检方总结"1937年7月7日时期日本获得对华北的控制""1937—1945年对中国的侵略战争"		39191－39218/28
			倪征燠	宣读检方总结"日本对中国的统治"		39278－39300/23
		19	倪征燠	宣读检方对土肥原贤二的起诉总结	65	40617－40662/46
		24	向哲濬	宣读检方对板垣征四郎的起诉总结	66	40984－41024/41
	4	16	向哲濬	宣读检方对土肥原贤二辩护总结的回复	78	48215－48248/34

　　＊此处"册数"栏指《远东国际军事法庭庭审记录（英文版）》（上海交通大学出版社，国家图书馆出版社联合出版，2013.7）中的册数；"英文页码/页数"栏则为英文庭审记录的原始页码，以及所占页数。

　　其中向哲濬出庭讲话 20 次，庭审记录中近 300 页；倪征燠讲话 18 次，近 700 页；桂裕讲话 4 次，27 页；裘劭恒讲话 1 次，20 页。

　　向哲濬的第一次发言是 1946 年 5 月 14 日，即检察阶段伊始，他的最后一次发言是 1948 年 4 月 16 日，也即检察阶段的最后一天（见图 11－1）。

图 11 - 1 中国检察官
向哲濬发言

本书第二章曾经引用过他在第一次讲话中,驳斥被告律师关于中日宣战前不存在战争的谬论。在那次讲话中,他还有一段重要论述。开庭之初,辩方律师抓住"法庭管辖权"发难。1946 年 5 月 13 日,辩方律师团副团长清濑一郎出庭发言(见图 11 - 2),他认为审判"反和平罪"和"反人道罪"并无先例,属于"事后法";他还提出其他一些理由,企图根本否定东京审判。为此,季南检察长(见图 11 - 3)和英国检察官柯明斯-卡尔(见图 11 - 4)都作了长篇发言予以驳斥。向哲濬在他的首次讲话中也严正声明:

开庭至今,精通法律的辩方律师首先质疑本法庭的管辖权,同时质疑本法庭成员的资格。我的检方同事在不同场合下进行

图 11 - 2 清濑一郎发言,企图根本否定东京审判

图 11－3　季南检察长发言

了答辩。除此之外，我想请法
庭允许我补充一些我本人的看
法。本法庭根据盟军最高统帅
的通告正式成立，符合盟国授
予它的权力；而其中的成员由
有关政府分别指定，受最高统
帅根据法庭宪章任命，我们现
在就是依据这份宪章开展工
作。我的主张是，我们并没有
制定新的法律，不像辩方律师
所指控的那样。该宪章只不过
包含了现行的法律与原则。

**图 11－4　英国检察官柯明斯-
卡尔发言**

就在这次讲话中，向哲濬还很明确地把日本人民和他们的领导人
区分开来：

此外，我认为中国人民始终对日本人民怀有最友好的感情。

但我们要向本法庭指出的是,他们的领导人欺骗了他们,愚弄了他们,而且摧垮了他们——毁灭了他们。为伸张正义,那些领导者应该为此承担责任,不仅对压迫中国人民,对世界和平负责,而且对日本人民负责。这就是我的主张。"[1]

当时能有此胸襟非常难能可贵。

在中国检察组所有成员的法庭陈述与辩论中,绝大多数内容都是基于证据,依照法理来起诉或批驳被告的罪行,很少情绪化的语言。本书前面曾引用过他们的多次发言,这里不多复述。

公函电报存世

中国检察官团队留下重要言论的第二条途径是东京审判期间发回的公函与电报。目前已找到向哲濬发给外交部和司法行政部等部门的函电有 83 封,其中 1946 年 28 封,1947 年 25 封,1948 年 30 封(见图 11 - 5、图 11 - 6)。其主题和日期列举如下:

1946 年

(1)【英文电报】报告偕裘劭恒秘书抵达东京并会见季南检察长(2 月 9 日)

(2)【英文电报】请急速提出日本侵华损失事实(2 月 11 日)

(3)【英文电报】要求检送松井石根、畑俊六所率部队之暴行及日本毒化我国之事实(2 月 12 日)

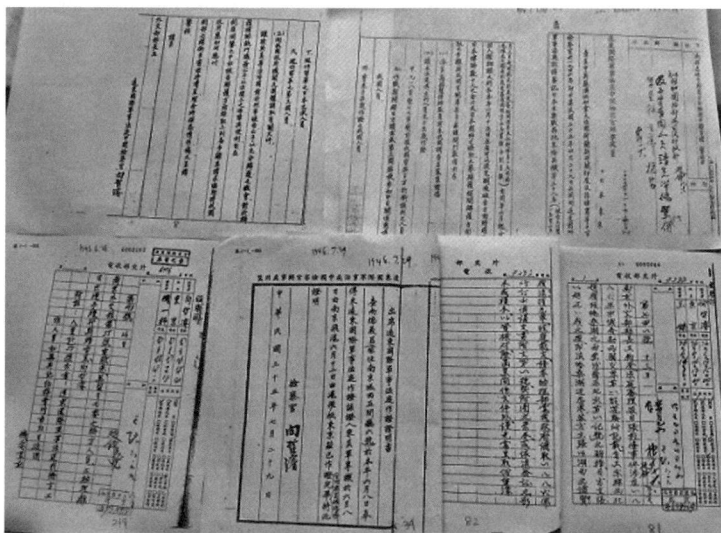

图 11 - 5　向哲濬发回的部分函电

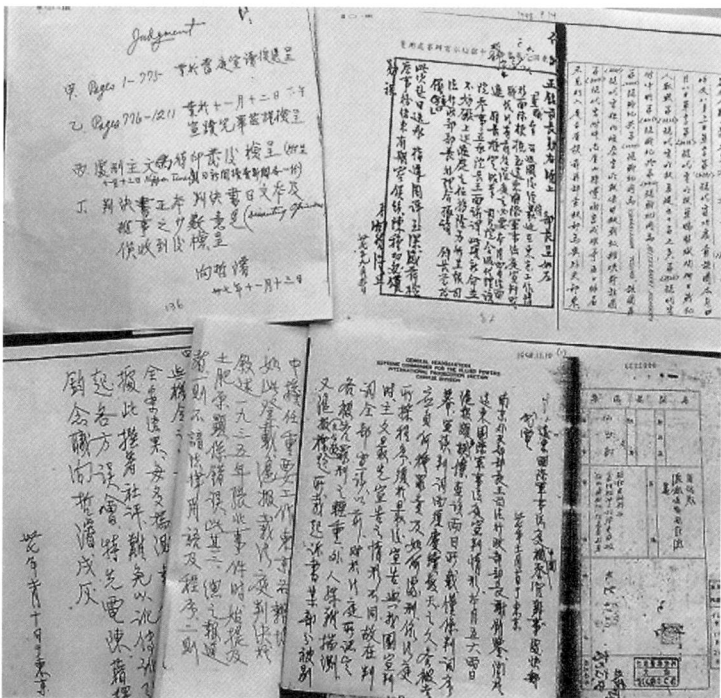

图 11 - 6　向哲濬发回的部分手书函件

(4)【英文电报】起诉书急需日军在华及香港、新加坡、泰国等东亚地区罪行(2 月 21 日)

(5)【电报】报告季南检察长访中国和太平洋各地调查日军暴行和收集证据(3 月 8 日)

(6)【电报】通报已陪同季南由上海飞抵北平(3 月 21 日)

(7)【电报】通报已陪同季南飞抵重庆(3 月 23 日)

(8)【电报】通报陪同季南访上海、北平、重庆,不日晋谒蒋介石委员长(3 月 24 日)

(9)【电报】需内蒙自治委员会成立日期,通报塞顿律师来南京上海商洽证人,以及要求杨光注领事被害文件(6 月 7 日)

(10)【电报】关于美籍检察人员塞顿律师和莫乐上校面约秦德纯次长、翁文灏院长出庭作证事宜(6 月 10 日)

(11)【公函】送英文文件,内容为季南离日返国的谈话数件,各检察官对其发言过多颇表不满(6 月 9 日)

(12)【快邮代电】报告季南检察长起诉要旨以及英国检察官声明(铅笔手书)(6 月 21 日)

(13)【电报】通报已向法庭提出日本侵略华北之证据(7 月 4 日)

(14)【公函】呈送远东国际军事法庭 1946 年 4 月 29 日至 6 月 21 日审判笔录一份计 15 本(7 月 10 日)

(15)【公函】续呈起诉书及检察长季南陈述之起诉要旨英日文各一份(7 月 10 日)

(16)【电报】通报秦德纯次长出庭作证四次,圆满结束(7 月 27 日)

(17)【公函】证明尚德义出庭作证(7 月 29 日)

(18)【电报】要求 1942 年 7 月本溪湖煤矿大屠杀案有关文件(8 月 5 日)

（19）【电报】要求马尼剌[今译马尼拉。——笔者注]殉难的杨光泩等七人中文名（8月14日）

（20）【电报】通报溥仪到东京后的活动（8月27日）

（21）【电报】报告溥仪于9月6日返苏（9月9日）

（22）【电报】报告从7月1日至9月10日分别就日本在我国之军事政治经济侵略及暴行与毒化各方面向远东国际军事法庭提出各种证据，并传讯中美英日证人；报告日本侵华案件告一段落，亟待选派精通英文法律及熟悉中日情形之政治经济专家来日襄助（9月12日）

（23）【公函】续呈远东国际军事法庭1946年6月24日至9月10日审判笔录一份计49本（9月15日）

（24）【公函】续呈远东国际军事法庭1946年9月11日至9月27日审判笔录一份计13本（9月30日）

（25）【电报】请派精通法律英语及中日情形专家来日襄助（10月3日）

（26）【公函】呈送远东国际军事法庭1946年9月30日至11月7日审判笔录计29本（11月8日）

（27）【公函】呈送远东国际军事法庭1946年11月8日至12月2日审判笔录计15本（12月3日）

（28）【公函】呈送远东国际军事法庭1946年12月3日至12月20日审判笔录一份计14本（12月28日）

1947年

（29）【电报】请暂缓派助理员（1月6日）

（30）【公函】呈报大川周明患精神病停止出庭，松冈洋右、永野修身病亡，尚有东条英机等25名出庭受审（1月7日）

（31）【公函】报告被告律师大举辩护中可能采取与中国有关的步骤，希国内权衡至当，做好准备（1月10日）

（32）【电报】报告法庭将休假两周,希倪征暌等四员顾问赶速来日本准备(1月24日)

（33）【公函】呈送远东国际军事法庭1946年12月23日至1947年1月20日审判笔录一份计19本(1月31日)

（34）【电报】报告检方证据提完,倪鄂吴桂四位顾问来日本(1月31日)

（35）【电报】报告休庭三周(2月10日)

（36）【电报】报告倪桂鄂三顾问抵日(2月10日)

（37）【电报】报告关于侵略我国东北之被告辩护今日下午开始,松井石根患病送医院诊治(3月18日)

（38）【电报】报告秘书裴劭恒因病辞职,请照准高文彬继任(4月3日)

（39）【电报】报告战犯大川周明患精神病未愈,法学裁定终止审判(4月10日)

（40）【公函】呈报战犯大川周明审判程序经裁定终止(4月10日)

（41）【电报】报告被告辩护关于东北者今晨完毕,关于我国本部者今日开始(4月24日)

（42）【电报】请商震团长专机带来淞沪停战会议录(5月2日)

（43）【电报】乞商谢冠生部长,暂缓倪首席顾问征暌返京(5月7日)

（44）【公函】呈送远东国际军事法庭1947年1月21日至5月5日审判笔录一份计55本(5月14日)

（45）【电报】报告首席顾问倪征暌担任之重要任务不日可完,准予月底首途回国(5月27日)

（46）【电报】报告首席顾问倪征暌首途返国。倪君成绩优

异,仍盼其东来共肩重任(6 月 2 日)

(47)【电报】苏日"张鼓峰事件"须调用 1886 年中俄议定书以资核对(6 月 13 日)

(48)【公函】呈送证人清水证言英日文各一份(墨笔手书)(6 月 13 日)

(49)【电报】报告日证人清水在法庭所谈内容(6 月 13 日)

(50)【电报】报告被告律师声请休庭六周,拟于月底回国述职并继续搜集必要证据(6 月 20 日)

(51)【公函】呈送远东国际军事法庭 1947 年 5 月 6 日至 6 月 19 日审判笔录一份计 31 本(6 月 21 日)

(52)【电报】报告法庭今日开庭及内容与出席人员(8 月 4 日)

(53)【公函】报告国际检察组从成立迄今的工作概况(10 月 2 日)

1948 年

(54)【信函】检奉季南建议释放第二批嫌疑名单一份,询问政府态度(钢笔手迹)(1 月 7 日)

(55)【电报】询问是否引渡季南建议释放的西尾寿造等约二十名 A 级日本嫌疑犯(1 月 19 日)

(56)【电报】报告上海《大陆晚报》《大美晚报》《字林西报》载东京中央社九日所发电讯与事实不符(1 月 22 日)

(57)【电报】报告向中央社调查真相并请更正,即希协助彻查(1 月 23 日)

(58)【电报】报告中央社记者李嘉承认所发消息事前未向检察处采访,内容实多谬误,当场表示歉意(1 月 23 日)

(59)【公函】1 月 10 日上海大美晚报所载 1 月 9 日东京电消息一则,与事实绝对不符,将详尽经过呈请鉴核(1 月 24 日)

（60）【公函】将 1 月 12 日以来审判进展情形请鉴核备查（2
月 4 日）

（61）【电报】（字迹不清）（2 月 10 日）

（62）【电报】报告各被告个人部分的起诉开始，关于土肥原
之论证由倪征燠担任（2 月 19 日）

（63）【电报】报告关于畑俊六、平沼骐一郎、广田弘毅及星
野直树四被告的个人罪行最后论证已陆续提出，关于板垣征四
郎由向哲濬于今日提出（2 月 24 日）

（64）【电报】报告关于冈敬纯、大岛浩、佐藤贤了、重光葵及
岛田繁太郎五被告个人罪行之最后论证已于前昨两日分别提出
（2 月 24 日）

（65）【电报】报告关于贺屋、木户、木村、小矶、松井、南次
郎、及武藤七被告个人罪行之最后论证已先后提出（2 月 26 日）

（66）【电报】报告国际检察处对各被告个人罪行最后论证
业于二日完毕，被告方面综合答辩已于同日开始。检方积极商
讨对策，准备应付（3 月 3 日）

（67）【公函】报告对于被告答辩理由，美国与苏俄有不同意
见，我方折中获英国方面赞同。经商定由各单位检察人员对被
告答辩书状作缜密研究。将目前审判进行情形备文呈请鉴核（3
月 4 日）

（68）【电报】报告被告辩论全部完毕，检方即日开始为简要
答辩，两三天内即可完毕（4 月 16 日）

（69）【电报】报告检方对东条等战犯最后反驳辩论已于今
日下午完毕。向哲濬今晨对于土肥原板垣等侵华主要战犯强调
指陈主要事实，严词驳斥。本案已辩论终结，审判长当庭宣布另
行定期宣判（4 月 16 日）

（70）【公函】呈送检方综合答辩书 22 本，最后答辩 2 本（4

月 20 日）

（71）【电报】报告休庭听候宣判期间拟回国述职，处务由倪征燠代办（4 月 25 日）

（72）【电报】报告无留日必要之检方人员正办理离境手续（6 月 26 日）

（73）【电报】推荐倪征燠作为推事，参加盟总法律组对西尾寿造、多田骏等主要罪犯的审判（7 月 3 日）

（74）【快邮代电】关于主要战罪嫌疑犯西尾寿造等一案，续陈三点意见（墨笔手书）（7 月 16 日）

（75）【电报】报告 8 月 14 日返国（7 月 29 日）

（76）【电报】报告 14 日偕秘书高文彬乘美琪将军号轮返沪转京（8 月 14 日）

（77）【信函】感谢外交部黄正铭司长周详指导，并请转呈致部长的汇报（墨笔手书）（9 月 14 日）

（78）【公函】呈送远东国际军事法庭从起诉至辩论终结时之全部审判笔录证件缮本（10 月 20 日）

（79）【电报】报告远东国际军事法庭今日开庭及出席者（11 月 4 日）

（80）【快邮代电】陈述国内报纸关于远东法庭审判战犯之记载多有讹误（钢笔手书）（11 月 10 日）

（81）【信函】报告 11 月 4 日以来庭长已宣判之判词。与倪首席顾问推测，土肥原、板垣、松井、东条等多数被告均可望判处死刑，可能处死之被告有十四五名之多（墨笔手书）（11 月 10 日）

（82）【电报】指出上海报纸对审判颇多误传（11 月 12 日）

（83）【快邮代电】呈送战犯宣判纪录（钢笔手书目录）（11 月 13 日）[2]

这些函电大致可以分为几类。

第一类函电是寻找证据和证人,本书第四章、第六章、第七章、第八章都曾引述向哲濬发回的有关电报。

第二类函电是汇报法庭的审理进程,这类函电数量最大。这里引述向哲濬在 1947 年 10 月 22 日发出的一件公函,概括了国际检察局[公函中也常用"国际检察组""国际检察处"等不同提法。——笔者注]一年半的主要工作。

国际检察组工作概况

(一)国际检察组于中华民国三十四年十二月成立,远东国际军事法庭于三十五年一月成立。我国代表检察官于二月抵日。哲濬代表检方于三月初偕美国检察官兼检察长季南等赴渝请训,并往沪平宁等处调查证据。四月二十九日向法庭提出起诉书,以发动侵略、破坏战规、违反人道等罪,诉东条英机等主要战罪嫌疑犯二十八名(内松冈洋右及永野修身在受审中先后病故,大川周明患精神病,停止审判程序)

(二)三十五年五月三日,远东国际军事法庭开始公审。检察方面将繁复庞杂之案情分为下列部分,分别提证:1. 日本宪法与政府;2. 战争宣传;3. 侵略中国东北;4. 侵略全中国;5. 施行毒化政策;6. 经济侵略;7. 与德意阴谋侵略;8. 侵略法属越南;9. 侵略苏联;10. 侵略英美;11. 侵略荷印[即荷属印度尼西亚。——笔者注];12. 违反战规;13. 违反人道;14. 个人部分。

检方提证自三十五年六月四日开始,至三十六年一月二十四日完毕,计证人 104 名,证件 2 285 件,法庭纪录已逾 450 万字,即此已超过纽伦堡全案纪录。

(三)辩护方面关于下列各部门与三十六年一月二十四日

开始提证：1. 一般；2. 中国东北；3. 全中国；4. 苏联；5. 太平洋区域；6. 各被告个人（按各被告姓氏之英文字母排列先后）。截至本月 22 日为止，被告方面已举证人 300 余名，证件逾千，全部审判笔录已达 31 561 页。

（四）最后之辩论，预计可于三十七年一月开始，大约两个月内完毕。然后听候法庭对于被告二十五名予以判决。

（五）关于土肥原贤二及板垣征四郎两被告审讯经过，另纸开陈。

远东国际军事法庭中国检察官向哲濬（印章）

三十六年十月二十二日于日本东京"[3]

建议引渡嫌犯

在这类函电中，不乏向政府提出的建议。

例如向哲濬曾发回电报，如果高级官员出庭作证，必须在心理和材料上做充分准备。这一建议非常及时，促使秦德纯等证人圆满完成任务。

又比如，1948 年初，根据季南检察长的建议，盟军释放了一批已拘押的战罪嫌犯，其中包括曾任关东军参谋长及中国派遣军总司令官的西尾寿造和华北方面军司令官的多田骏等人。向哲濬连发两封电报，通报信息，并建议中国引渡这些战犯，由中国主持审讯（见图 11-7）。1 月 17 日的电报中说："季南向华盛顿建议释放第二批嫌疑人事，濬日前电部报告。兹检奉名单一份。又：多田骏及西尾寿造两名，我国政府对之态度如何？"1 月 19 日的电报则说："顷探悉久受

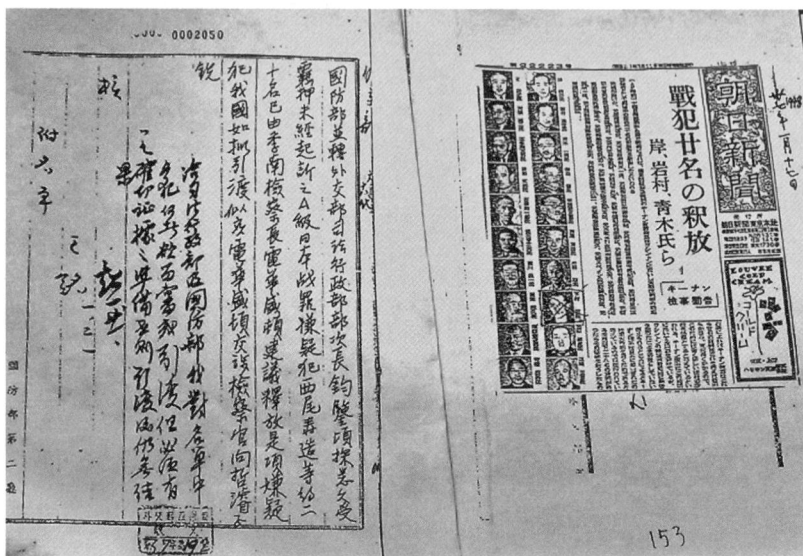

图 11 - 7 向哲濬建议引渡岸信介等 20 名日本战争嫌犯

羁押未经起诉之 A 级日本战罪嫌疑犯西尾寿造等约二十名,已由季南检察长电华盛顿建议释放。是项嫌疑犯我国如拟引渡,似应电华盛顿交涉。"[4]

电报后面附上了 20 名拟引渡的名单:"一、岸信介(前商相);二、岩村通世(前法相);三、青木一男(前大东亚相);四、寺岛健(前通相、海军中将);五、安藤纪三郎(前内相、陆军中将);六、西尾寿造(前日军驻华总司令、前东京都长官);七、多田骏(前参谋次长);八、下村定(前陆相);九、丰田副武(前军令部总长);十、高桥三吉(前联合舰队司令长官);十一、谷正之(前外相、前情报局总裁、前驻伪大使);十二、天羽英二(前情报局总裁,《天羽声明》为其所发);十三、本多熊太郎(前驻德、驻伪大使);十四、后藤文夫(前大政翼赞会副总裁);十五、石原广一郎(前石原产业社长、军需财阀);十六、儿玉誉士夫(前日本驻沪海军部嘱托);十七、笹川良一(前国粹党总裁);十八、葛生能久(前黑龙会主干);十九、须磨弥吉郎(前驻宁总领事兼大使馆参事、驻西班牙公使）；二十、安倍原基（前警事总监）"。

1月21日，外交部次长叶公超在向哲濬来电上曾有批语："恰司法行政部及国防部，我对名单中各犯何者应留审或引渡，但必须有确切证据之准备，否则引渡后仍无佳果。"[5]要做充分准备是对的，可惜当时国民政府没有引起重视，最后否定了向哲濬的这项建议，决定不引渡。岸信介在20世纪50年代曾两度担任日本首相。当向哲濬看到报上刊登岸信介任职的消息，非常不满，曾大声呵斥："岂有此理！战犯被任命为首相，还有法纪，还有正义吗?!"[6]

还有一封信函也值得深思。1948年11月4日，韦伯庭长开始宣读《判决书》。11月12日，宣读对25名日本甲级战罪嫌犯的判决。就在宣判的前两天，向哲濬亲笔写了一封信函给外交部长王世杰，预测宣判之结果（见图11-8）。信上说：

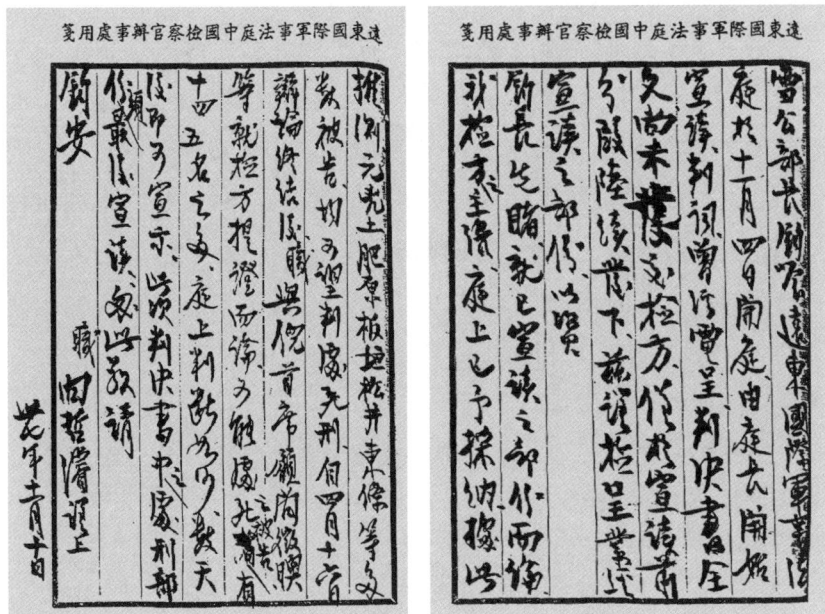

图 11-8　向哲濬、倪征噢预测判决结果

　　雪公部长钧鉴：远东国际军事法庭于十一月四日开庭，由庭长开始宣读判词，曾经电呈，判决书全文，尚未发交检方。仅于宣读前分段陆续发下，兹请检呈业经宣读之部分，以资钧长先睹，就已宣读之部分而论，我检方之主张，庭上已予采纳。据此，元凶土肥原、板垣、松井、东条等多数被告，均可望判处死刑。自四月十六日辩论终结后，职与倪首席顾问征噢等，就检方提证而论，可能处死之被告有十四五名之多。庭上判断如何，数天后即可宣示。此次判决书中之处刑部分须最后宣读，匆此敬请钧安。

职向哲濬谨上
三十七年十一月十日[7]

　　这里，向哲濬作了两条预测。

　　第一条预测是侵华元凶土肥原、板垣、松井、东条等被告"均可望判处死刑"。两天后，这条预测应验了。

　　第二条预测是"可能处死之被告有十四五名之多"，这条预测与两天后的宣判有很大差别。最终被判处绞刑的只有七名，除前面提到的四名战犯外，还有木户幸一、武藤章和广田弘毅三名战犯。应当指出的是，当时中国法官梅汝璈早已知晓宣判结果，但是并未和向哲濬和倪征噢通气。实际上，倪征噢应外交部长之嘱，曾协助梅汝璈法官撰写《判决书》的相关内容（见下一章），他也不知道对被告的量刑和判决，既反映检察官和法官独立工作的审理体制，也说明三位法学家恪守职业道德的高尚品格。

　　第三类函电是关于人事安排以及对团队工作的评价。比如本书第八章曾经提到，1947 年 4 月 3 日，向哲濬致外交部一封电报，由于首任裴劭恒秘书因病辞职，他希望外交部批准年轻的翻译高文彬作为候补的中国检察官秘书。其中对这位东吴大学法学士高文彬有很高的评价：

查东条等已开始积极辩护，本处人少事繁，高君成绩优良，深资臂助。拟请分别照准。[8]

对首席顾问倪征燠的贡献，向哲濬更是赞不绝口，多次在函电中提及。例如："倪首席顾问现在担任之重要任务不日可完，准予月底首途回国"（1947 年 5 月 27 日）；"倪君在日成绩优异，极受推重。检方在国内尚有要公待办，已请准兼顾，乞饬协助。将来仍盼其东来，共肩重任。"（1947 年 6 月 2 日）向哲濬还向王世杰推荐，派倪征燠参加由盟军总部主持的对西尾寿造和多田骏等战罪嫌犯的审理："倪君在检方工作，成绩卓异，法学才识俱优，为各方所推重。"（1948 年 7 月 16 日）[9]

第四类是呈送东京审判从起诉至辩论终结时之全部审判笔录证件缮本，以及其他重要文档。1948 年 10 月 20 日向哲濬的公函中，概括了中国检察组整理呈报的材料，共有："（1）自起诉至辩论终结时之审判笔录（计 48 412 页，分订 226 卷）；（2）远东国际军事法庭审判笔录节本；（3）国际检察处综合辩论书；（4）国际检察处对被告方面综合答辩之最后反驳书；（5）远东国际军事法庭接受检察、被告两方所提证件之缮本（共 3 915 件，计检察处提出者 2 282 件，被告方面提出者 1 633 件）；（6）上述索引册。"该公函还"附呈清单一纸及文件四箱。文件四大木箱另行委托中国旅行社运京[指南京]代呈。"[10]

还有一类比较特殊的函电是驳斥媒体的不实报道，一共有两次。

第一次发生在检察阶段的尾声。1948 年 1 月 10 日，上海的《字林西报》和《大美晚报》等报纸刊载了中央社记者提供的消息，认为中国检察官提出的证据太少，甚至还不如新西兰，严重歪曲了事实。向哲濬极为震怒，一方面他和倪征燠找到中央社的那名记者，厘清事实；一方面在三天内连发三封电报给外交部：

　　　顷闻一月十日上海大陆、大美、字林等报载东京中央社九日所发表日军在华暴行证据之电讯，查职与检方既未发表上项谈话所载内容，又显与事实不符。除向该社声明更正并激究来源外，谨先电陈。（1 月 22 日）；

　　　所载内容不特与事实绝对不符，且该社记者亦绝未为采访上项消息与中国检察处人员有所接触，如此颠倒是非，殊深骇异；影响所及，足以引起各方误会。且内中复有涉及法官之处，更有查究其来源之必要。除已向该社调查真相，并请更正外，特电奉闻。（1 月 23 日）；

　　　顷会同倪参事征暎质询中央社东京记者李×，据其承认，稿系其所发。关于远东国际法庭中国检察处提证之消息，事前确未向检察处采访，内容实多谬误。除当场表示歉意外，并承诺立即重新发稿，翔实报导以资更正而明真相。（1 月 23 日）

　　1 月 24 日，向哲濬还手书一封长信，指出中央社报道多方面"与事实不符"。他指出，从开庭到 1947 年底，法庭共接收证件 3 686 件，其中检方提出的有 2 391 件。"仅就日军在华暴行一节而言，迳由本处在国内搜集向法庭提出者有 99 件。其他大部分文件均为证明各被告之侵略阴谋，并同时证明该被告等因职务关系对于军队暴行亦应负其责任。以上各证件仅有法庭记录可考。至本年一月，职与倪首席顾问征暎于反驳阶段中所提出之证件 30 余件尚未计算在内。中央社本月九日所载，中国方面就全案仅提证件月 30 件，其中关于日本暴行者仅 17 件云云。核与事实绝对不符。"

　　另外，经过查对，中国检察组发现新西兰仅有记为第 1880A 号的一件证据被法庭接受，向哲濬气愤地说："中央社载称某法官曾指

出纽西兰［即新西兰］尚能提供暴行证据达 300 件之多云云，相差如
是之钜。"

阐明真相后，在这封信件中向哲濬还表达了全体检察组成员顾
全大局和努力工作的决心：

> 职自奉命来此办理检察事务，事繁人少，与在事各员，昕夕
> 从公，未敢懈怠。……此次无端受人凭空指摘，远道传闻失实，
> 难免引起各方误会，同人等咸感惴惴不安。经职劝勉再三，均仍
> 照常努力工作。此次事件，自亦不便对外声述。[11]

第二次发生在法官量刑拟判阶段。从 1948 年 9 月开始，中央社
记者又连发关于东京审判的报道和评论内容严重失实。对此，梅汝
璈法官在 9 月 16 日发给外交部的电报尖锐地指出：

> 该项报道尽系一知半解之论及捕风捉影之谈，大都与事实
> 毫不相符。该记者目的固似欲骇人听闻，或非十分恶意，但其见
> 解浅薄，全凭主观，多不中肯。如谓"法庭确认战争起于偷袭珍珠
> 港而非始自九一八攻占沈阳"一端，即为完全信口雌黄，与判决书
> 中业经多数通过部分所持论断恰恰相反。梅法官同时又非常无
> 奈："依照一般司法惯例及法官道德，璈此际又不能有所声明辨正，
> 无已，惟有听之异日判决书正式公布，真相自可大白。"[12]

正如前面所述，向哲濬和梅汝璈独立工作，并不通气，但是媒体
的报道却是公开的。1948 年 11 月 4 日，韦伯庭长开始宣读《判决
书》，5 日和 6 日，《大公报》等报纸又匆忙预测宣判结果。看到许多误
传，向哲濬感到不能沉默。他两次致电外交部：

关于远东国际军事法庭宣判情形,本月五六两日沪报颇多误传。……总之,报道者一则不谙法律用语及程序,二则无机会详阅甫经宣读部分判词,而对于全案结果,每多揣测。报馆编辑复据此撰著社评,难免以讹传讹,引起各方误会,特先电陈。(11 月 10 日)以及"各被告应负何种罪责及如何处刑须于最后宣告,外人殊难揣测。沪报所载起诉书某部分被剔除,及某被告少提及云云亦与事实不符。"(11 月 12 日)[13]

接受媒体专访

尽管有这两次不快,在东京审判的全过程中,中国检察组和中国媒体还是配合较好的。实际上,中国检察官团队留下重要言论的第三条途径就是通过媒体报道和专访。

根据不完全统计,仅从《中央日报》《申报》和《大公报》三家报纸做不完全统计,在东京审判前后点名向哲濬及检察官团队的报道与专访就有 150 多条,包含了中国检察官团队活动的全过程。[14]例如在开庭之前就有多次报道:

我政府业已派定名法学家梅汝璈,向哲濬二氏为首批出席代表,向氏将任该庭检察官,梅氏将任审判官。(1946 年 1 月 5 日)

上海高等法院检察署首席检察官向哲濬,已于今日偕秘书裘劭恒抵达此间,就任盟军统帅部国际军事法庭中国副检察官。(1946 年 2 月 9 日)

季楠等在沪将会同四日前飞抵此间之我方检察官向哲濬氏，调查战犯证据及征询证人。略作逗留，即将偕同向氏飞渝，晋谒蒋主席致敬。预定十日内同返东京。（1946 年 3 月 17 日）

为搜集有关南京大屠杀案中罪犯之证据及人证，特派审判官马鲁［即美籍助理检察官莫洛。——笔者注］上校，调查专员柯莱［即美籍助理检官科尔。——笔者注］暨中国检察官办事处秘书裘劭恒来京，已于四日到达，下榻京市上海路七十三号，现已开始向各方调查中。（1946 年 4 月 7 日），等等。

开庭之后，报道就更多，本书不一一列举。

值得指出的是，向哲濬检察官多次通过媒体发表谈话，表达中国代表的鲜明态度和严正立场。

第一次是 1946 年 3 月 17 日《申报》发表的采访：

东京军事法庭，于下月起即将开审战犯也。记者于趋访向哲濬氏于华懋公寓旅邸，叩询关于远东国际军事法庭之组织及最近情形。据向氏谈：东京军事法庭，为盟军总部所组织，被邀参加者有中、美、英、苏、法、加拿大、澳洲、新西兰九国，每国派检察官审判官各一人，会同组织。凡日本主要战犯有：（一）违反和平；（二）违反战争法规；（三）违反人道等罪行之一者，均将由国际军事法庭提审，而判以应得之罪。现军事法庭正积极预备各战犯起诉书中，正式开审，将于下月间开始。于开审时，国际法庭将尽量予被告人以充分辩护机会。盖文明法治国家，应在法律范围内，予被告人以相当保障，故被审战犯，均可聘请律师为其辩护，其有未聘者，则由法庭指定辩护律师。惟每一战争罪犯其一切罪行，决不能逃避法律上应负之责任，盖所以惩穷兵黩武者,并以保障世界之永久和平及人类幸福。[15]

第二次是向哲濬因公返沪时接受《申报》记者的采访,于1946年4月27日发表:

> 记者昨特往访,承告:参加该法庭之国家,已达十一国之多。除接受日本投降之九国外,新近又有印度及菲律宾二国参加。大约十日以内,即将正式开审。惟开审后或即延期若干时,俾被告得充分准备辩护。此次审判时间,预计大约需时五六个月,但如届期不及审毕,则尚须延长。我国搜集证据极多,目前正赶速译成英文,向氏在沪勾留时间甚短,二三日内即将飞返任所。[16]

第三次是1948年1月29日,向哲濬发表谈话,建议中国政府引渡岸信介等日本甲级战犯到华审判,刊载于次日的《中央日报》:

> 远东国际军事法庭中国检察官向哲濬声称:日本头号战争嫌疑犯廿名,自巢鸭监狱之可能释放,将不致影响中国政府引渡其中任何一人至中国国家法庭受审之权利。向氏继称:中国政府与人民对此事甚为关切,盖经季楠建议释放之头号日本战罪嫌疑犯廿名中,内有罪恶昭彰之日本军人多名,以及在征服中国阴谋中,曾有积极作用之日本政客多人(其中计有东条内阁中曾任商相并为'满洲国日本五个统治者'之一之岸信介,前华南日军总司令安藤纪三郎,前驻华日军最高统帅西尾寿造,前日本陆军副参谋总长多田骏,"儿玉组织"上海支部首领儿玉义男,此种组织为日本海军之特务机关,华中华南之被洗劫,皆由此组织一手包办,前派驻于汪精卫傀儡政府日本大使谷正之,前驻南京日

本总领事署日本特务人员须磨弥吉郎)。向氏最后称：渠深望中国政府对此有"迅速之考虑"，并采取适当步骤，以使凡在中国曾犯有违反和平与人道罪行之任何日人，听从法律之裁判也。[17]

第四次是检察阶段结束后，向哲濬发表谈话，要求严惩土肥原、板垣等8名战犯，刊载于1948年4月21日《中央日报》：

> 向氏于法庭结束两年之审讯后，接见中央社记者称：就在狱羁押之二十五名头号战犯中，中国坚持要求庭方严厉处罚土肥原贤二及板垣征四郎。渠并另外提出六名战犯，指控彼等曾煽动与参与对华侵略，而应受严厉裁判。计为：黩武色彩之樱花会创立人桥本欣五郎，沈阳事变时任日本陆相之南次郎，继南次郎任陆相而负责完成对东北及热河占领之荒木贞夫，主持南京大屠杀之松井石根，继松井任日本驻华派遣军总司令之畑俊六，沈阳事变后任日本关东军参谋长并曾一度继东条英机任首相之小矶国昭。向氏最后表示相信远东国际军事法庭将能树立标榜，证明侵略战争之进行将终使侵略者走向"断头台及监狱"。而绝不致导至"荣誉"之途。[18]

最后一次是1948年12月2日，各报同时报道向哲濬发表谈话，指责美国高等法院无权接受广田弘毅和土肥原贤二等罪犯的上诉：

> 我国检察官向哲濬本日谓：美国最高法院无权考虑广田及土肥原等之上诉。渠指出审判该批廿五名日本甲级战犯，乃国际事项，美廿五名日本甲级战犯，乃国际事项，美最高法院无资格检讨远东国际军事法庭所宣布之判决。[19]

搜集生化罪证

中国检察官团队还有一个贡献是搜集日军在中国进行生化武器研究和实施的罪行。

臭名昭著的 731 部队，是日本法西斯阴谋发动细菌战进行种族灭绝的主要实施机构。这个部队设在哈尔滨平房区，名义上是"日本关东军驻满洲第 731 防疫给水部队"，实际上假借研究防治疾病与饮水净化为名，对中国和朝鲜的平民和战俘进行生物武器与化学武器的活体效果实验，可以说是世界历史上规模最大的细菌武器研究、实验及制造基地。731 部队旗下还有许多分支，包括设立于日本东京陆军军医学校的细菌武器研究室，以及设在中国各地的部队，其中，荣字 1644 部队又在上海、南京、岳阳、荆门、宜昌等地派驻 12 个支队。

日本军国主义者公然违背国际公约，用活人进行冻伤、细菌感染、毒气实验令人发指。这也是日本对外侵略扩张、掠夺资源、践踏中国主权的重要罪证。

东京审判开庭前后，向哲濬、裘劭恒和美国助理检察官萨顿、莫洛等人曾到中国进行实地调查，已经涉及了日军生化武器的暴行，还撰写了专门报告。但是，在冷战萌芽的背景下，美国以交出全部研究资料，包括"活体实验"的数据为条件，对以 731 部队负责人石井四郎为首的主要成员免予起诉，有些骨干被送至美国，继续进行"研究"。石井四郎等人逃避了战争法庭的审判和人类良知与道义的谴责。

但是，确凿的罪证是抹杀不掉的。

哈尔滨平房区的 731 部队原址，已经建成为"侵华日军第 731 部队罪证陈列馆"（见图 11 - 9）。经过多年的文物普查和鉴定，该陈列馆藏有珍贵文物 643 件，它们是揭露日军罪行的有力证据。

图 11 - 9　日军 731 部队原址

日本也有不少尊重史实、恪守良知的人士。日本著名作家森村诚一在采访日本老兵时，发现了 731 部队在中国的犯罪事实。此后，经过多次在中国和日本调查取证，2003 年，他发表了《恶魔的饱食——日本 731 细菌战部队揭秘》一书，全书共 10 章，其各章标题如下：

"军事特区——哈尔滨市以南 20 公里""残酷的大检阅——让人产生梦魇的标本""黑暗的小天地——731""为什么说'731'是'恶魔'""争取做人——'马鲁太'的暴动""细菌战的技术秘密""恶魔的姊妹——100 部队""饱食终日的恶魔""日本陆军的

私生子——第一期少年兵的苦斗""假面具掩盖下的'军神'"。

这本书在日本引起了强烈的震动。[20]

2015 年 3 月,旨在揭露二战时期日军 731 部队罪行的"医学犯罪展"在位于日本京都的立命馆大学国际和平博物馆展出。展览详细介绍了 731 部队为了进行细菌战、研究武器性能等对殖民地人民实施的惨无人道的活体试验,同时还介绍了战时及战后日本医学的进程,穿插了多位日本军医及受害人的证言细节。

2017 年 8 月 13 日晚,在裕仁天皇发表投降诏书 72 周年的前夕,日本 NHK 电视台播放纪录片《731 部队的真相——精英医者与人体实验》,共约 50 分钟,引发日本舆论关注。纪录片中,NHK 首次发掘二战结束后不久在苏联举行的审判录音资料,用真人录音和亲历者采访还原了 731 部队核心成员开发细菌武器的真实情况。纪录片称,二战时期,731 部队在中国秘密开发细菌武器并用于实战。战后,731 部队将证据彻底销毁,原部队成员守口如瓶,真相被隐藏。纪录片最后介绍了一名悔恨自杀的医生,蕴含着这样的寓意:希望所有日本人面对事实,反思历史。

值得指出的是,当年中国检察官和国际同仁所做的努力并没有湮没。萨顿、莫洛等人搜集的证据和撰写的报告留存在美国档案中。2017 年美国哥伦比亚大学出版社出版了《Hidden Atrocities(隐藏的暴行)》一书,作者是著名的美国生物战研究学者珍妮·吉列(Jeanne Guillemin)。书中引用了萨顿和美国化学武器部队司令威特(Allan Waitt)以及南京 1644 部队投诚卫生兵榛叶修等人的报告,揭示了日军 731 等细菌部队开展对霍乱、伤寒、炭疽、鼠疫等细菌对人体的实验,以及对日军在湖南、江西、浙江等地投放生物武器的罪行。其中两次提到向哲濬在 1946 年向国际检察局提供证据的情节:"除了这些报告外,萨顿还断续从中国检察组收到珍贵的信息。5 月 9 日他在书桌上发现向检察官留下的便签以及数页翻译好的证据。""向检察官还为萨顿留下了日本使用化学武器的另外一些文件——事件、武器类型、化学制剂和伤亡,包括 1943 年在常德进行 77 次投放芥子气和喷嚏剂混合炸弹的攻击。"(王选中译)

总之,中国检察官团队在"事繁人少"的形势下,"昕夕从公,未敢懈怠",做出了不可磨灭的贡献,当永铭史册。

注释

〔1〕向隆万:《东京审判·中国检察官向哲濬》,上海交通大学出版社,2010 年,第 5—6 页(英文庭审记录 272—277 页)。

〔2〕向隆万:《向哲濬东京审判函电及法庭陈述》,上海交通大学出版社,2014 年,第 3—77 页。

〔3〕同上书,第 48—49 页。

〔4〕同上书,第 50 页。

〔5〕国民政府外交部收文东 37 字第 192 号。

〔6〕向隆万:《东京审判·中国检察官向哲濬》,上海交通大学出版社,2010 年,第 330 页。

〔7〕向隆万:《向哲濬东京审判函电及法庭陈述》,第 75 页。

〔8〕同上书,第 37 页。

〔9〕向隆万:《东京审判·中国检察官向哲濬》,第 42—43、69 页。

〔10〕向隆万:《向哲濬东京审判函电及法庭陈述》,第 53—57 页。

〔11〕梅小璈、梅小侃:《梅汝璈东京审判文稿》,上海交通大学出版社,2013 年,第 21 页。

〔12〕向隆万:《向哲濬东京审判函电及法庭陈述》,第 74—76 页。

〔13〕同上书,第 73—74、76 页。

〔14〕同上书,第 192—285 页。

〔15〕同上书,第 197—198 页。

〔16〕同上书,第 198—199 页。

〔17〕同上书,第 263—264 页。

〔18〕同上书,第 270—271 页。

〔19〕同上书,第 281—282 页。

〔20〕森村诚一:《恶魔的饱食——日本 731 细菌战部队揭秘(全三卷)》,学苑出版社,2014 年。

第十二章

警钟长鸣

宝剑赠与壮士

东京审判中,以梅汝璈(见图 12-1)为首的中国法官团队同样做出了不可磨灭的贡献。从开庭前力争中心座席,检察阶段协助韦伯庭长审理,到法官量刑拟判阶段的率先提交日本侵华的判决文稿,特别是团结多数,调研折冲,最终将东条英机、土肥原贤二、板垣征四郎、松井石根、武藤章、木村兵太郎和广田弘毅这 7 名罪大恶极的甲级战犯送上历史绞刑架,件件彪炳青史。本书引用的《判决书》内

图 12-1　穿法袍的梅汝璈

容,就多出自梅法官团队的手笔,其中杨寿林和倪征燠两位做出了很大贡献。特别是中国检察官首席顾问倪征燠,检察阶段结束后,应外交部要求,协助梅法官工作,他是《判决书》中日本侵华部分的主要撰写者。倪征燠在 1948 年 11 月 28 日写给外交部长王世杰的信中,回顾了这段经历:

　　检察工作今春本已完成,嗣奉钧示,嘱继续留日完成法律工作。遵于夏秋数月中,就全案四万八千余页卷宗,作一有系统之

研究,并就对华侵略部分,撰拟判词,计 255 页。对于每点有争执之事实,援引证据,支持我方之主张。[1]

梅法官有记日记的习惯,目前他的后人仍保留了他从启程赴东京到开庭后数日共 50 多天的日记,以下引述几则,可以略感梅汝璈当时的心境。

梅汝璈是 1946 年 3 月 20 日乘坐美国军用飞机到达东京的。他在当天的日记中写道:

> 踏上了日本的陆地。……我的总的印象是横滨和东京的工厂都炸光、烧光了。……这却不能不叫我们正要审判的那些战犯们负责!他们扰乱了世界,荼害了中国,而且葬送了他们自己国家的前途。于此可见,一个国家没有大政治家的领导,而让一班缺乏政治头脑和世界眼光的军人去横冲直撞是何等的危险!一个本可以有所作为的国家而招致了这样的命运,真是"自作孽,不可活",这是历史上的一大悲剧,也是一大教训。[2]

图 12 - 2　顾毓琇博士

3 月 29 日,曾经参加南京受降典礼并获得"抗日战争胜利勋章"的著名学者顾毓琇博士(见图 12 - 2)和中国总联络官王淡如来访。梅汝璈生动地描写了他们的会见:

> 顾博士和王将军已经由西京[指京都。——笔者注]回来了。他们买了一装备得很富丽,长约三尺余的宝剑送我,并

且举行了一个小小的"献剑典礼"。我说，"红粉赠佳人，宝剑赠
壮士"，可惜我不是壮士。一樵[顾毓琇的字。——笔者注]博士
说：你代表四万万五千万中国人民和几千几百万死难同胞，到
这侵略国首都来惩罚元凶祸首，天下之事还有比这再"壮"的吗？
我说，戏文里有"上皇宝剑，先斩后奏"，可现在是法治时代，必须
先审后斩，否则我真要先斩他几个，方可雪我心头之恨！[3]

4月25日，梅汝璈记述了法官的誓约：

　　今日上午又举行法官会议，系讨论第四次修正草案。草案
讨论完毕各法官签字誓约，誓约译文如下："我们郑重保证：我
们，远东国际军事法庭的法官，必定秉公行其司法任务，绝无恐
惧，偏袒，私爱，并且依照我们的良心及最善之悟解行之。我们
绝不泄露或露布我们法庭任何分子对于判决或定罪之意见及投
票，而要保持每个分子之见解为不可侵犯之秘密。"签字次序为：
美、中、英、苏、加、澳、法、荷、纽。我是用中文签的名，名字后面
注以英译。

　　由于法庭宪章并没有明文规定法官席位的次序，按照在日本《投
降书》中受降先后的次序，应该以美国、中国、英国、苏联、澳大利亚、
加拿大、法国、荷兰、新西兰为序，但是韦伯法官却想与他亲近的英国
和美国的法官坐在他的左右，然后才是中国、苏联……；甚至以"盟军
最高统帅的要求"来压人。对此，梅汝璈坚决反对，他激动地表示：
"我绝不接受这种于法无据、于理不合的安排。……中国是受日本侵
略罪惨烈、抗战最久、牺牲最大的国家，在审判日本战犯的国际法庭
里它应有的席位竟会被降低到一贯只知向日军投降的英国之下，这
是不可思议的事情！"梅汝璈严正指出："唯一的办法是预演时就依照

受降签字次序排列,如果最高统帅不同意,我们明天再开法官会议不迟。倘不如此,我绝不参加。"[4]梅汝璈也得到加拿大和法国法官的支持,最终韦伯庭长同意,中国法官自始至终坐在它的左手边。梅汝璈在晚年的专著《远东国际法庭》中曾经阐述过争座席的意义:

> 首先,必须认识到,在任何国际场合,争席位、争排场的明争暗斗是经常发生而且是不可避免的。这种斗争常常关系到国家的地位、荣誉和尊严,不能把它当作细枝末节,以为无关宏旨而淡然置之。其次,必须认识到:在第二次世界大战之后,中国一跃而跻身于世界五大强国之列,但是它依然到处遭受压制和歧视。在那时要维护中国权益便需要进行更坚决更艰苦的斗争。最后还要认识到的是:在进行维护国家权益的斗争中,立场必须合法合理。站稳了合法合理的立场之后,便应该有寸步不让、坚持到底的决心和勇气。[5]

事实上,在东京审判的整个开庭过程中,由于审理日本侵华案件的事件最长,庭长并不懂中文,对中国的事态也不太了解,经常遇到问题。我们从照片和纪录片的镜头中,常常看到梅汝璈和韦伯耳语或递字条,使审理顺利进行。比如1946年8月23日辩方律师布莱尼克提交溥仪的笔记作证,立即引起争议,季南认为:"鉴于笔记的语言通常不被法庭和检方所使用,我会把这些笔记呈交给任何想看到这些笔记的法庭成员。"庭长立即说:"法官席上有一位中国法官代表。中国法官希望看到这些笔记。"于是,这本笔记被作为法庭文件被递交给法官席上的梅汝璈法官,审理得以顺利进行。[6]又如第三章曾经提到翻译不准确的障碍,就是梅法官同意让自己的秘书方福枢挺身而出,从而使问题迎刃而解。

全力调协折冲

由于法官会议闭门举行，加之法官签署保密誓约，十一国法官在量刑拟判阶段中的激烈争辩，很难在媒体报道中得到反映。幸运的是，梅汝璈法官在东京期间，向外交部发送了十几封电报[8]（见图12-3）。本书第十一章曾引用过他驳斥记者捕风捉影的电报，以下再引述若干函电，有助于读者了解中国法官团队的作为与贡献。

图 12-3 梅汝璈发回的部分电报

远东国际军事法庭战犯审讯,已于昨日午后五时终结,由庭长宣布闭庭,正式宣判日期容后公布。至此历时将近两载,开庭四百十九天,记录达四万八千余页之"东京裁判"遂告一总结。法官评论会议,将自下星期起开始举行,需要若干十日刻下无法逆料,惟一般预测大约需时两三个月,正式宣判之举行,殆在六月下旬或七月初间。(1948年4月17日)

际兹全案结束在望,璈职责所在,自当竭其绵薄,为我国在此次空前国际法律正义斗争之胜利尽其最后之努力,惟目前判决书起草工作尚滞最初步阶段,现正分组进行,先就日本十七年来之侵略经过史实部分着手。(1948年4月24日)

(一)返任后即忙于整理"日本对华全面侵略事实确认之一部分"初稿,上周已提出于多数派法官会议,经审查顺利通过。稿约百五十页,对于日本侵我之目的,及其间是非曲直,均有明确翔实之叙述,及有利于我之论断,私衷颇引为慰。盖据此不但易于异日厘定各被告侵我整个战局责任,抑且可使后世史家,永无牵强附会或颠倒黑白之余地。(二)十一位同人间,以法律基本主张及对判决书写法意见之歧异,撰拟全判决书之责,已由多数派完全负起。(多数派包括中、美、英、苏、加、纽、菲七人,庭长与吾人见解相差甚微,表示会后仍将参加。法荷两国亦有参加可能,独印度法官鲍尔,顽固守旧,个性极强,表示决不合作。渠正忙于撰写其长度将达千页之个人异议书。)刻正分工努力,合作精神甚佳。(三)多数派草案(即异日代表法庭之惟一判决书)业已完成审查者,计有(1)序论;(2)对中国东四省(满洲)侵略及;(3)对华全面侵略三大部分。正在草拟未付审查者,尚有;(4)日苏关系;(5)全面侵略战之准备;(6)太平洋战争之发动及扩大;(7)日军暴行(即违反战时国际法规及人道之行为)。(1948年6月1日)

惟拟判工作，进行迟缓，其主因实为案情庞大，卷宗浩多，以及十一国同人见解纷歧，常陷僵局，调协折冲，颇费时日。……我国人士对于东京裁判，关怀甚切，期待最殷，乃情理之常，璈至了解。但为璈个人影响所及，自当努力，促其加速，并当竭其心思才力，使我国在此国际法律正义斗争中，有所收获，而不致由于旷日持久之结果，反令国人大失所望。时至今日，璈对裁判之注意，尤重于裁判之速度。盖速结束固为吾人所希冀，而胜利则为吾人所必争。璈虽德薄能鲜，但职责所在，自必全力赴之，决不疏怠。（1948 年 7 月 23 日）

远东国际法庭自四日起开始宣判。判决书长计千二百页，约二十余万言，对战前日军阀专政与备战，以及逐渐遂行侵略之经过，均有翔实之叙述与明快之论断。日军在各地之暴行，则另列专章（南京屠杀为该章中最特出之一节，占首要地位）。在叙述日本对外侵略事实经过之四百数十页中，"对华侵略"部分，为璈所亲自主稿，提出约二百五十页，占篇幅半数以上。对于十七年来交综复杂之中日关系，论列至详。是非曲直所在，将可大白于天下后世，私衷引为慰快。（1948 年 11 月 10 日）

继之将为最后节目，即各被告个别罪状及刑罚之宣布。此一节目，系日前由全体法官十一人经长久讨论，热烈争辩后，而以投票表决方式而定。其他部分，均系多数派主持，况经过复杂奇离，非片言可尽，且此际亦未便泄露。惟可告慰者，即侵我最著、国人切齿之元凶巨魁，已在从重发落之列。诸希心照，恕不多赘。又此次判决书，系由多数派中美英苏加纽菲七国法官所起草，璈虽对其中若干小节，不尽赞同，但俱与宏旨无关。为保持多数派之团结，及判决书之力量计，不拟提出个人异见。（1948 年 11 月 11 日）

1948 年 11 月 12 日，根据《远东国际军事法庭宪章》第 15 - h 款，韦伯庭长对起诉书确认的 25 名被告宣布判决（见图 12 - 4）：全部有罪；7 名判处绞刑：土肥原贤二、广田弘毅、板垣征四郎、木村兵太郎、松井石根、武藤章、东条英机；16 名判处无期徒刑：荒木贞夫、桥本欣五郎、畑俊六、平沼骐一郎、星野直树、木户幸一、小矶国昭、南次郎、冈敬纯、大岛浩、佐藤贤了、岛田繁太郎、铃木贞一、贺屋兴宣、白鸟敏夫、梅津美治郎；2 名判处有期徒刑：重光葵（7 年）、东乡茂德（20 年）。

图 12 - 4　韦伯庭长宣读判决书

昭告日本人民

11 月 14 日，梅汝璈法官在《朝日新闻》上发表《致日本人民书》，标题是"为将来之和平——梅法官来稿"，副标题是"中国代表法官梅汝璈通过其罗秘书向本社发来其(手稿)"。

梅法官严正指出：

　　对日本甲级战犯的审判表明了国际法一种原则的确立，即策划和发动战争之人在国际上被认定为罪人，并要接受法律的制裁——这一事实通过纽伦堡审判及东京审判已经非常明确。此审判在审理过程中将十余年以来日本军队在各地的一切残暴行径呈现于日本人民眼前。日本人民自可从中明悉日本军阀之种种罪恶以及对民众之虚假宣传。

梅法官也展望了中日关系的未来：

　　中日两国在历史、地理及文化上有着紧密联系，自然也存在亲密关系与和平合作，然而这些却被日本军国主义者和野心勃勃之侵略家所阻害。由于他们对这种亲密关系的亵渎，使得中日两国经历了数十年的交恶，并引发在东亚的战争，扰乱了世界和平。我坚信，法庭在十二日进行的宣判不但会促进国际正义、人道主义和国际法之发展，同时也会为将来中日两国间的和平与合作做出贡献。[9][赵玉蕙博士中译。——笔者注]

11月16日，梅汝璈再次致电外交部：

　　远东国际法庭业已宣判完毕，详情已见报端，兹不多赘。国内舆论，是否满意，非璈所知。然璈凭心自问，确已竭其最大努力，或堪告无罪于国人。至于时论之毁誉褒贬，非所计也。[10]

11月28日，倪征燠在致外交部长的信中，对判决也做了评论：

判决结果，七人被处死刑，其中四人即土肥原、板垣、松井、广田，均为侵华要犯；其他三人中，一人（武藤）为南京屠杀及马尼剌屠杀时要角，另一人（木村）为侵缅主犯，而东条则为各国共同仇视者。故美方大为不满，认为"偏爱"对华侵略。美国检察官于宣判时，即席低声自语"surprise"［英语"意外""惊奇"之意。——笔者注］。[11]

由此可见，通过中国检察官团队和中国法官团队的共同努力，终于不辱使命。

判决之后，又起波澜。11 月 29 日和 12 月 2 日，东条英机、广田弘毅和土肥原贤二等 7 名被告，先后通过美籍律师向美国最高法院提出上诉，要求推翻远东国际军事法庭的判决；12 月 6 日，美国最高法院居然接受上诉。这一事态的发展，世界舆论为之大哗，更引起参加东京审判的多数检察官和法官的极度不满。

中国检察官向哲濬率先向中央社记者发表谈话。12 月 1 日《中央日报》发表东京专电：

出席远东国际军事法庭之我国检察官向哲濬本日谓：美国最高法院无权考虑东条及土肥原等之上诉。渠指出审判该批二十五名日本甲级战犯乃国际事项，美最高法院无资格检讨远东国际军事法庭所宣布之判决。[12]

随后，中央社接连两次报道中国法官梅汝璈的严正声明。
12 月 2 日的专电指出：

出席远东国际军事法庭中国法官梅汝璈，本日下午告中央社记者称：美最高法院无权复查或修正远东国际军事法庭对廿五名日本首要战犯之判决。日本战犯之辩护律师所采取之行动，实属"拖延策略"，对远东国际军事法庭之判决，本身毫无作用。彼等于审判初期，亦曾提出性质相同之申请。

12月7日的专电进一步指出：

中国法官梅汝璈称：如代表十一国之国际法庭之判决，尚须经过某一国法庭之审查，则今后国际间之决定及行动，均可同样由一国单独予以变更或撤销，此种危险之先例，对于未来国际间之合作及相互信任，将有深刻影响。梅氏对于美国最高法院之决定，表示异常惊讶。[13]

在国际舆论的压力下，12月20日，美国最高法院以6票对1票否决了日本战犯的上诉申请。12月22日深夜，法庭对7名死刑犯执行绞刑，土肥原贤二、东条英机、松井石根、武藤章、板垣征四郎、广田弘毅和木村兵太郎先后被处决。这几个罪恶累累的战争贩子得到了应有的下场。中国驻日代表团团长商震参加了监视行刑。

12月23日中央社发表了对梅汝璈的报道：

国际法庭中国法官梅汝璈，于东条及其他六名战犯处刑后称：七重要战犯之处死，象征国际正义之胜利，向世间表明侵略之无益。此事并无报复的意味，而系表明侵略为走向绞架之路，而非光荣之路。各犯之处死刑，对于遭受日本侵略之苦之中国及其他国家人民为一种安慰。梅氏认为此次审判及处刑仅为象征性者，盖以千计之日本战犯迄仍逍遥法外。梅氏称：世界之进步，仅能假演化之。第一次世界大战后，仅有少数战犯受审，受严惩者绝无仅有。然二次大战后受审战犯达数千人，其中以纽伦堡及东京至法庭最具意义。[14]

关于中国法官团队的贡献,本书不多赘述。读者可参阅梅法官本人撰写、他的后人梅小侃女士和梅小璈先生编辑整理的《东京审判亲历记》(上海交通大学出版社,2016)和《梅汝璈东京审判文稿》(上海交通大学出版社,2013)。

远东国际军事法庭除审判日本侵略中国的罪行之外,还审判了日本对亚太地区其他同盟国的侵略罪行,本书也不进行详述。读者可以参阅程兆奇教授撰写的《东京审判 ——为了世界和平》(上海交通大学出版社,2017)、何勤华教授主编的《东京审判——正义与邪恶之法律较量(第三版)》(商务印书馆,2016)。

东京审判已经过去将近 70 年了。作为人类有史以来参与国家最多、规模最大、开庭时间最长、留下档案文献最为浩瀚的审判,其重要性不言而喻。虽然它是一个历史事件,但至今仍有着深刻的现实意义。

远东国际军事法庭对日本战犯的审判,申张了国际正义,维护了人类尊严,使发动侵略战争、双手沾满各国人民鲜血的罪魁祸首受到应有的惩处,把战争罪犯永远钉在历史的耻辱柱上。东京审判和纽伦堡审判不仅反映了世界反法西斯战争胜利成果,而且也奠定了战后国际秩序的基石。

超越"胜者正义"

但是,从东京审判开始以来,一直有一种观点,认为东京审判是"Victor's Justice",译成中文就是"胜者的审判",或者"胜者的正义"。

从某种意义上看,东京审判确实是战胜国对战败国的审判。如果没有战胜法西斯轴心国,当然不可能去审判他们;但是持"胜者的审判"这种观点的人认为:"胜者为王败者寇,法庭对被告的罪名是战胜国强加的。"

这种观点的始作俑者是东条英机本人。1947 年 12 月 26 日至 1948 年 1 月 8 日,在辩方反证阶段,东条以证人身份全程出庭。他的长篇证词由美籍律师布鲁伊特(George F. Blewett)当庭宣读,从"沈阳事变"到发动太平洋战争,全面否定自己的罪行。正是在东条的宣誓供述中,他说过:"归根结底,这个审判就是政治审判,它只不过是胜者的裁判。"[15]

实际上,在东京审判前后,日本学界和媒体,对东京审判的正面评价占据主流。据日本学者户谷由麻的归纳,当时日本知识界有如下 6 点共识:

1. 反和平罪这一司法理论的导入,在法制史上具有划时代意义;

2. 关于战争犯罪追究个人刑事责任的尝试,也应该看作是东京审判的巨大贡献;

3. 原内阁成员广田弘毅和重光葵并非军人,仍被判定在战争犯罪方面,负有个人刑事责任,扩大了追究个人责任的原有界限;

4. 东京法庭认可常被忽略的犯罪嫌疑人的辩护权利;

5. 东京法庭采用英美法庭的先进技术;

6. 认定日本对中国及其他周边地区实施侵略战争是不可动摇的事实。[16]

但是,随着美军占领的结束、朝鲜战争的爆发和日本经济的起飞,东京审判逐渐淡出媒体的视野;日本国民对东京审判的态度页逐渐发生变化。

造成思想混乱的重要原因之一,是长达48 000多页的《远东国际军事法庭庭审纪录》和1 000多页的《判决书》迟迟未能面世。直到1968年,即东京审判闭庭20年后,东京审判的日文速记版才以《极东国际军事裁判》为名在日本出版。而最权威的英文庭审纪录,更是在东京审判闭庭33年后,于1981年由英国学者普理查德(John R. Pritchard)和合作者查依德(Sonia M. Zaide)编辑,以《东京战争罪行》为书名,在美国和英国出版。与此形成鲜明对照的是,印度法官帕尔的《异议判决书》却早在1950年代,就分别在印度和日本出版了。

1970年前后,美国正陷于越南战争泥沼。1971年,美国学者麦尼尔(Richard H. Minear)编写了一本书,题为《胜者的正义:东京战争罪行审判》,书中就引用了东条的上述讲话。这本书虽然不足200页,却因为出得较早,并持有强烈批判东京审判的立场,影响很大。第二年日本即出版了其日译本,对日本正在形成的批判东京审判的势头,起了推波助澜的作用。麦尼尔是强烈反对美国的越南政策的,他认为美国的亚太政策来源于东京审判理念。他本人宣称,这是一本"有政治意味的论著",它的"选题有政治意味,笔调有政治意味,作者感于时局而抒发的政治意涵有政治意味。"正因为作者因时局有感而发,视野很狭窄,全书竟找不到一处日本对亚洲国家,特别是对中国的侵略的叙述。有理由怀疑,作者是否认真阅读过通篇庭审记录的第一手资料。

1981年英文版《庭审纪录》的出版,对澄清历史真相起了重要的作用。英国著名国际关系史学家沃特(Donald Water)撰写了《序言》,他指出:"他[指麦尼尔。——笔者注]提出的议题总体上是无关的,因为对约翰·普理查德来说,审判本身就意味着它是20世纪历史上最重要、最有意义的历史资料库之一。"

此后，一批原始文档和系列研究丛书相继编辑出版。东京审判是正义的审判、文明的审判、国际的审判，成为越来越多学者的共识。

1983 年，在东京举行过一次有关东京审判的国际研讨会。此后，以年轻学者为中心，东京审判的研究不断出现新的成果。质疑东京审判是"胜者之正义"的论著也越来越多。

实际上，从庭审记录及文档内容中可以看到，东京审判的结果的确建立在证据和事实的基础上，绝非强加。本书前面章节中已经大量引用，有两个数据值得注意：检辩双方的证据达到 3 915 件之多；辩方证人达到 300 余名，大大超过检方证人 104 名。如果东京审判仅仅是"胜者的审判"，仅仅是走过场，何必如此大动干戈！

从《判决书》的内容来看，韦伯庭长从 1948 年 11 月 4 日起开始宣读，除周末休息外，一共宣读了 7 整天，英文《庭审记录》中占有 1 918 页，而宣读第十章《判决》，在 11 月 12 下午宣读半天就完毕，在英文庭审记录中占 85 页，仅为判决书全文的 4.4%！这就更可以说明，东京审判绝不仅仅是对战犯的惩罚。

历史警示世人

《判决书》的主要内容是揭示和阐述日本军国主义的发端、膨胀、疯狂直至灭亡的全过程。其中篇幅最大的是第四章《日本军部主导和战争准备》，共 494 页，占全篇的 25.8%，超过四分之一。这一章详细分析了日本军国主义的发端和膨胀，足以警示世人。该章"序言"的第一段就开宗明义地指出：

涉及起诉书主要关联的日本历史时期,首先必须研究同期日本国内政治史。自 1928 年以来,日军不断侵略各邻邦领土。本法庭对于这些侵略历史以及榨取这些占领区资源的问题是必须加以处理的。但本法庭最重要的任务是,在这种非法攻击范围内来判定其中的个人责任。这一责任不能仅从日本国外活动的研究来下判断。实际上,对于"为什么会发生这些事情?"和"谁应对这些事情的发生负责?"这类问题,经常是只有明白当时日本国内政治历史时才能得到解答。[17]

下面就依照《判决书》第四章的脉络,对日本的侵略阴谋史进行梳理。

第一步是"造神"。

为了给极端军国主义分子造势和壮胆,并为扩张领土寻找理论依据,1920 年前后,以甲级战犯大川周明为代表的"理论家",大肆鼓吹"八纮一宇"和"皇道"的原则。

"八纮一宇"出自中国古书。"纮"是古代男子冠冕上用来系在额下的带子,转意为"维度";"皇道"就是"天皇之道"。相传"八纮一宇"和"皇道"最早出现于日本第一代神武天皇颁发的一道"诏敕"。后来日积月累,演化为道德目标和实现途径。所谓"八纮一宇",就是把全世界各地结合起来置于一人统治之下,或者是把全世界合并成为一个家族。这就是道德的目标。而所谓"皇道",就是对天皇的忠诚,是实现"八纮一宇"的途径。明治维新后,明治天皇在 1871 年发布的敕语中重申了这些观念。在 1930 年之前的十年间,凡主张扩张领土的日本人,都在"八纮一宇"和"皇道"的名义下,不断提倡采用军事侵略方法,于是,这两个观念也就成为用武力支配世界的象征。

1924 年,大川出版《日本精神研究》一书,狂妄声称日本是大地上最初成立的国家,统治万国国民是日本的天命。他主张占领西伯利亚和南洋群岛,并预言 1925 年前后,东西方将发生战争。1926 年,他更是组织一个国家主义团体,主张按日本的道德统一世界。他常常应日军参谋本部的邀请,演讲这些主张。

另一名狂热鼓吹者是甲级战犯桥本欣五郎,他是“九一八事变”的发动者之一,也是南京大屠杀的积极参与者,还是激进组织“樱会”的创建者。他鼓吹“统一世界的第一步,在于日本国民本身直接统一在天皇之下”[18]。《判决书》认为:“在阴谋者中,没有他人具有像他那样厉害的极端见解;也没有人发表这类见解像他那样露骨”。《判决书》判定“他是军事独裁制政治的热烈拥护者。……他是建立阴谋的首谋者,对阴谋的实施有巨大贡献”[19]。正是这种带有邪教色彩的“造神”蛊惑,煽动了狂热的狭隘民族情绪,产生了自杀“神风队”这类怪胎。

第二步是“滋事”。

1930 年前后,日本军国主义激进分子还以中下层军官为主。他们采用阴谋制造事端,造成既成事实,以逼军部高层和政府就范。东京审判中,日本战犯的罪行自 1928 年始,原因就是谋杀张作霖的“皇姑屯事件”。这次滋事的成功更助长了军国主义者的嚣张气焰。1929 年 7 月 1 日,田中内阁被迫辞职。不久,军国主义者再度滋事,包括 1931 年 7 月 1 日的“万宝山事件”,1931 年 7 月 17 日的“中村事件”,特别是 1931 年 9 月 18 日的“沈阳事变”。在这一系列阴谋活动中,最会“滋事”的人就是板垣征四郎、土肥原贤二,以及大川周明和桥本欣五郎等人。

第三步是“逼宫”。

日本军国主义兴起的一大阻力是基于政党选举的内阁。为了扫清障碍,军部对内阁采取“顺我者昌,逆我者亡”的方针。1932 年 1 月 17 日,桥本欣五郎写了一篇文章,标题是:“议会制度的改革”。文中说:“责任政府——政党内阁制度——完全与宪法背道相驰。民主政府置'天皇'政府于不顾,……考虑到其反国家的结构、政治意识形态和侵略之罪恶,为了建立全新的日本,我们认为首先迫切要做的是让现有的政党当替罪羊,摧毁他们。"[20] 当时的内阁首相就是田中义一。从 1928 年到 1945 年这 17 年中,日本内阁竟换了 16 届之多!政党出身的首相仅有 7 名。这 7 人中,有 3 人赞同军部方针,即广田弘毅、平沼骐一郎和近卫文麿,其余都没有好下场。被迫辞职的除田中义一外,还有若槻扎次郎。更有甚者,滨口雄幸和犬养毅竟遭军人少壮激进派的暗杀!1941 年 10 月法西斯头子东条英机任首相时,居然身兼陆军大臣、内务大臣,文部大臣、商工大臣、军需大臣等职,集大权于一身!

第四步是"愚民"。

为了欺骗和绑架民意,军国主义者对日本国民特别是青少年实行疯狂的愚民政策。1933 年 6 月,时任陆军大臣的甲级战犯荒木贞夫发表演说,胡说:"日本是天长地久的,命定要进行扩张。日本民族的真正精神是从混沌中寻找新秩序,以实现理想世界和东亚乐土";"国民应走的道路就是'天皇之道',日本的军队就是天皇的军队。凡是反对宣扬'皇道'使命者,陆军就要和他作战"[21]。

荒木并不止于侈谈抽象理论,他把这套谬论和侵略中国东北紧密相联。他露骨地鼓吹:"'满洲国'的建立是重新唤醒日本国民精神的上天启示。如果保持着'沈阳事变'所引起的热情,就可以实现'新秩序'。"当时,日本所有学校都强迫实行军事训练,由陆军省指派教官,企图鼓动日本青年的好战和盲从的精神。

抓教育的同时,日本军国主义在控制舆论上可以说不遗余力。1936 年 5 月 20 日,陆军省成立情报局,其任务是指导和控制面向大众的所有通讯,并利用所有的舆论机构来促进政府通过的政策。《判决书》指出:

出版自由在日本一直受到限制。不论以任何形式发表言论，都要由警察依法实施审查。"在'满洲战争'以后，政府和陆军发动了一个有组织的运动，欲使日本在满洲大陆的地位合法化，并压制国内的批评。凡有关军事问题的稿件在未经内务省警保局核准前不能付印。"[22]

第五步是"扩军"。

日本军国主义者知道，要实现侵略野心，扩充军备是"硬实力"。日本军国主义者并不隐晦扩军的目的是备战，不仅针对中国，而且以苏联和英美为目标。日本是个资源贫乏的岛国，军国主义者为掠夺中国和其他亚太国家的资源不遗余力。《判决书》中也多次揭示，包括"九一八事变"后在中国东北、"卢沟桥事变"后在中国华北以及全国的"产业计划"。1942 年 3 月 11 日，陆军省军务局长佐藤发表演说，坦承 1936 年陆军所制定的国防计划的目的就是大大扩充军备和生产力，以巩固和发展"沈阳事变"的成果。日本陆军认为，欧洲列强扩充军备与重整武装将于 1941 年或 1942 年完成，所以日本无论如何在 1942 年以前一定要大大扩充军备和生产力。

第六步是"毁约"。

日本军国主义扩张的另一障碍是国际条约的约束。第一次世界大战前后，日本政府签署了许多国际条约。《判决书》第三章《日本的权利与义务》就以历数这些条约开始，包括保护中国领土和行政独立的《1922 年华盛顿九国公约》，禁止生产、运输和使用鸦片及类似毒品的《1912 年鸦片公约》《1931 年鸦片公约》，尊重太平洋地区各国领土利益的《1921 年四国条约》，保持中立国领土不受侵犯的《1907 年海牙第五公约》，通过外交手段、斡旋、仲裁来解决国与国争端的《1928 年巴黎非战公约》，战争状态下有关人道行为的《1929 年日内瓦红十字公约》《1929 年日内瓦战俘公约》,等等。特别是"九一八事变"后,国际联盟的《李顿调查报告》对日本的侵略扩张予以谴责,使军国主义者十分恼怒。1933 年日本退出国联。日本的发言人说:日本再不能与这种组织合作;对于上述各种条约也陆续退出。日本摆脱了各种约束后,不仅肆意扩军备战,铁蹄践踏亚太各地,而且更加肆无忌惮,猖狂施暴。

第七步是"结盟"。

日本和德国、意大利结成的"轴心国"联盟,是发动战争的罪恶渊薮,是世界人民的公敌。日本在建立三国同盟中非常主动。1936 年11 月 25 日和 1937 年 11 月 6 日,日本枢密院先后批准了"德日防共协定"和"德意日防共协定";1940 年 9 月 27 日,日本和德国、意大利缔结了三国同盟。三国同盟的缔结是日本为准备以武力侵入东南亚及南洋的必要步骤。时任外务相的甲级战犯松冈洋右则明确指出:同盟主要以美国为目标。

由此可见,日本军国主义的兴起和膨胀都不是偶然的。

从国际法的角度,东京审判和纽伦堡审判一样,有许多创新:

第一,开启了国际刑法的实践。

第二,开创了追究个人刑事责任的原则。

第三,贯彻了官方身份不免责的原则。

以上这些原则,成为现代国际刑法的历史源头。国际刑法的目的是为了维护整个国际社会的共同利益。世界由单个国家组成,但是各不同国家在政治、经济及文化等方面有共同需要。现代国际社会形成了共同的利害关系和利益追求,产生了共同的道德判断标准和价值取向。纽伦堡审判和东京审判都追索"常规战争罪""反人道罪"和"破坏和平罪"这三类罪行,这些犯罪行为的受害者不仅是直接受害者,而且被认为是对全人类的罪行。从这个角度看,两个审判对于维护整个国际社会的共同利益来讲,具有防范的作用,从而对现代国际法的发展做出了巨大的贡献。

令人遗憾的是,否定东京审判的言行在日本始终不绝。随着日本档案的解密,可以清楚看到,日本政府企图为东京审判翻案由来已久,也是舆论界翻案的幕后推手。例如贺屋兴宣是28名A级战犯之一,被判处无期徒刑。他被提前释放后重返政坛,1954年6月1日,他竟然以"法务大臣"的身份,委托学者从"法"的角度"研究"东京审判,在被委托的4名学者中,板垣征四郎的辩护律师阪埜淳吉居然也在内。更令人忧虑的是,这股否定风已不限于学界。2013年3月13日,时任日本首相的安倍晋三先生在众院公开表示"东京审判是胜者的审判",不仅如此,日本自民党成立了专门机构开始"检讨"东京审判[23]我们要问,日本政府意欲何为?想搬动这块奠定战后国际秩序的基石吗?人们深信,任何否认和歪曲侵略历史的图谋,都是不得人心的。爱好和平的各国人民决不允许军国主义卷土重来,决不允许历史悲剧重演!

最后,重温两位法学先辈掷地有声的话语,作为本书的结束。

梅汝璈在1961年说过:

> 我不是一个复仇主义者,我无意于把日本帝国主义者欠下我们的血债写在日本人民的账上。但是,忘记过去的苦难可能招致未来的灾祸。[24]

向哲濬在1985年的一次谈话中指出:

> 自1840年鸦片战争以来,在受到西方列强的无数次侵略战争中,只有抗日战争,才是中国第一次真正的胜利;只有东京审判,才使中国人民真正得以扬眉吐气![25]

注释

〔1〕国民政府外交部收文东 37 字第 333 号。

〔2〕梅汝璈:《东京审判亲历记》(梅小璈、梅小侃整理),上海交通大学出版社,2016 年,第 282 页。

〔3〕同上书,第 289—290 页。

〔4〕同上书,第 335—337 页。

〔5〕梅汝璈:《远东国际军事法庭》,法律出版社、人民法院出版,2005 年,第 71—72 页。

〔6〕程兆奇、向隆万主编:《远东国际军事法庭庭审记录·全译本(第一辑)》第 4 卷,上海交通大学出版社,2017 年,第 204 页(英文庭审记录 4227 页)。

〔7〕梅汝璈:《东京审判亲历记》(梅小璈、梅小侃整理),第 348—352 页。

〔8〕梅小璈、梅小侃:《梅汝璈东京审判文稿》,上海交通大学出版社,2013 年,第 1—29 页。

〔9〕《朝日新闻》(1948.11.14)。

〔10〕梅小璈、梅小侃:《梅汝璈东京审判文稿》,第 28 页。

〔11〕国民政府外交部收文东 37 字第 333 号。

〔12〕向隆万:《向哲濬东京审判函电及法庭陈述》,上海交通大学出版社,2014 年,第 281 页。

〔13〕《中央日报》(1948.12.3,12.8)。

〔14〕《中央日报》(1948.12.24)。

〔15〕东京审判文献丛刊委员会:《远东国际军事法庭庭审记录》(英文版)第 59 册,国家图书馆出版社、上海交通大学出版社,2013 年,第 155—456 页(英文庭审记录 36197—36489 页)。

〔16〕户谷由麻:战犯审判研究的历史意义(陈爱国译),《东京审判再讨论》(东京审判研究中心编),上海交通大学出版社,2015 年,第 49 页。

〔17〕《远东国际军事法庭判决书》(张效林节译,向隆万、徐小冰等补校译),上海交通大学出版社,2015 年,第 47 页。

〔18〕同上书,第 79 页(英文庭审记录 48586 页)。

〔19〕同上书,第 591—592 页(英文庭审记录 49780—49782 页)。

〔20〕同上书,第 288 页(英文庭审记录 49085—49086 页)。

〔21〕同上书,第 57 页(英文庭审记录 48537 页)。

〔22〕同上书,第 80—81 页(英文庭审记录 48590—48591 页)。

〔23〕程兆奇:《东京审判——为了世界和平》,上海交通大学出版社,2017 年,第 73—76 页。

〔24〕梅小璈、梅小侃:《梅汝璈东京审判文稿》,第 418 页。

〔25〕向隆万:《东京审判·中国检察官向哲濬》,上海交通大学出版社,2010 年,《序言》第 7 页。

参考文献

一、文档

[1]《国民政府外交部档案》(1945—1948)。

[2] 复旦大学历史系编《中国近代对外关系资料选编》,上海人民出版社,1977年。

[3] 魏宏运主编《中国现代史资料选编》,黑龙江人民出版社,1981年。

[4]《中外约章汇要1689—1949》,黑龙江人民出版社,1991年。

[5] 朱成山主编《侵华日军南京大屠杀暴行日志》,南京出版社,2004年。

[6] 张宪文主编《南京大屠杀史料集》(72册),江苏人民出版社、凤凰出版社,2005年7月。

[7] 东京审判文献丛刊委员会:《远东国际军事法庭庭审记录》(英文版80册),国家图书馆出版社、上海交通大学出版社,2013年。

[8] 对日战犯审判文献丛刊编委会选编《东京审判历史图片集》,国家图书馆出版社,2014年。

[9] 张宪文、崔巍、董为民选编《南京大屠杀重要文证选录》,凤凰出版社,2014年。

[10] 张宪文、吕晶选编《南京大屠杀史料精选(西方史料)》,江苏人民出版社,2014年。

[11]《远东国际军事法庭判决书》,张效林节译,向隆万、徐小冰等补校译,上海交通大学出版社,2015年。

[12] 程兆奇主编《远东国际军事法庭庭审记录·中国部分》(12册),程维荣、徐真、陈爱国、韩华、周嘉欣、龚志伟、彭一凡、翟新、沈希希、宋春艳、邹皓丹、杨夏鸣、叶艳、柴玉美、何屹峰、孙艺、徐小冰、向隆万等译校,上海交通大学出版社、国家图书馆出版社,2016年。

[13] 张宪文、张建军:《人类记忆1——南京大屠杀实证(中方　日方)》,人民出版社,2016年。

[14] 张宪文、张建军:《人类记忆2——南京大屠杀实证(第三方　战后审判)》,人民出版社,2016年。

[15] 程兆奇、向隆万主编《远东国际军事法庭庭审记录·全译本(第一辑)》(10卷),上海交通大学出版社,2017年。

二、专著

[1] 向哲濬:《关于东京审判的回忆提纲》,家人收藏,1980年。

[2] 倪征燠:《淡泊从容莅海牙》,法律出版社,1999年。

[3] 楚云:《中日战争内幕全公开》,时事出版社,2001年。

[4] 张纯如:《南京浩劫——第二次世界大战中被遗忘的大屠杀》,杨夏鸣译,东方出版社,2004年。

[5] 梅汝璈:《远东国际军事法庭》,法律出版社、人民法院出版社,2005年。

[6] 胡德坤:《中日战争史(1931—1945)》(修订本),武汉大学出版社,2005年。

[7] 溥仪:《我的前半生》,群众出版社,2007年。

[8] 曹群、石子政、冯谷兰:《东京审判——庭审旧闻》,上海书店出版社,2007 年。

[9] [德] 约翰・拉贝:《拉贝日记》,本书翻译组译,江苏人民出版社、江苏教育出版社,2009 年。

[10] [日] 泷川政次郎:《東京裁判をさばく》(审判东京审判),慧文社,2009 年。

[11] 向隆万:《东京审判・中国检察官向哲濬》,上海交通大学出版社,2010 年。

[12] 程兆奇、龚志伟、赵玉蕙:《东京审判研究手册》,上海交通大学出版社,2013 年。

[13] 梅小璈、梅小侃:《梅汝璈东京审判文稿》,上海交通大学出版社,2013 年。

[14] [法] 艾迪安・若代尔:《东京审判——被忘却的纽伦堡》,杨亚平译,程兆奇校注,上海交通大学出版社,2013 年。

[15] [德] 曼弗雷德・基特尔:《纽伦堡和东京审判之后——1945—1968 年日本与西德的"历史清算"》,吕澍、王维江译,上海交通大学出版社,2014 年。

[16] 张宪文、张连红、王维江:《南京大屠杀史》,南京大学出版社,2014 年。

[17] [日] 森村诚一:《恶魔的饱食——日本 731 细菌战部队揭秘(全三卷)》,学苑出版社,2014 年。

[18] 解学诗、[日] 松村高夫、王选:《战争与恶疫——日军对华细菌战》,人民出版社,2014 年。

[19] 向隆万:《向哲濬东京审判函电及法庭陈述(第二版)》,上海交通大学出版社,2015 年。

[20] 何勤华、朱淑丽、马贺:《纽伦堡审判——对德国法西斯的法律清算(第二版)》,商务印书馆,2015 年。

[21] [日] 日暮吉延:《东京审判的国际关系——国际政治中的权力和规范》,翟新、彭一凡译,上海交通大学出版社,2016 年。

[22] 梅汝璈:《东京审判亲历记》,梅小璈、梅小侃整理,上海交通大学出版社,2016 年。

[23] [日] 户谷由麻:《东京审判——第二次世界大战后对法与正义的追求》,赵玉蕙译,上海交通大学出版社,2016 年。

[24] 余先予、何勤华、蔡东丽:《东京审判——正义与邪恶之法律较量(第三版)》,商务印书馆,2016 年。

[25] 程兆奇:《东京审判——为了世界和平》,上海交通大学出版社,2017 年。

[26] [美] 阿诺德・C. 布拉克曼:《另一个纽伦堡——东京审判未曾述说的故事》,梅小侃、余燕明译,上海交通大学出版社,2017 年。

[27] 程兆奇:《南京大屠杀研究——日本虚构派批判》,上海交通大学出版社,2017 年。

[28] 郑洪:《南京不哭》,译林出版社,2017 年。

[29] 大卫・戴维斯:《雪中血,南京,1937》,凤凰文艺出版社,2018 年。

三、论文

[1] 上海交通大学东京审判研究中心:《东京审判文集》,上海交通大学出版社,2013 年。

[2]［日］田中利幸、［澳］蒂姆·麦科马克、［英］格里·辛普森编：《超越胜利者之胜利——2008 年墨尔本国际研讨会论文集》，梅小侃译，上海交通大学出版社，2014 年。

[3] 向隆万、孙艺：东京审判中的中国代表团，《民国档案》第 1 期，2014 年。

[4] 东京审判研究中心编：《东京审判再讨论——2013 年上海国际研讨会论文集》，陈爱国、柴玉美、程兆奇、乔志勇、赵玉蕙、马静译，上海交通大学出版社，2015 年。

[5] 人民法院报社编：《正义的审判——纪念中国人民抗日战争胜利 70 周年》，人民法院报、中央编译出版社，2016 年。

四、报道

[1] 日本大藏省印书局：《官报（号外）》，1945 年 8 月。

[2] 亚洲世纪记者：与向哲濬检察官谈战犯惩罚问题，《亚洲世纪》第 2 卷，第 6 期，1948 年。

[3] 梅汝璈：告日本人民书，《朝日新闻》，1948 年 11 月 14 日。

[4] 向哲濬：就美国最高法院无权考虑东条等人上诉发表谈话，《中央日报》，1948 年 12 月 2 日。

[5] 梅汝璈：就美国最高法院无权考虑东条等人上诉发表谈话，《中央日报》，1948 年 12 月 3 日；12 月 8 日。

[6] 梅汝璈：就 7 名战犯伏法发表谈话，《中央日报》，1948 年 12 月 24 日。

[7] 马龄国、朱华荣：裴劭恒在東京战犯审判庭内外，《上海滩》总第 116 期，1996 年。

[8] 中央电视台《探索·发现》栏目：《丧钟为谁而鸣》，安徽教育出版社，2004 年 9 月。

[9] 郑善龙：东京审判中的裴劭恒，《前进论坛》第 10 期，2006 年。

[10] 吕林荫、陈爽：东京审判——不止是一段历史，《解放日报》，2011 年 8 月 12 日。

[11] 吴宇桢：寻找东京审判的失落历史，《文汇报》，第 10 版，2013 年 8 月 15 日。

[12] 向隆万："打捞"东京审判史，《21 世纪经济报道》，第 2 版，2014 年 9 月 3 日。

[13] 程兆奇、季卫东：东京审判是"文明的审判"，《光明日报》，第 16 版，2014 年 9 月 1 日。

[14] 习近平：在南京大屠杀死难者国家公祭仪式上的讲话，《人民日报》，2014 年 12 月 14 日。

[15] 向隆万：东京审判：没有硝烟的战斗，《解放日报》，第 4 版，2015 年 5 月 30 日。

[16] 吴宇桢：唤醒东京审判中沉睡的"上海证言"，《文汇报》，第 10 版，2015 年 9 月 3 日。

[17] 习近平：在纪念抗日战争胜利 70 周年阅兵式上的讲话，《人民日报》2015 年 9 月 4 日。

[18] 王笈：94 岁东京审判亲历者高文彬：应建东京审判纪念馆，《中国新闻网》，2016 年 4 月 28 日。

附　录

附录一

外国人名中译对照表

【按中译姓氏汉语拼音为序】

A

阿部信行 ABE Nobuyuki,日本第 36 任首相,被美军逮捕,后被释放

阿利森,约翰 John M. Allison,美国驻华外交官

艾德礼,克里门特 Clement R. Attlee,英国首相

艾契尔勃裘,罗伯特 Robert Eichelberger,美国第八军军长

艾森豪威尔,德怀特 Dwight David Eisenhower,二战期间盟军欧洲最高指挥官

爱泽诚 AIZAWA Makoto,土肥原特务机关主要成员,辩方出庭证人

安藤纪三郎 ANDO Kisaburo,日本大政翼赞会副总裁,被美军逮捕,后被释放

安倍晋三 ABE Shinzo,日本第 90、96、97、98 任首相

安倍源基 ABE,Genki,日本警事总监,内务大臣,被美军逮捕,后被释放

岸信介 KISHI Shinsuke,日本商工大臣,被美军逮捕,后被释放

阿南惟几 ANAMI Korechika,日本陆军大臣,自杀身亡

奥尼托,罗伯特 Robert L. Oneto,法国检察官

B

白川义则 SHIRAKAWA Yoshinori,日本陆军大臣

白里安,阿里斯梯德 Aristide Briand,法国总理兼外交部长,《巴黎非战公约》的倡导者

白鸟敏夫 SHIRATORI Toshio,日本驻意大利大使,28 名被告之一,被判处无期徒刑

巴雷特,达维德 David D. Barrett,美国驻华大使,检方出庭证人

坂西利八郎 BANZAI Rihachiro,日本驻北京公使馆武官,特务机构"坂西公馆"创建者

阪埜淳吉 BANNO,Kunkichi,板垣征四郎的辩护律师

板垣征四郎 ITAGAKI Seishiro,日本中国派遣军总参谋长,陆军大臣,28 名被告之一,被判处绞刑

贝茨,密纳(贝德士) Miner S. Bates,金陵大学历史教授,检方出庭证人

贝尔纳,亨利 Henry Bernard,法国法官

本多熊太郎 HONDA Kumataro,日本驻德国大使,驻汪伪"大使",被美军逮捕,

东条英机 TOJO Hideki，日本第 40 任首相兼陆军大臣、内务大臣，28 名被告之一，被判处绞刑

东乡茂德 TOGO Shigenori，日本外务大臣，28 名被告之一，被判处有期徒刑 20 年

渡边锭太郎 WATANABE Jotaro，日本教育总监，被日本军人刺杀

杜鲁门，哈里 Harry S. Truman，美国第 33 任总统

多田骏 TADA Hayao，日本华北派遣军司令官，被美军逮捕，后被释放

E

儿玉誉士夫 KODAMA Yoshio，日本驻沪海军情报部"儿玉机关"机关长，被美军逮捕，后被释放

F

范·米特 Van Meter，法庭执行官

饭诏守 IINUMA Mamoru，日本上海派遣军参谋长，辩方出庭证人

丰田副武 TOYODA Soemu，日本军令部总长，日本海军联合舰队司令，军令部总长，被美军逮捕，被丸之内对日战犯审判法庭判处无罪

菲奇，乔治（费吾生）George A. Fitch，美国传教士

服部卓四郎 HATTORI Takushiro，日军第 13 师团步兵第 65 联队长，辩方出庭证人

富士信夫 FUJI Nobuo，日本作家

福拉塞，布鲁斯 Bruce B. Fraser，英国海军上将

福斯特，欧文 Irving H. Forster，美国传教士马吉的妻子

G

冈本季正 OKAMOTO Suemasa，日本驻上海总领事，被告出庭证人

冈本敏男 OKAMOTO Toshio，南次郎的辩护律师

冈本尚一 OKAMOTO Shoichi，武藤章的辩护律师

冈村宁次 OKAMURA Yasuji，日本中国派遣军总司令

冈敬纯 OKA Takasumi，日本海军省次官，28 名被告之一，被判处无期徒刑

冈田启介 OKADA Keisuke，日本第 31 任首相，海军大臣，检方出庭证人

冈田尚 OKADA Takashi，松井石根总部非正式官员，辩方出庭证人

高岛市良 TAKASHIMICHI Ryo，日本士兵

高桥三吉 TAKAHASHI Sankichi，日本联合舰队参谋长，被美军逮捕，后被释放

高桥是清 TAKAHASHI Korekiyo，日本大藏大臣，被日本军人暗杀

格劳秀斯，雨果 Hugo Grotius，荷兰法学家，近代国际法奠基人

葛生能久 KUZUU Yoshihisa，日本黑龙会骨干，被美军逮捕，后被释放

戈伦斯基，谢尔盖 Sergei A. Golunsky（Сергей А. Голунский 俄语），苏联检察官

工藤铁三郎 KUDO Tetsusuburo，日本浪人

广田弘毅 HIROTA Koki，日本第 32 任首相，28 名被告之一，被判处绞刑

古山胜夫 FURUYAMA Katsuo,南满铁道株式会社顾问,辩方出庭证人

古野伊之助 FURUNO Inosuke,日本同盟社社长,辩方出庭证人

谷寿夫 TANI Hisao,日军第六师团师团长,被南京军事法庭判处死刑

谷正之 TANI Masayuki,日本外务大臣,驻汪伪"政府"大使,被美军逮捕,后被释放

国分新七郎 KOKUBUN Shinshichiro,日本关东军军人,辩方出庭证人

H

哈拉尼拉,德尔芬 Delfin J. Jarnilla,菲律宾法官

河本大作 KAWAMOTO Daisaku,日本关东军大佐

河边虎四郎 KAWABE Torashiro,日本陆军参谋部参谋,辩方出庭证人

河边正三 KAWABE Masakazu,日本中国驻屯军步兵旅团旅团长,缅甸方面军司令官

贺屋兴宣 KAYA Okinori,日本大藏大臣,28 名被告之一,被判处无期徒刑

和知鹰二 WACHI Takaji,日本情报机构"兰机关"的机关长

后藤文夫 GOTO Fumio,日本大政翼赞会副总裁,被美军逮捕,后被释放

户谷由麻 TOTANI Yoma,日本历史学者

花谷正 HANAYA Tadashi,日本关东军少佐

荒川昌二 ARAKAWA Shoji,日本驻营口总领事

荒木贞夫 ARAKI Sadao,日本陆军大臣、文部大臣,28 名被告之一,被判处无期徒刑

霍克赫斯特,亨利 Henry A. Hauxhurst,美国助理检察官

J

矶谷廉介 ISOGAI Rensuke,日本关东军参谋长,驻香港总督

吉本荣 YOSHIMOTO Ei,日本作家

吉冈安直 YOSHIOKA Yasunao,日本关东军参谋,伪"满洲国"的"皇室御用挂"

吉列,珍妮 Jeanne Guillemin,美国生物战研究学者

吉田忠太郎 YOSHIDA Chutaro,日军翻译员

加藤隆久 KATO Takahisa,土肥原贤二的辩护律师

建川美次 TATEKAWA Yoshitsugu,日本参谋本部第一部部长

今井武夫 IMAI Takeo,日本中国派遣军副参谋长

金井章次 KANAI Shoji,日本水灾救济委员会执行委员

今田新太郎 IMADA Shinntaro,日本关东军军人

季南,约瑟夫 Joseph H. Keenan,美国检察官,远东国际军事法庭检察长

津田信吾 TSUDA Shinngo,日本钟实钟纺株式会社社长,被美军逮捕,后被释放

近卫文麿 KONOYE Fumimaro 日本第 38、39 任首相,自杀身亡

基特尔,曼弗雷特 Manfred Kittel 德国历史学者

酒井隆 SAKAI Takashi 日本驻张家口特务机关长,香港军政厅最高长官,被南京军事法庭判处死刑

臼井胤正 USUI,Tanemasa,日军大佐

驹井德三 KOMAI Tokuzo,伪"满洲国"总务厅总务长官

K

凯洛格,弗兰克 Frank Kellogg,美国国务卿,《巴黎非战公约》的倡导者

坎宁安,欧文 Owen Cunningharm,大岛浩的辩护律师

科尔,罗杰 Roger F. Cole,武藤章的辩护律师

克朗列,约翰 John J. Crowley,美国助理检察官

克莱曼,萨缪尔 Samuel J. Kleiman,平沼骐一郎的辩护律师

克拉默,密朗 Myron C. Cramer,美国法官

柯明斯-卡尔,亚瑟 Arthur S. Comyns Carr,英国检察官

克罗,史密斯 Smith N. Crowe,美国助理检察官

奎廉,罗纳德 Ronald H. Quilliam,新西兰检察官

L

拉贝,约翰 John H. D. Rabe,南京安全区国际委员会主席

拉扎勒斯,阿里斯德 Aristides G. Lazarus,畑俊六的辩护律师

勒林,伯纳德 Bernard V. A. Röling,荷兰法官

李顿,维克多 Victor B. Lytton,国联调查团团长

列文,麦克尔 Michael Levin,贺屋兴宣、铃木贞一的辩护律师

林久治郎 HAYASHI Kyujiro,日本驻沈阳总领事

林铣十郎 HAYASHI,Senjuro,日本第 33 任首相

铃木贯太郎 SUZUKI Kantaro,日本第 42 任首相

铃木贞一 SUZUKI Teiichi,日本企划院总裁,28 名被告之一,被判处无期徒刑

柳川平助 YANAGAWA Heisuke,日军第 10 军司令官

泷川政次郎 TAKIKAWA Masajiro,岛田繁太郎的辩护律师

洛根,威廉 William Logan,木户幸一的辩护律师

洛佩兹,佩特罗 Pedro Lopez,菲律宾检察官

罗森,乔治 George F. Rosen,德国驻华使馆秘书

罗斯福,富兰克林 Franklin D. Roosevelt,美国第 32 任总统

M

马蒂斯,弗洛伊德 Floyd J. Mattice,板垣征四郎、松井石根的辩护律师

马吉,约翰 John G. Magee,美国传教士,检方出庭证人

麦克阿瑟,道格拉斯 Douglas MacArthur,盟军总司令

麦克杜格尔,爱德华 Edward Stuart McDougall,加拿大法官

麦尼尔,理查德 Richard H. Minear,美国学者

曼斯菲尔德,阿兰 Alan J, Mansfield,澳大利亚检察官

满所信太郎 MADOKORO Shintaro,辩方出庭证人

梅津美治郎 UMEZU Yoshijiro,日本关东军司令,陆军参谋总长,28 名被告之一,被判处无期徒刑

梅农,帕南皮里 Panampilly G, Menon,印度检察官

米内光政 YONAI Mitsumasa,日本联合舰队司令

明治 MEIJI,日本天皇

末次信正 SUETSUGU Nobumasa,日本联合舰队司令官

摩尔 Moore,法庭语言翻译官

莫洛,托马斯 Thomas H. Morrow,美国助理检察官

墨索里尼,贝尼托 Benito Amilcare Andrea Mussolini,意大利法西斯党魁,被处决

牟田口廉也 MUTAGUCHI Renya,日本中国驻屯军步兵旅团第一联队联队长

木村兵太郎 KIMURA Heitaro,日本缅甸方面军司令官,28 名被告之一,被判处
  绞刑

穆德,弗雷德里克 Frederick B. Mulder,荷兰检察官

木户幸一 KIDO Koichi,日本内大臣,28 名被告之一,被判处无期徒刑

N

南次郎 MINAMI Jiro,第 22 任陆军大臣,关东军司令官,28 名被告之一,被判处
  无期徒刑

内田康哉 UCHIDA Kosai,日本南满株式会社总裁

鲇川义介 AIKAWA Gisuke,日本产业株式会社社长,被美军逮捕,后被释放

尼米兹,切斯特 Chester W. Nimitz,美国太平洋舰队总司令

诺斯克罗夫特,艾瑞吗·哈维 Erima Harvey Northcroft,新西兰法官

诺兰,亨利 Henry G, Nolan,加拿大检察官

P

帕尔,拉达 Radha B. Pal,印度法官

帕特里克,威廉 William D. Patrick,英国法官

片仓衷 KATAKURA Chu,日本关东军参谋

平田幸弘 HIRATA Yukihiro,日本关东军参谋

平沼骐一郎 HIRANUMA Kiichiro,日本第 35 任首相,28 名被告之一,被判处无
  期徒刑

普理查德,约翰 John R. Pritchard,《东京战争罪行审判》主编

Q

桥本群 HASHIMOTO Gun,日本中国驻屯军参谋长

桥本欣五郎 HASHINOTO Kingoro,日本大政翼赞会总务,28 名被告之一,被
  判处无期徒刑

秦彦三郎 HATA Hikosaburo,日本关东军参谋长,被美军逮捕,后被释放

清濑一郎 KIYOSE Ichiro,东条英机、佐藤贤了的辩护律师

清水行之助 SHIMIZU Konosuke,日本极端民族主义分子

青木一男 AOKI Kazuo,日本大藏大臣

青木武 AOKI Takeshi,日军海陆军联络官,辩方出庭证人

邱吉尔,温斯顿 Winston Churchill,英国首相

犬养健 INUKAI Ken,日本内阁秘书

犬养毅 INUKAI Ki,日本第 29 任首相,被刺杀

R

日高信六郎 HIDAKA Shinrokuro,日本驻华大使馆参赞,辩方出庭证人
若槻礼次郎 WAKATSUKI Reijiro,日本第 25、28 任首相

S

萨顿,达维德 David N. Sutton,美国助理检察官
萨盖特,亨利 Henry A. Sackett,美国助理检察官
三并贞三 MITSUNAMI Teizo,日本海军第二联合舰队司令官,辩方出庭证人
三宅光治 MIYAKE Koji,日本关东军参谋长
桑岛主计 KUWAJIMA Kazue,日本驻天津总领事
森岛守人 MORISHIMA,Morito,日本驻沈阳执行总领事
森村诚一 MOROMORA Seiichi,日本作家
森纠 MORI Takeshi,日本近卫卫师团长
沙芬贝格 Scharffenberg,德国驻华大使馆官员
山冈,乔治 George Yamaoka,广田弘毅荷东乡茂德的辩护律师
山口重次 YAMAGUCHI Juji,日本南满铁道株式会社负责人
山田半藏 YAMADA,Hanzo,板垣征四郎的辩护律师
山田乙三 YAMADA Otozo,日本关东军司令官
山协正隆 YAMAWAKI Masataka,日本陆军副大臣,辩方出庭证人
榊原主计 SAKAKIBARA Kazue,日本上海派遣军参谋,辩方出庭证人
史迪威,约瑟夫 Joseph W. Stilwell,中国战区参谋长
施佩林,爱德华 Edward Sperling,德国侨民
矢崎勘十 YAZAKI Kanju,日本特工,辩方出庭证人
矢野真 YANO Makoto,日本驻北平领事
矢野征记 YANO Seiki,日本特工
石射猪太郎 ISHII Itaro,日本外务省东亚局长,辩方出庭证人
石原广一郎 ISHIHARA Koichiro,石原产业公司总经理兼董事长,被美军逮捕,后被释放
石原莞尔 ISHIHARA,Kanji,日本关东军军官,辩方出庭证人
斯大林,约瑟夫 Joseph V. Stalin（Иосиф В. Сталин 俄语）,苏联人民委员会主席
斯蒂尔,阿 A. T. Steele,美国《芝加哥美日新闻报》记者
斯迈思,路易斯 Lewis S. C. Smythe,南京安全区国际委员会秘书
寺岛健 TERAJIMA Ken,日本通商大臣,被美军逮捕,后被释放
寺内寿一 TERAUCHI Hisaichi,日本南方军司令官,病死在新加坡监狱
寺崎英成 TERASAKI Hidenari,日本皇室御用挂
斯腾格,卡尔 Karl Stenger,第一次世界大战时德国将军,莱比锡审判被判处无罪
斯托维尔,埃勒里 Ellery C. Stowell,美国国际法学家
松冈洋右 MATSUOKA Yosuke,日本外务大臣,28 名被告之一,东京审判期间病亡

下村定 SHIMOMURA Sadamu,日本陆军大臣,被美军逮捕,后被释放
下村宏 SHIMOMURA Hiroshi,日本《朝日新闻社》社长,被美军逮捕,后被释放
乡古洁 GOKO Kiyoshi,日本三菱重工业株式会社社长,被美军逮捕,后被释放
向井敏明 MUKAI Toshiaki,日军少尉,被南京军事法庭判处死刑
香月清司 KATSUKI Kiyoshi 日本天津驻屯军司令官
香椎浩平 KASHII Kohei,日本天津驻屯军司令官
小川关治郎 OGAWA Sekijiro,日军第 10 军法务部长,辩方出庭证人
小矶国昭 KOISO Kuniaki,日本第 41 任首相,28 名被告之一,被判处无期徒刑
小幡实 OBATA Minoru,日军第 13 野战重炮联队长,辩方出庭证人
星野直树 HOSHINO Naoki,日本企划院总裁,28 名被告之一,被判处无期徒刑
胁坂次郎 WAKISAKA Jiro,日军第 9 师团第 36 联队长,被告出庭证人
须贺彦次郎 SUGA Hikojiro,日本海军军官
须磨弥吉郎 SUMA Yakichiro,日本驻南京总领事兼大使馆参事,被美军逮捕。
　后被释放

Y

岩村通世 IWAMURA Michiyo,日本法务大臣,被美军逮捕,后被释放
野田毅 NODA Takeshi,日军少尉,被南京军事法庭判处死刑
伊藤芳男 ITO Yoshio,日本特工
伊藤清 ITO Kiyoshi,土肥原贤二、松井石根的辩护律师
益田兼利 MASUDA Kanetoshi,日本第 11 军参谋,辩方出庭证人
影佐祯昭 KAGESA Sadaaki,日本情报机构"梅机关"的机关长
永野修身 NAGANO Osami,日本军令部长,联合舰队司令,28 名被告之一,东
　京审判期间因病身亡
有田八郎 ARITA Hachiro,日本外务大臣
远藤三郎 ENDO Saburo,日本关东军少佐
裕仁 HIROHITO,日本天皇
原田熊吉 HARADA Kumakichi,日本驻上海陆军武官

Z

泽田茂 SAWADA Shigeru,日本第 13 军司令,陆军参谋次长,辩方出庭证人
曾根一夫 SONE Ichio,日本军士
斋藤实 SAITO Makoto,日本内大臣,被日本军人暗杀
志村菊次 SHIMORA Kikuji,日本军士
冢本浩次 TSUKAMOTO Hirotsugu,日本上海派遣军法务部长,辩方出庭证人
中村震太郎 NAKAMURA Shintaro,日本参谋部大尉
中岛今朝吾 NAKAJIMA Kesago,日军第 16 师团长
中山宁人 NAKAYAMA Yasuto,日本华中方面军参谋,辩方出庭证人
中泽三夫 NAKASAWA Mitsuo,日军第 16 师团参谋长,辩方出庭证人
佐藤贤了 SATO Kenryo,日本陆军省军务局长,28 名被告之一,被判处无期
　徒刑
佐佐川知治 SASAGAWA Tomoji,板垣征四郎的辩护律师

附录二

目录英译

Contents

人名索引

【按中文或中译文姓氏汉语拼音为序】